中国语文教育研究丛书

顾之川　主编

陈文忠　著

中华传统文化与语文教学

ZHONGHUA CHUANTONG WENHUA
YU YUWEN JIAOXUE

GEP 广西教育出版社

南宁

序

　　中国教育正在加速推进现代化，立德树人成为教育改革总任务，完善中华优秀传统文化教育成为共识，新课标已陆续颁布，小学、初中语文教材已重新回归国家统编时代，高中语文新课标教材已在北京、天津、上海、辽宁、山东、海南开始试用，新高考改革方案正在稳步推进，语文教育的重要地位日益凸显。我国语文教育改革迎来新的发展机遇。我们必须清醒地看到，我国语文教育取得了举世公认的成就，同时也面临着诸多困难和问题。如何站在历史的高度，以严谨求实的科学态度，总结梳理中国语文教育教学改革所取得的成就，直面存在的困难和问题，深入剖析原因，为语文教育改革与发展献计献策，推进语文教育现代化，成为新一代语文教育工作者的神圣使命和义不容辞的责任。

　　2013 年 10 月，中国教育学会中学语文教学专业委员会召开第十届年会，选举产生了新一届理事会。新一届理事会成立后，我们研究制订了《中国教育学会中学语文教学专业委员会事业发展规划（2013—2018）》，其中有一项重要内容，就是要"策划一套图书"。具体设想是：这套图书应分理论与实践两部分，前者重在全面系统地总结改革开放 30 多年来我国语文教育的经验教训，作为今后发展的借鉴；后者重在归纳梳理我国当代语文名师的教育教学思想，深入挖掘 20 世纪 80 年代语文名师的当代价值，同时推出一批当代语文名师，为新生代名师擂鼓助威。我们这一设想，与时任广西教育出版社副总编辑黄力平编审的想法不谋而合。他邀我组织编撰"中国语文教育研究丛书"，纳入他们正在组织实施的中国学科教育研究系列图书的出版计划。

编辑这套"中国语文教育研究丛书"的基本思路是：

把握时代脉搏，聚焦立德树人。

这套丛书着眼于推进语文教育现代化，把握时代脉搏，聚焦立德树人。围绕语文教育改革创新，推出一批反映、代表乃至引领我国语文教育现代化的研究成果，具有鲜明的中国当代特色。从时间上说，以改革开放到新世纪的发展历程为主，尤其注重反映我国实行新课改以来的语文教育研究；从内容上说，则力求反映我国语文教育理论与实践的研究成果。

树立整体观念，开展综合研究。

这套丛书力求树立整体观念，开展语文教育教学的综合研究，全面深入系统地梳理总结我国语文教育改革成就和存在的问题。既有语文教育语用观、传统文化教育、语文工具论、语文教育民族化等理论层面的深入剖析，又有语文教材编制、语文教师专业发展、语文教学创新设计、语文考试评价改革等实践层面的研究。

拓展研究视野，实现互联互通。

这套丛书强调语文教育整体观念，整体观照中国语文教育各领域。纵向上，打通小学、中学与大学，努力挖掘语文教育的共同价值，避免过去那种"铁路警察，各管一段"的情况；横向上，涵盖中小学语文教育、汉语国际教育及华文教育等，并以宽广的国际视野，从中华文化圈的角度，审视我国语文教育教学改革的成就与突出问题。

理论联系实际，注重研究实效。

本丛书注重沟通语文教育理论研究与语文教育教学各组成要素的实践，包括教材编写实践、教学实践、考试命题实践以及教师培训与专业发展实践，努力克服过去学科理论研究与教育教学实践"两张皮"，教育理论研究"不接地气"等缺陷，既注意反映我国语文教育理论研究的新成果，也注重将一线语文教师的教学经验、教学智慧进行理论上的梳理与提升。研究尤重建设性，以建设性思维为统领，着眼于解决我国语文教学领域存在的实际问题。

坚持守正创新，强调原创研究。

这套丛书坚持守正创新，注重权威性与代表性，继承我国语文教育优良传统，借鉴国外先进的母语教育理念和方法，注重吸收各种语文教育理论和各个教学流派的研究成果，反映作者最新的原创性研究成果。弘扬改革创新主旋律，传递语文教育教学正能量，在保证科学性的基础上，注意可读性。内容新颖，资料翔实，数据齐全，为以后的语文教育研究留下可资参考借鉴的理论成果。

我们这一设想，得到我国语文教育界专家同仁的积极响应和大力支持，他们同意将其最新研究成果惠赐给我们，列入本丛书。

广西教育出版社是我国很有影响的教育出版社之一，在教育理论、教材教辅及文化艺术等方面，均出版了不少影响深远的系列图书。尤其是出版于20世纪90年代的"学科现代教育理论书系"，曾极大地推进了我国教育改革，实现了社会效益与经济效益的双丰收。进入新时期以来，该社审时度势，又策划出版学科教育研究书系，立足于中国本土，以独特敏锐的眼光，打造具有中国特色的学科教育理论体系。这不仅是教育创新的要求，也是新时代的呼唤。

目前，这套丛书正在陆续出版，作为丛书主编，我既有欣喜，也有不安，深恐由于自己的浅陋和粗疏而使各位作者的佳构留下缺憾，更期待着广大读者尤其是语文教育界同仁的批评、指教。令人欣喜的是，在广西教育出版社诸位同仁的努力下，经国家出版基金管理委员会批准，"中国语文教育研究丛书"（第一辑）被确定为2017年度国家出版基金项目，获得经费资助。这也是对我们这套丛书的学术价值与出版意义的肯定。在此，我不仅要对黄力平编审、广西教育出版社相关编辑等同仁表达谢意，更要对北京大学中文系温儒敏、曹文轩两位教授的热情推荐表示感谢。

值此新中国成立70周年，中国教育学会中学语文教学专业委员会成立40周年之余，南国传佳音，我得到一个好消息，说这套丛书已出版的8种，经过教育部组织专家评审，全部列入全国中小学图书馆馆配目录，即将重印。这再次证明这套"中国语文教育研究丛书"的学术价值与出版意义。

　　学术总是薪火相传，研究贵在创新发展。牛顿说他站在巨人肩膀上，杜甫说"转益多师是汝师"。我们进入一个大众创业、万众创新的时代，改革创新成为当今中国的时代主题。建设创新型国家，培养创新型人才，语文教育工作者肩负着神圣使命。语文百年，众多语文人默默耕耘，浇灌出语文学科生态园的参天大树；百年语文，无数语文人直面问题，探寻语文教育改革创新之路。我们策划、组织这套丛书，就是想为实现中华民族伟大复兴的中国梦略尽语文人的绵薄之力。我们的愿望如此，至于效果怎样，那就要由实践来检验了。

顾之川

于京东大运河畔两不厌居

2016 年 3 月 23 日初稿

2017 年 4 月 18 日第一次修改

2019 年 9 月 24 日第二次修改

　　顾之川简介：浙江师范大学教授，人民教育出版社编审。兼任中国教育学会中学语文教学专业委员会理事长，国家社科基金评审专家，教育部考试中心特聘专家，教育部"国培计划"首批专家，国家统编义务教育语文（七至九年级）教科书主编。主要从事语文教育研究和语文教材编写工作，主编人教版多套初中、高中语文教材。著有《语文工具论》《顾之川语文教育新论》《顾之川语文教育论》《语文论稿》《明代汉语词汇研究》《顾之川语文人生随笔》等，并有古籍整理著作多种。

前　言

　　语文教育与传统文化有着密不可分的内在联系。从三代的"六艺"之教，到明清的"四书"之学，一部中国古代教育史，就是一部古代语文教育史，一部中华传统文化的传播史，一部中华文化经典的诠释史，一部以儒家思想为核心的民族精神的塑造史。

　　中国现代语文教育，同样与传统文化有着密不可分的联系。无论从语文学科的本质来看，还是从教学活动的构成来看，无不如此。

　　从语文学科的本质来看，所谓"语文"，析而言之，"语"即语言，"文"即文字、文章、文学和文化；概而言之，即可谓"语言文字""语言文学""语言文化"。一言以蔽之，语文背后是文章，语文背后是文学，语文背后是文化。民族语文则与民族文化有着不可分割的联系。语言是最富于心灵性的文化符号，民族语言则是民族精神的文化符号。民族的语言即民族的精神，民族的精神即民族的语言。所谓"文化"，即以文化人，人文化成，借助优秀的精神文化资源，通过潜移默化的人文教化，实现自然生命向文化生命的升华。因此，在学校的各级课程体系中，语文教学与传统文化有着密切的联系，语文教师则肩负着薪火相传、人文教化、确立民族认同、增强民族凝聚力的文化使命。

　　从教学活动的结构来看，完整的语文教学活动由四个要素构成，即教学主体、教学内容、教学方式、教学对象，换言之，即教师、教材、教法、学生。传统文化是语文教学不可或缺的重要资源和珍贵财富。因此，所谓传统文化与语文教学，可理解为语文教师通过语文教学来传播传统文化，即传统文化是本体，传播传统文化是最终的目的和任务。

经受了近现代新思潮和反传统思潮的猛烈冲击，中华传统文化亟须传承与创新，焕发生机活力。然而，尽管20世纪90年代以来再次出现了国学热，尽管近年来教育部门颁布了《完善中华优秀传统文化教育指导纲要》，尽管有识之士不断强调传统文化对民族复兴的根基性意义，传统文化的实际处境依然艰难。而"国学热"的实际境遇是，媒体宣传的热度远大于民众接受的热情。让世人从内心认同传统文化，接受传统文化的价值，自觉用传统文化来充实自己的精神生活，安顿自己的心灵，这远非易事。即使是肩负着薪火相传、人文教化的文化使命的语文教师，尤其是新一代年轻的语文教师，他们中的很多人仍然对传统文化的价值和意义充满了疑惑，对如何在语文教学中传授传统文化精神充满了困惑，这与他们此前所受的教育以及形成的知识结构密切相关。下图大致体现了当前中国高等师范院校汉语言文学专业较为通行的课程内容或课程体系：

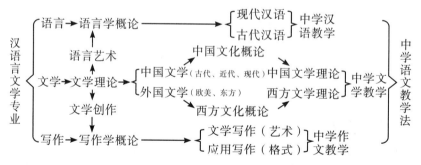

上图所体现的汉语言文学专业毕业生的知识结构，在当下中国的高等师范院校具有一定的普遍性。这一知识结构包含三大方面：一是语言，包括语言学概论、现代汉语、古代汉语等语言序列的课程，以培养师范生的语言教学能力；二是文学，包括文学理论、中外文学、中外文论等文学序列的课程，以培养师范生的文学教学能力；三是写作，包括写作理论、文学写作、应用写作等写作序列的课程，以培养

师范生的作文教学能力。虽然"中国文化概论"在课程体系中占有一席之地，但课时少，受重视的程度远远不够，学生对传统学术体系和经典体系的了解和亲炙更少。最为关键的是，对传统文化尤其是"四书五经"的精神内核普遍缺乏整体性的认识和认同。因为，汉语言文学专业的教师和学生，大多是从专业的文学角度去解读"经史子集"的，着眼于它的文学性和审美性，往往轻视其经典性和精神性。

要想在语文教学中完善中华优秀传统文化的传授，作为语文教师，必须真正认识以儒家思想为核心的中华传统文化的现代价值，具备较为系统的中华传统文化的知识体系和一定的经典素养。有鉴于此，本书力求从中华传统文化与语文教学的内在联系入手，着眼于语文教学的当下需要与未来发展，按照"为何讲""讲什么""怎么讲"的思路，论述以儒家思想为核心的中华传统文化的核心内容及价值意义，为在语文教学中传授中华传统文化阐明学理依据，提供知识系统，探讨讲授方法。

全书八章，可分为三个部分：首先，阐述语文教育的民族文化根基、传统文化的生成根源以及传统文化超越时空的普遍价值，探讨"为何讲"和"讲什么"的问题；其次，阐述国学经典的教材教法、古代诗文的教学艺术、古代"诗文评"的教学价值以及传统蒙学的教材教学和蒙学经典的解读，探讨"怎么讲"的问题；最后，从传统文化的人文品格和语文教学的历史传统出发，阐述语文教师在当代中国肩负的文化职责和文化使命。

法国思想家丹纳有句名言："只有详尽的例子才能提供明确的观念。"[1]例子是最好的定义，也是最好的"老师"。本书在做必要的学理阐述时，特别注重实例和个案的研究。一方面，力求通过实例和个案的分析以明确观念；另一方面，详尽的实例和个案也可以直接用于教学。如朱自清《经典常谈》的解读，《论语》的诗体阅读，古诗文教学中的问题与对策，《春江花月夜》《如梦令》《醉翁亭记》等古诗文的接受史探讨，以及《三字经》《幽梦影》的文本细读，等等。个

---

[1]丹纳.艺术哲学[M].傅雷，译.北京：人民文学出版社，1986：87.

案和实例的详尽分析，是本书的一大特色，它极大地增强了本书的可读性和实用性。

本书力求从一线教师的教学需求和问题情境入手，以深入浅出的表述和文化比较的方法，论述中华传统文化的精髓和价值，不仅重视学理阐释，更重视个案研究，具有学理性和实用性的双重功能。

陈文忠

于上海浦东碧云居

2020 年 12 月

目　录

第一章　　语文教育的民族文化根基

　　语文背后是文化，国文的灵魂是国学。民族文化是语文教学的根基，语文教学应以传承民族文化为使命。学习一国之语文，就是学习一国之文化；讲授一国之国文，就是传授一国之国学。这是每一名语文教师应当自觉确立的语文教学观。20世纪中国语文教育史上，关于文言与白话、读经与废经之争，背后的深层问题，实质就是语文教学如何对待传统文化，语文教育是否应以民族文化为根基的问题。20世纪的国学史和持续不断的国学热是这一问题的集中表现。回顾20世纪的国学热，认识国学热的精神本质，有助于当代语文教师确认语文教学应以民族文化为根基，确立"教育的根本要从自国自心发出来"的自觉意识。

第一节 "知爱其国，无不知爱其学"

"国学"一词，经历了从"学校"到"学术"的变迁。现代的国学概念，是指一国固有之学术。但不同时期、不同立场的学者，对国学的性质和价值有不同的看法。一部 20 世纪的国学史，可以说是一部国学含义的阐释史。晚清爱国主义学者对国学的倡导和敬重之情，至今仍令人肃然起敬。

一、国学词义：从"学校"到"学术"

如果从 1902 年梁启超拟议创办《国学报》算起，国学已经讲了一百多年了。然而国学一词的来源和含义，至今依然不断被询问和追问。近年经学者的考证，学界较一致的看法可概括为两点：其一，国学一词有古今两种含义，古代是指"国家的学校"，属于中国教育史的范畴，现代是指"一国固有之学术"[1]，属于中国学术史的范畴；其二，作为学校的国学始于周代，作为学术的国学始于清末民初。

作为学校的国学，即始于周代的"天子之学"，指国家设立的学校，区别于设在闾里的乡学。《周礼·春官·乐师》曰："乐师掌国学之政，以教国子小舞。"《礼记·学记》曰："古之教者，家有塾，党有庠，术有序，国有学。"即谓古代的教育，民众在家有塾，党中有庠，遂中有序，国都有学。此后，国学的体制一直延续，作为学校的国学一词也一直沿用。如《宋书·臧焘徐广傅隆传赞》曰："高祖受命，议创国学。"韩愈《国子司业窦公墓志铭》曰："教诲于国学也，严以有礼，扶善遏过。"清代和邦额《夜谭随录·庄斸松》曰："吉州庄寿年，号斸松。乾隆初年，贡入国学。"

作为学术的国学，有学者认为是清末从日本转借而来，即直接借用了日文汉字的国学一词。19 世纪末，日本社会国粹主义与欧化主义的对

---

[1]马一浮："照旧时用国学为名者，即是国立大学之称。今人以吾国固有的学术名为国学。"（吴光. 中国近代思想家文库：马一浮卷[M]. 北京：中国人民大学出版社，2015：7.）

立冲突，引起当时大批东渡求学的中国士子学人的关注。词语国学和国粹就是在这一时期开始被中国学者使用。

1902年，流亡日本的梁启超拟办《国学报》，曾致信黄遵宪。黄遵宪在当年"中秋后七日"的回信中写道："《国学报》纲目，体大思精，诚非率尔遽能操觚。仆以为当以此作一《国学史》，公谓何如？"又说："公谓养成国民，当以保国粹为主义，当取旧学磨洗而光大之。至哉斯言！恃此足以立国矣。"在黄遵宪看来，当务之急是"大开门户，容纳新学"："俟新学盛行，以中国固有之学，互相比较，互相竞争，而旧学之真精神乃愈出，真道理乃益明，届时而发挥之，彼新学者或弃或取，或招或拒，或调和或并行，固在我不在人也。"因此，国学之事尚非当务之急，所以他说："公之所志，略迟数年再为之，未为不可。"[1]黄遵宪关于国学与新学关系的论述，折中调和，相互照明，他山之石，借以攻错，是极具眼光、极富远见的。

不知是由于黄遵宪的劝阻，还是其他原因，梁启超的《国学报》最终没有办成。1903年2月，黄节在梁启超主办的《新民丛报》上发表了一篇题为《游学生与国学——东京国学图书馆之设置 所望于留学生及留学生会馆监督》的文章，开宗明义："国学与爱国心相倚者也。"据此，黄节提出先"设置一国学图书馆"，再"开一国学研究会"，并认为"国学研究会若成，与各省之调查会相辅，则能使我辈与祖国之关系日益切密。此培养爱国心之不二法门"。[2]梁启超的《国学报》构想和黄节开设国学研究会的提议，是目前所见中国学者最早使用"国学"一词的。他们两人当时都在日本，故自然而然地受日本国学主义和国粹主义思潮的影响。[3,4]他们反思及主张维护中国国学，在中国社会产生了很大的影响。

二、国学定义："一国固有之学术"

国人对国学的理解完全基于中国的文化传统。不过，不同的学者有

---

［1］丁文江，赵丰田.梁启超年谱长编[M].上海：上海人民出版社，1983：292-293.

［2］桑兵，张凯，於梅舫，等.国学的历史[M].北京：国家图书馆出版社，2010：5-7.

［3］郑师渠.晚清国粹派：文化思想研究[M].北京：北京师范大学出版社，1993.

［4］桑兵.晚清民国的国学研究[M].北京：北京师范大学出版社，2014.

不同的看法，众说纷纭，见解不一。一部20世纪的国学史，可以说，就是一部国学定义的阐释史。

晚清国粹学派的重要代表、国学保存会的发起人和组织者邓实，是最早诠释"国学"含义的学者之一。他在《国学讲习记》（1906）开篇中写道："国学者何，一国所自有之学也。有地而人生其上，因以成国焉。有其国者有其学。学也者，学其一国之学，以为国用，而自治其一国者也。"他把国学分为六个部分，即"一国之经学""一国之史学""一国之子学""一国之理学""一国之掌故学""一国之文学"，还特别强调国学的价值和意义：

是故国学者，与有国以俱来，本乎地理，根之民性，而不可须臾离也。君子生是国，则通是学，知爱其国，无不知爱其学。学也者，读书以明理，明理以治事，学其一国之学，以为国用而自治其一国者也。[1]

邓实对国学的定义代表了国粹学派的国学观。一言以蔽之，所谓国学，即作为国之魂的一国固有之学术。"君子生是国，则通是学，知爱其国，无不知爱其学也"，换言之，"通国学"是君子的基本修养，"爱国学"是爱祖国的具体表现。

胡适的国学定义则与之不同，它来自章太炎的"国故"说，强调的是"整理国故"，由此掀起了一场"整理国故"的运动。章太炎的所谓"国故"，简言之，是指中华民族过去时代所有的典故和故事。1919年，胡适在《"新思潮"的意义》里明确地提出："我们对于旧有的学术思想，积极的只有一个主张：就是'整理国故'。"[2]1922年[3]，胡适在为北京大学《国学季刊》所写的"发刊宣言"中，进一步阐明了他对"国故"与"国学"这两个概念的理解。他写道："'国学'在我们的心眼里，只是'国故学'的缩写。中国的一切过去的文化历史，都是我们的'国故'；研究这一切过去的历史文化的学问，就是'国故学'，省称为'国学'。"[4]如果说邓实的国学观更多地着眼于国学的内容和功能，那么胡适的国学观则更多地把国学

［1］桑兵，张凯，於梅舫，等.国学的历史[M].北京：国家图书馆出版社，2010：81.
［2］胡适.胡适文选：朱自清点评本[M].朱自清，评.北京：中国文史出版社，2013：114.
［3］《国学季刊》第1卷第1号于1923年1月发行.
［4］胡适.胡适文存：2[M].北京：华文出版社，2013：7.

视为一门学科。

1938 年，马一浮在浙江大学讲学时，旗帜鲜明地提出了自己的国学观。他说："今先楷定国学名义。举此一名，该摄诸学，唯六艺足以当之。六艺者，即是《诗》《书》《礼》《乐》《易》《春秋》也。此是孔子之教，吾国二千余年来普遍承认，一切学术之原皆出于此，其余都是六艺之支流。故六艺可以该摄诸学，诸学不能该摄六艺。今楷定国学者，即是六艺之学，用此代表一切固有学术，广大精微，无所不备。"[1]简言之，国学者，六艺之学也。从邓实的"一国所自有之学"到马一浮的"六艺之学"，国学的范围大大地缩小了。马一浮的国学观虽不免存在狭义或狭隘之处，但得到不少当代学者的呼应和肯定。刘梦溪认为，"如果仅仅在它的狭义的范围，即将国学楷定为'六艺之学'，我又认为并非不可用。说'六艺'即《诗》《书》《礼》《乐》《易》《春秋》是我们的国学，无论国内国外的学者想必无更多的异词"，学术乃天下之公器，马一浮的国学观正避免了"国学"一词终难脱却的"自秘""自固""自赏"的嫌疑。[2]

20 世纪的国学史，是一部国学定义的阐释史，也是一部国学含义的嬗变史和累积史。当下学界，国学一词大致有三种用法。第一种用法，国学与西学相对，是指遭遇西方文化冲击之前中国固有的思想文化与学术体系。这里的"国"是本国之义，"学"是学术之义。用邓实的说法，即"国学者何？一国所自有之学也"。吴宓在《清华开办研究院之旨趣及经过》中说："惟兹所谓国学者，乃指中国学术文化之全体而言，而研究之道，尤注重正确精密之方法。"[3]吴宓所用的国学概念，就属第一种用法，他定义了国学的对象和范围，表达得比较清晰。第二种是扩大的用法，即以国学为中国传统学术或中国传统文化的简称。以国学为中国传统学术和以国学为中国传统文化，两种用法的区别在于，中国传统学术的外延要小于中国传统文化，后者往往无所不包，而前者侧重于学术形态的文化。第三种用法是以国学代称"国学之研究"，即胡适所谓"整理国故"。国学研究是指对中国传统学术文化的研究，中国传统学术体系的

［1］吴光.中国近代思想家文库：马一浮卷［M］.北京：中国人民大学出版社，2015：7.
［2］刘梦溪.论国学［M］.上海：上海人民出版社，2008：8-9.
［3］徐葆耕.会通派如是说：吴宓集［M］.上海：上海文艺出版社，1998：174.

内容，包括哲学、古典学、史学、文学、宗教、语言、艺术等。[1]本书从语文教学的角度讨论国学，故主要在第一种和第二种意义上使用国学这一概念，国学即指"一国固有之学术"以及中国传统学术和以儒家思想为中心的中国传统精神文化。

定义揭示概念含义，分析不同的定义有助于我们对概念内涵做全面认识。上述国学定义和国学概念的三种用法，各有侧重地揭示了国学的对象范围、功能意义和研究方法，这为我们进一步认识国学的性质和品格提供了很好的参照。同时，上述定义又反映了20世纪不同时期的国学观。"告诸往而知来者"，回顾过去，对于我们正确认识国学的当今和未来的使命，是极为必要的。

面对澎湃的西学潮流，振兴民族学术思想、强化民族凝聚力是不可回避的时代重任。国学一词的使用，意味着"国学意识"的自觉，意味着对传统文化精神的重新认识，意味着对民族认同感的重新强调。

---

[1]陈来.中华文明的核心价值：国学流变与传统价值观[M].北京：生活·读书·新知三联书店，2015：110-111.

第二节　20世纪的三次国学热

20 世纪至少有三次国学热，每一次国学热的文化背景和重心所在都不相同。但是，每一次国学热的文化动机，本质上都是一致的，即汲取民族振兴和社会发展的精神动力。

一、20世纪的国学热

1937 年，钱玄同在《刘申叔先生遗书》序中，论当时国故研究运动的发展，以 1917 年划界，分为前后两期：1917 年之前为第一期，1917 年之后为第二期。钱玄同写道：

最近五十余年以来，为中国学术思想之革新时代。其中对于国故研究之新运动，进步最速，贡献最多，影响于社会政治思想文化者亦最巨。此新运动当分为两期：第一期始于民元前二十八年甲申（公元一八八四年），第二期始于民国六年丁巳（一九一七年）。[1]

钱玄同所说的国故研究第二期，虽然后来受抗战影响，但一直延续至 20 世纪 40 年代末。此后，国学趋于沉寂，直至 20 世纪 90 年代，才重新出现国学热。20 世纪的国学热，可分为如下三次。

第一次国学热从 1884 年到 1917 年，钱玄同称其为中国学术革新的"黎明时代"，而成就"最为卓著者"有 12 人，即康有为、宋恕、谭嗣同、梁启超、严复、夏曾佑、章太炎、孙诒让、蔡元培、刘师培、王国维和崔适。钱玄同对他们的学术特点、学术贡献和学术思想做了精要概括："此十二人者，或穷究历史社会之演变，或探索语言文字之本源，或论述前哲思想之异同，或阐演先秦道术之微言，或表彰南北剧曲之文章，或考辨上古文献之真赝，或抽绎商卜周彝之史值，或表彰节士义民之景行，或发抒经世致用之精义，或阐扬族类辨物之微旨，虽趋向有殊、持论多异，有一志于学术之研究者，亦有怀抱经世之志愿而兼从事于政治之活

[1] 张荣华. 中国近代思想家文库：钱玄同卷 [M]. 北京：中国人民大学出版社，2015：316.

动者，然皆发抒心得，故创获极多。"[1]若就20世纪而言，第一次国学热的主体，当主要指清末民初，以国学保存会为组织，以《国粹学报》（1905—1911）为阵地，以章太炎、刘师培、邓实、黄节等为代表的"国粹学派"。1905年初，邓实、黄节等人在上海成立国学保存会，以"研究国学，保存国粹"为宗旨，同时，其机关刊物《国粹学报》正式发行，以"保种、爱国、存学"为宗旨。由此，具有浓厚民族主义色彩的国粹学派为之崛起。这一时期的梁启超和王国维，并不属于"国粹学派"，但他们的国学研究，尤其是王国维的国学研究和学术理念，代表了当时乃至整个20世纪国学研究的最高水平。

关于第二次国学热，钱玄同认为"始于民国六年"，即1917年。他继而写道："第二期较第一期，研究之方法更为精密，研究之结论更为正确，以今兹方在进展之途中……姑不论。"[2]钱玄同这段话可分两层：一是时间上，第二期国学运动始于1917年，至1937仍"在进展之途中"，就其整个发展过程来看，一直延续至20世纪40年代末，直至无锡国学专修学校被合并，方告落幕；二是成就上，"第二期较第一期，研究之方法更为精密，研究之结论更为正确"，这主要是对以北大国学门为机构，以《国学季刊》为阵地，以胡适为领袖，以胡适执笔撰写的《〈国学季刊〉发刊宣言》为纲领的"整理国故"运动以及与之密切联系的"古史辨"运动的评价。钱玄同本人，既是北大国学门的首批委员之一，也是"古史辨"运动的积极支持者和参与者。胡适在有钱玄同参与的《〈国学季刊〉发刊宣言》中特别强调以"科学方法整理国故"，这一口号又很快获得主流国学界的普遍接受并付诸实践。所以钱玄同断言"第二期较第一期，研究之方法更为精密，研究之结论更为正确"。

事实上，五四运动以后的第二次国学热，不同立场的学者，其研究的态度、目的和方法呈多元化趋向。当时，除了以"科学方法整理国故"为代表的主流国学，20世纪20年代还出现了一股被称为"东方文化派"的思潮，包括章士钊的《甲寅》杂志，梁漱溟的《东西文化及其哲学》，

———————

[1] 张荣华. 中国近代思想家文库：钱玄同卷[M]. 北京：中国人民大学出版社，2015：316-317.

[2] 同[1]：316.

张君劢等在"科学与人生观论战"中的言论,以及在南京的《学衡》杂志。其中,以东南大学为依托,以《学衡》为阵地,以吴宓、梅光迪、汤用彤、柳诒徵为代表,以白璧德新人文主义为精神资源的学衡派影响最大。《学衡》各期明标宗旨:"论究学术,阐述真理,昌明国粹,融化新知。以中正之眼光,行批评之职事。无偏无党,不激不随。"学衡派的"国故新知"论,明显不同于胡适的"整理国故",具有鲜明的"保守主义"[1]倾向。因此,如果说第一期"研究国学,保存国粹"的国粹派是民族主义国学,第二期胡适的"整理国故"是科学主义国学,那么学衡派的"国故新知"则是人文主义或保守主义国学。

第三次国学热始于20世纪90年代[2],一直延续至今仍热度不减,并有不断发展、持续深化之势。总的来说,与同时兴起的文化热、后学热相比,此次的国学热有两项明显的特色:一是持续性,即几十年来这股热不但未消退,而且还在继续升温;二是扩张性,即从学术文化界走向社会。国学热的社会化,是最近几年的一个突出的社会现象,电视上有各种"国学论坛""中华古诗词诵读大赛",著名大学开设国学培训班,恢复或建立"国学院",著名书院、国学馆、蒙学馆组织的活动很受欢迎,海外兴办国际汉语学院、孔子学院,不少地方民间人士自发组织学习《三字经》《弟子规》以及读"四书五经"的活动。大众传媒包括电视、报纸、杂志、网络等广泛宣传报道。一时间,国学成了家喻户晓的一个词语。在笔者看来,当下的第三次国学热之所以具有持续性和扩张性的特点,是由学界、民间和政府三股力量合力推动的结果,其背后有深刻的社会文化历史根源。

二、国学热的精神实质

20世纪的中国,从晚清、民国时期到新中国改革开放后,为什么不断出现国学热?对于这种不断出现、不断重复的文化现象,是不能简单

---

[1] 王汎森借鉴卡尔·曼海姆《保守主义》中的观点,对"保守主义"与"守旧主义"做了分疏,指出:"保守主义是有意识的,经过反思之后的保守,而守旧派通常是无意识的保守,所以在此处我想区分有意识的保守主义与无意识的守旧主义。"(王汎森.近代中国的史家与史学[M].上海:复旦大学出版社,2010:173.)

[2] 刘梦溪.论国学[M].上海:上海人民出版社,2008:11-16.

斥之为"复古""保守"而加以批判否定或视而不见的，其深层的文化根源和精神实质，需要我们严肃对待，认真思考。

《论语·宪问》曰："道之将行也与，命也；道之将废也与，命也。""命也"，即必然性也。一种思想观念或学术思潮的兴起和衰亡，无不具有社会文化的必然性，其背后无不体现了特定时代人心的诉求。德国哲学家雅斯贝斯认为，人类在自身的历史发展过程中，有一种不断回顾轴心时代的文化冲动，从中获取重新出发的精神动力。在笔者看来，20世纪中国不断出现国学热，正是这种回顾轴心时代文化冲动的表现。

人类历史的轴心时代出现在什么时期？雅斯贝斯[1]认为，可以在公元前500年左右的时期内和在公元前800年至200年的精神过程中，找到这个历史轴心。正是在那里，我们同最深刻的历史分界线相遇，我们今天所了解的人开始出现。这是人类历史上伟大的时代，最不平常的事件，都集中在这一时期。例如，在中国，孔子和老子非常活跃，中国所有的哲学流派，包括墨子、庄子、列子和诸子百家，都出现了。总之，这个时代产生了直至今天仍是我们思考范围的基本范畴，创立了人类仍赖以存活的世界宗教之源端。这也是轴心时代最重要的特征。歌德认为，凡是值得思考的事情，没有不是被人思考过的。歌德所说的"思考事情的人"，可以也应当上溯至"反思"人类基本问题的轴心时代的哲学家。雅斯贝斯进而指出，轴心时代的文化，在"自轴心期以来的世界历史结构"中，始终发挥着重要的作用。他写道：

直至今日，人类一直靠轴心期所产生、思考和创造的一切而生存。每一次新的飞跃都回顾这一时期，并被它重燃火焰。自那以后，情况就是这样。轴心期潜力的苏醒和对轴心期潜力的回忆，或曰复兴，总是提供了精神动力。[2]

雅斯贝斯特别指出，对轴心时代的回顾或复归，"是中国、印度和西方不断发生的事情"[3]。若从中国儒学史看，从先秦儒学到两汉经学，从

[1]雅斯贝斯.历史的起源与目标[M].魏楚雄，俞新天，译.北京：华夏出版社，1989：7-13.

[2]同[1]：14.

[3]雅斯贝斯.历史的起源与目标[M].魏楚雄，俞新天，译.北京：华夏出版社，1989：14.

两汉今古文经学到唐代注疏，从中唐儒学复兴到宋明理学，再从宋明理学到现代新儒学，历史上的每一次儒学热实质上无不是对轴心时代的回顾或复归，借以在新的社会历史背景下获得新的飞跃的精神动力。20世纪中国的三次国学热同样如此，每一次国学热都有特定的时代背景和时代主题。

以晚清国粹学派为主体的第一次国学热，其深层的文化动机可以由章太炎在《民报》欢迎会上一句著名的演说辞表现出来，即"用宗教发起信心，增进国民的道德；用国粹激动种性，增进爱国的热肠"。[1]面对国家民族的危亡，国粹学派的口号是"保种、爱国、存学"，而"夫国粹者，国家特别之精神也"[2]，因此国粹学派强调"研究国学，保存国粹"，就是为了"增进爱国热肠"，寻求民族认同的象征。

第二次国学热，各派的态度主张呈多元化趋向，但其深层动机仍是为了寻求和获得学术文化和国家民族发展的精神动力。学衡派"论究学术，阐述真理，昌明国粹，融化新知"的宗旨，鲜明地表达了试图通过对轴心时代的回顾或复归以获得新的飞跃的精神动力的学术动机。胡适领导的北大国学门的"整理国故"运动，强调以"科学方法整理国故"，以科学精神改造传统学术，而其深层目的，则是力图"于世界学术界中争一立脚地"。1922年，担任国学门主任的沈兼士在《国学门建议书》中写道："窃惟东方文化自古以中国为中心，所以整理东方学以贡献于世界，实为中国人今日一种责无旁贷之任务……以中国古物典籍如此之宏富，国人竟不能发挥光大，于世界学术界中争一立脚地，此岂非极可痛心之事耶！"[3]1930年，陈寅恪在《陈垣敦煌劫余录序》中写道："敦煌者，吾国学术之伤心史也。"[4]一为北大国学门主任，一为清华国学院旧人，二者流露的浓烈的民族意识，以及通过国学研究振兴民族学术和民族精神的意识，是完全一致的。

［1］章太炎.东京留学生欢迎会演说辞[M]//汤志钧.章太炎政论选集.北京：中华书局，1977：272.
［2］黄节.国粹保存主义[M]//桑兵，张凯，於梅舫，等.国学的历史.北京：国家图书馆出版社，2010：3.
［3］沈兼士.沈兼士学术论文集[M].北京：中华书局，1986：362.
［4］陈寅恪.金明馆丛稿二编[M].北京：生活·读书·新知三联书店，2001：267.

当下的第三次国学热，学界、民间和政府三股力量合力推动，从有识之士的深层意识来看，强调以传统文化重塑民族精神，最终同样是为从轴心时代文化中获得民族振兴大业的精神动力。2014 年 9 月 24 日，习近平在"纪念孔子诞辰 2565 周年国际学术研讨会暨国际儒学联合会第五届会员大会"开幕会上的讲话，可视为对第三次国学热文化本质的郑重阐释：

> 世界上一些有识之士认为，包括儒家思想在内的中国优秀传统文化中蕴藏着解决当代人类面临的难题的重要启示……中国优秀传统文化的丰富哲学思想、人文精神、教化思想、道德理念等，可以为人们认识和改造世界提供有益启迪，可以为治国理政提供有益启示，也可以为道德建设提供有益启发。

习近平的讲话激励全国人民保持民族文化自信，走一条民族复兴的中国道路，共圆中国梦。新世纪国学热强调从传统文化中汲取振兴民族大业的动力，强调从传统文化中汲取解决当代人类面临难题的启示，这也体现了中华民族的文化自觉和文化自信。文化自觉是促进文化复兴的重要条件，而文化自信则有助于促进民族文化自觉，发掘民族文化价值，振奋民族精神。正是在这个意义上，我们高度评价第三次国学热，高度评价第三次国学热中所体现出来的民族文化自信。正如习近平所说："文化自信，是更基础、更广泛、更深厚的自信，是更基本、更深沉、更持久的力量。坚定文化自信，是事关国运兴衰、事关文化安全、事关民族精神独立性的大问题。"[1]

---

[1] 习近平. 习近平谈治国理政：第二卷[M]. 北京：外文出版社，2017：349.

第三节　现代语文教育的文化背景

中国现代语文教育，是以五四时期社会文化思潮为背景的。中国现代语文教育的所谓"反传统"主要表现在两大方面：一是经历了从文言文到白话文的转变；二是经历了从读经到废经的转变。而文言与白话、读经与废经，这是两个相互关联的问题，读经必然要先学文言，学好文言必然要借助经典。贯穿20世纪的文言与白话、读经与废经的论争，背后的深层问题实质是语文教学如何对待传统文化，语文教育是否应以民族文化为根基。

一、从文言文到白话文

文言，即古代的书面语言，它是古代文章的语言，也是古典文学的主要语言。从蒙学馆的"三百千千"到书院的"四书五经"，从《诗经》《楚辞》到唐宋诗文，无不是文言文。因此，始于先秦的传统语文教学，一直是文言文教学。白话，是唐代以后通俗文学使用的语言，也是新文化运动之后通行的书面语言。五四运动以后，随着白话文运动的不断深入，现代语文教学逐渐变成了白话文教学。

中国现代语文教育，从文言文向白话文转变的过程，有学者把它分为四个阶段[1]。

第一阶段：1902年至1911年的清末时期，是白话文教学的萌芽期。1904年颁布实施的《奏定学堂章程》，是清朝政府制定的第一个系统的学堂章程。其中，俗话写作正式进入小学语文教学。同时，进行听说训练的官话教学也作为这个时期语文教学的组成部分。这些都是白话文教学萌芽的表现。但在总体上，文言文教学在当时各级学堂中仍占主导地位，俗话和官话教学处于极其次要的位置。

第二阶段：1912年至1919年的民国初期，是国语教学的酝酿期。

---

[1] 郑国民. 从文言文教学到白话文教学：我国近现代语文教育的变革历程[M]. 北京：北京师范大学出版社，2000：31-79.

从中华民国成立后教育部颁布中小学令，到1919年教育部下令将小学一、二年级国文改为国语之前，这段时间白话文教学出现了先沉寂后勃兴的趋势。1916年，中华民国国语研究会在北京成立，主张"言文一致"和"国语统一"，并试图促使最高教育行政机构采取措施，下令将国文科改为国语科。同时，1916年《新青年》杂志发表了胡适的《寄陈独秀》，初步提出"文学革命"的八点建议，开始倡导文学革命，由此开启了以倡导白话文学为内容的新文学运动。这为白话文教学的勃兴和确立提供了重要的理论准备，起到了推动的作用。

第三阶段：1920年至1927年的新学制时期，是国语教学的确立与发展期。这一阶段以1920年1月中华民国教育部正式下令将初等小学国文教学改为国语教学为起点，到暂行课程标准出台之前为止。这一阶段公布的《小学国语课程纲要》和《初级中学国语课程纲要》，让国语教学首先名正言顺地进入初等小学的语文教学，然后高级小学也以国语教学为主，白话文在初级中学也取得了与文言文平起平坐的地位。但必须指出，这一阶段文言文教学在初高中并未取消。由叶圣陶主持起草的《初级中学国语课程纲要》明确指出："本科要旨在与小学国语课程衔接，由语体文渐进于文言文，并为高级中学国语课程的基础。"高中三年语体文教学处于极次要的位置，基本上是文言文教学。

第四阶段：1928年至1935年的课程标准时期，是国语教学的巩固与成熟期。1929年8月，中华民国教育部公布了由教育部中小学课程标准起草委员会订定的三个课程标准，即《小学课程暂行标准》《初级中学暂行课程标准》《高级中学普通科暂行课程标准》。这些课程标准可以表明，国语教学至此在中小学语文教学中的地位已经非常稳固，国语教学各个方面的规范也已基本制度化。这从1928年7月26日大学院一条训令可见一斑：提倡语体文，小学不教文言文，初中入学考试不考文言文，并不准小学采用文言教科书。从此，国语教学的格局一直延续到20世纪40年代末没有变化，中国现代语文教育也由此完成了从文言文向白话文转变的过程。

中国现代语文教育，在从文言文转向白话文的过程中，受到五四时期胡适和陈独秀倡导的文学革命和白话文运动的深刻影响。1917年1月，胡适在《文学改良刍议》中进一步阐释了《寄陈独秀》中提出的"文学革命"的八点建议，即"一曰，须言之有物。二曰，不摹仿古人。三曰，须讲求文法。四曰，不作无病之呻吟。五曰，务去烂调套语。六曰，不用典。七曰，不讲对仗。八曰，不避俗字俗语"[1]。文章最后明确主张："吾主张今日作文作诗，宜采用俗语俗字……家喻户晓之《水浒》《西游》文字也。"[2]随即，陈独秀在《文学革命论》中，对胡适的主张做了进一步的声援和发挥："余甘冒全国学究之敌，高举'文学革命军'大旗，以为吾友之声援。旗上大书特书吾革命军三大主义：……建设平易的抒情的国民文学；……建设新鲜的立诚的写实文学；……建设明了的通俗的社会文学。"[3]当时以"创造白话文学，讲授白话文"或建设"国语的文学和文学的国语"为内容的文学改良或文学革命运动，在文学界和教育界引起巨大反响。1919年11月17日，蔡元培在北京女子高等师范学校演讲时解释道："白话是用今人的话来传达今人的意思，是直接的。文言是用古人的话来传达今人的意思，是间接的。间接的传达，写的人与读的人都要费一番翻译的功夫，这是何苦来？"[4]这也是此后中华民国教育部和大学院一再令禁小学讲习文言文的主要原因之一。

众所周知，国语教学基本制度化，白话文在社会上逐步推广，最主要的还是缘于当时的国情和时代背景。自鸦片战争后，内忧外患，西学东渐，中国一面要奋起反抗列强侵犯、救国救亡，一面要快速学习西方科学技术，"师夷长技以制夷"。先驱者鲁迅主张以"拿来主义"原则考察各国社会历史文化，一面批判崇洋媚外、全盘西化，一面批判闭关主义、封建糟粕。各派白话文运动倡导者和支持者，以及复古保守派、中体西用派、东方文化派，都在思索中国和中国文化的明天。

不过，对于语文教学中禁习文言文、采用白话文的做法，当时并非没有不同意见。事实上，从一开始就有激烈的反对之声。到1934年，以苏州中学创办人汪懋祖的《禁习文言与强令读经》一文为开端，在全国

---

[1]胡适.胡适文存：1[M].北京：华文出版社，2013：6.

[2]同[1]：14.

[3]同[1]：15.

[4]沈善洪.蔡元培选集：下册[M].杭州：浙江教育出版社，1993：1071–1072.

范围内引发了一场关于"中小学文言运动"的论争。汪懋祖《禁习文言与强令读经》一文的具体主张，可以概括为三句话：其一，"初级小学，自以全用白话教材为宜"；其二，"而五、六年级，应参教文言，不特为升学及社会应用所需，即对于不升学者，亦不当绝其研习文言之机会也"；其三，关于中学国文科文言教材应该占多大比例，他以梁启超曾拟定的国学"最低限度书目"为据，提出期望，"吾只望初中能读毕《孟子》，高中能读毕《论语》《学》《庸》以及《左传》《史记》《诗经》《国策》《庄子》《荀子》《韩非子》等选本，作为正课，而辅以各家文选，及现代文艺，作为课外读物"。[1]围绕这一主张，汪懋祖从"思想问题""教材问题""教学问题""社会需要问题""学制课程问题"五个方面，对中小学禁习文言之非，教习文言的必要性、可能性和应采取的相关措施诸方面做了有理有据、符合教育规律的论述。回顾20世纪语文教育的成败得失，重新审视汪懋祖关于中小学文言文教学的主张，可以发现，汪懋祖的文言文教育思想不失前瞻性和合理性。然而，这在当时被一部分人视为迷恋古文、反对白话的复古思潮，遭到了包括胡适在内的各派白话文运动倡导者和支持者的驳斥和批判[2]。

今天的教育家、从事语文教育的学者，应该基于现在的教育背景，重新审视"从文言文到白话文"的转变历程，研究受教育儿童的真正需要，科学合理地进行文言文教学。这将是学生之福，也是民族之福。

二、从读经到废经

中国的传统教育史，就是一部读经教育史。一般认为，中国的读经教育始于汉武帝。《汉书·武帝本纪》有曰："汉承百王之弊，高祖拨乱反正，文景务在养民，至于稽古礼文之事，犹多阙焉。孝武初立，卓然罢黜百家，表章《六经》。"其实，追根溯源，中国的读经教育当始于孔子而确立于汉武帝。《史记·孔子世家》曰："孔子以诗书礼乐教，弟子盖三千焉，身通六艺者七十有二人。"从此，从"六艺""六经"到"五经""四

[1] 文振庭.文艺大众化问题讨论资料[M].上海：上海文艺出版社，1987：173-175.

[2] 罗庆云，戴红贤.民国教育家汪懋祖文言文教育思想研究：以1934年有关文言文教育争论为中心[J].武汉大学学报（哲学社会科学版），2013，66（1）：103-108.

书"，读经教育在中国延续了两千多年。

清末民初，随着变法图强的声势日渐高涨，废经灭古的风气也随之弥漫。当时大多数人认为，读洋经，学西方，才是进步开明的；尊孔子，读旧经，则是保守落伍的。自称"疑古玄同"的钱玄同，在《新青年》的"随感录"中，曾斩钉截铁地写道："适用于现在世界的一切科学、哲学、文学、政治、道德，都是西洋人发明的；我们该虚心去学他，才是正办。""既在二十世纪建立民国，便该把法国美国做榜样；一切'圣功王道'，'修、齐、治、平'的鬼话，断断用不着再说。"[1]当然，钱玄同的话，语气虽然斩钉截铁，道理未免太过简单，所以不能令人信服。于是，读经与废经的论争，便一再上演。

具体说来，20世纪关于读经与废经的论争主要有三次：第一次发生在清末民初，主要是围绕着袁世凯、康有为等的尊孔读经和以陈独秀为代表的新文化运动者反对复古斗争展开的；第二次是20世纪20年代，与东西文化反思过程相伴随，以1925年章士钊"读经救国"论和鲁迅的批判为标志；第三次发生在20世纪30年代，从广东、湖南两省中小学开设读经课程为开端，到1935年《教育杂志》"读经专号"关于读经问题的集中讨论达到高潮。在这三次论争中，有绝对赞成读经的，有绝对反对读经的，也有持中间立场的。

回顾以往的读经论争，《教育杂志》主编何炳松在1935年5月10日出版发行的《〈全国专家对于读经问题的意见〉专辑》编者"序言"中指出："其实所谓读经，假使当做一种专门研究，让一班专家去下苦功夫，本不成问题。现在所以成为问题，就是因为有人主张中小学生都应该读经这一点。"[2]于是，他以"中小学生应否读经"为标准，把七十二家意见分为三大类，即"绝对的赞成者""相对的赞成者""绝对的反对者"。[3]仔细阅读这三类意见，可以发现有五大特点：一是绝对赞成读经或绝对反对读经者居少，相对支持或相对反对读经者居多；二是对经的价值总体

[1] 林文光.钱玄同文选[M].成都：四川文艺出版社，2010：57-58.

[2] 龚鹏程.读经有什么用：现代七十二位名家论学生读经之是与非[M].上海：上海人民出版社，2008：7.

[3] 洪明.读经论争的百年回眸[J].教育学报，2012，8（1）：3-12.

反对者居少，总体肯定者居多；三是支持中小学生阅读全本者居少，支持阅读节本者居多；四是主张无须讲解死记硬背者居少，强调切近生活力求致用者居多；五是支持设置读经科者居少，主张分散读经和分科读经者居多。[1]

对于中小学生应否读经，绝大部分学者持否定态度。其中蔡元培的意见最具有代表性，他说："为大学国文系的学生讲一点《诗经》，为历史系的学生讲一点《书经》与《春秋》，为哲学系的学生讲一点《论语》《孟子》《易传》与《礼记》，是可以赞成的。为中学生选几篇经传的文章，编入文言文读本，也是可以赞成的。若要小学生也读一点经，我觉得不妥当。"[2] 简言之，大学分科读经，中学借以学习文言，小学读经无益。这位中华民国首任教育总长的"读经观"深刻影响了20世纪的中国语文教学。

中国现代语文教育，经历了从文言到白话，从读经到废经的白话文运动，经历了从语文学科独立到"破四旧""批孔"再到正本清源、提高全民族科学文化素质的教育改革的一百多年历程。21世纪的中国人，依然未能忘记繁体字、民族经典、圣哲彝训；21世纪的中国人，自觉肩负起传承民族优秀传统文化、确立民族认同、增强民族凝聚力的光荣使命。

---

[1] 洪明. 读经论争的百年回眸[J]. 教育学报，2012，8（1）：3-12.

[2] 龚鹏程. 读经有什么用：现代七十二位名家论学生读经之是与非[M]. 上海：上海人民出版社，2008：136.

第四节　民族文化是语文教育的根基

任何一个民族，文字、文章、文化，都是三位一体的。民族语言、民族经典和民族精神，正是民族文化的核心元素。语文教学的任务，就是学习民族语言，传授民族经典，培育民族精神。因此，语文教学本质上是民族文化的教育，是民族精神的培育。民族文化是语文教学的根基，民族精神是语文教学的归宿。

一、教育的根本要从自国自心发出来

1910 年 3 月 10 日，章太炎在日本创办《教育今语杂志》。杂志章程强调："本杂志以保存国故，振兴学艺，提倡平民普及教育为宗旨。"杂志每月一册。最初几册，章太炎均撰"社说"：第一篇是《中国文化的根源和近代学问的发达》，第二篇是《常识与教育》，第三篇就是《论教育的根本要从自国自心发出来》。

在《论教育的根本要从自国自心发出来》一文中，章太炎从民族主义立场出发，提出了一个超越民族主义，具有人类普遍意义的教育哲学命题，即"教育的根本要从自国自心发出来"。文章围绕这一命题，联系历史与现实、理论与实践做了深入阐述。其中三点，对我们认识语文教育的民族文化根基特别重要。

首先，强调"教育的根本要从自国自心发出来"的重要性。文章开宗明义："本国没有学说，自己没有心得，那种国，那种人，教育的方法，只得跟别人走。本国一向有学说，自己本来有心得，教育的路线自然不同。"换言之，教育的根本要从自国自心发出来。章太炎进而以日常生活为喻加以阐释："自国的人，该讲自国的学问，施自国的教育，像水火柴米一个样儿，贵也是要用，贱也就要用，只问要用，不问外人贵贱的品评。后来水越治越清，火越治越明，柴越治越燥，米越治越熟，这样就是教育的成效了。"[1]总之，只有从自国自心发出来，教育才可能有成效。

---

[1] 姜义华.中国近代思想家文库：章太炎卷[M].北京：中国人民大学出版社，2015：
197.

那么，何谓自国自心？在章太炎看来，自国者，自国的国故、国粹或民族文化传统；自心者，自心对国故、国粹或民族文化传统的认同与心得。换言之，教育的根本要从自国自心发出来，就是强调教育必须从民族文化传统出发，必须从自己本有的心得出发，这样的教育才有成效。抛弃自国的文化传统，没有自心对传统文化的温情与心得，一味地从他国他心出发，这样的教育就不可能有成效。

其次，如何才能保证从自国自心发出，而不从他国他心发出？针对当时学界和教育界盲目佩服别国学说、学派之间互相诋毁的狭隘心态，章太炎认为，必须去除两项偏心："只佩服别国的学说，对着本国的学说，不论精粗美恶，一概不采，这是第一种偏心。""在本国的学说里头，治了一项，其余各项，都以为无足轻重，并且还要诋毁。就像讲汉学的人，看见魏晋人讲的玄理，就说是空言，或说是异学……这是第二种偏心。"[1]章太炎认为，"这两项偏心去了，自然有头绪寻出来"，也自然有成绩做出来。

在两项偏心中，章太炎认为，最应当警惕的是"只佩服别国学说，对本国学说一概不采"。这种盲目跟着别国人走的他国他心，对自国自心构成了极大的挑战，对民族自信构成了极大的挑战，它让人追逐时尚而否定传统，彻底崇拜西学而放弃国文、国史，从而对教育产生直接的危害。《教育今语杂志》刊行的目的之一，就是为了纠正这种偏心。在《刊行〈教育今语杂志〉之缘起》中，钱玄同以忧愤之情写道：

……十稔以还，外祸日亟，八比告替。兼欧学东渐，济济多士，悉舍国故而新是趋，一时风尚所及，至欲斥弃国文，芟夷国史，恨轩辕厉山为黄人，令己不得变于夷语有之。国将亡，本必先颠，其诸今日之谓欤？同人有忧之，爰设一报，颜曰《教育今语杂志》。明正道，辟邪辞……真爱祖国而愿学者，盖有乐乎此也。[2]

片面的"至欲斥弃国文，芟夷国史，恨轩辕厉山为黄人，令己不得变于夷语"的他国他心，对传统文化和语文教学将造成极大的破坏。因此，

［1］姜义华. 中国近代思想家文库：章太炎卷［M］. 北京：中国人民大学出版社，2015：199.

［2］黄勇. 中国现代散文经典文库：钱玄同［M］. 汕头：汕头大学出版社，2014：288.

纠正这种偏心，是当务之急。

最后，在自国的国故、国粹或传统文化中，章太炎最为强调的是小学与历史，即语言与历史。章太炎的国学观或文化观，浓缩在他的名言中："用国粹激动种性，增进爱国的热肠。"[1]他把国学与国性紧紧地联系在一起。因为，从人类历史看，"环球诸邦，兴灭无常，其能屹立数千载而永存者，必有特异之学术，足以发扬其种性，拥护其民德者在焉"；与之相反，"欲绝其种性，必先废其国学"，这也是章太炎为之"危心疾首，寤寐反侧"的绝大问题。

章太炎所谓国粹，是指从传统文化中加以选择保留下来的国学之精粹，包括小学即语言学及经、史、子、集等。其中，最为他所反复强调的是小学与历史二端。他认为，这两种学问之所以特别宝贵，一方面因其乃"中国独有之学"而非各国共同之学，中国文与中国史为中国所独有；另一方面，是因为它们能"卫国性""类种族"。章太炎说："国于天地，必有与立，非独政教饬治而已，所以卫国性、类种族者，惟语言、历史为亟。"[2]语言与历史之所以可贵，是因为二者都是先民长期创造、长期积累下来的，学习语言与历史，自然可以培育出一种自觉心，自觉意识到中华民族文化始终是一个不可分割的连续体。

二、语文教育就是民族文化教育

教育的根本要从自国自心发出来，这一命题既有学理的普遍性，又有鲜明的学科针对性。具体地说，它对语文教学尤为重要。语文者，既是民族的语言文字，也是民族的语言文化。语文教学尤其要从自国自心发出来，要从民族的传统文化出发，从民族的语言文字和语言文化出发。

1924年，章太炎发表《救学弊论》。文章开篇，论为学步骤：

凡学先以识字，次以记诵，终以考辨，其步骤然也。[3]

凡学以识字为先，识字为学问之源。因此，于语言与历史二端，章

---

[1] 姜义华. 中国近代思想家文库：章太炎卷[M]. 北京：中国人民大学出版社，2015：137.

[2] 汤志钧. 章太炎政论选集：上册[M]. 北京：中华书局，1977：259.

[3] 同[1]：371.

太炎又把语言或小学置于国学的首位。

俗话说，"读书先识字，知书当明理"。识字、读书、明理，这六个字概括了语文教学的核心内容。识字是民族语言的教学，读书是民族经典的传授，明理是民族精神的培育。而民族语言、民族经典和民族精神，正是民族传统文化最基本的构成部分。因此，语文教学本质上是民族文化的教学。

语言是文化的结晶，民族语言是民族文化的结晶。在民族语言、民族经典和民族精神三者中，民族语言是最为基本的：民族经典是民族精神的载体，民族语言又是民族经典的载体。语文教学从"文"开始，既要教白话文，也要教文言文。文言和文言文是民族文化精粹，也是打开民族文化之门的第一步。

1941年，语言学家罗常培在《中国人与中国文》一书的开篇写下一段发人深省的话：

语言文字是一个民族文化的结晶，这个民族过去的文化靠着它来流传，未来的文化也仗着它来推进。凡属一国的国民，对于他本国固有的语言文字必须有最低限度的修养，否则就不配做这一国的国民。[1]

罗常培对语文非常重视，"不识中国文，不配做中国人"，这是有深刻的文化原因的。因为，语文之文，作为文言之文、文章之文、文化之文，直接与民族认同、民族文化和民族智慧紧密相连。

首先，民族语言是民族性的标志。何谓民族？从学理上说，民族就是人们在历史上形成的一个有共同语言、共同地域、共同经济生活，以及在共同文化上的共同心理素质的稳定的共同体。通俗地说，同一个民族，就是同文同种的族群，同文在同种之前。因此，共同的民族语言是民族性的第一标志，而学习民族语言是培养民族认同感的第一步。

其次，民族语言是民族文化的媒介。语言文字是民族文化的结晶，也是民族文化最重要的载体。美国著名语言学家萨丕尔说："语言有一个底座。说一种语言的人是属于一个种族（或几个种族）的。也就是说，属于身体上具有某些特征而不同于别的群的一个群。语言也不脱离文化

---

[1]罗常培.中国人与中国文：语言与文化[M].北京：新星出版社，2015：4.

而存在，就是说，不脱离社会流传下来的、决定我们生活面貌的风俗和信仰的总体。"[1]语言是文化的载体，是风俗和信仰的载体。因此，学民族语言，就是学民族风俗，学民族信仰，学民族文化。人类学家正是通过种族、语言和文化来研究人的。

最后，文言文是传统文化的载体。如前所述，文言是古代的书面语言，是古代的文章语言，是古代文学的主要语言，因而也是传统文化的主要载体。传统文化之延续，民族智慧之传递，古人优美文学之欣赏，文言文功不可没。任何一个文明民族都有他们的文言和文言文。读不懂文言文，就意味着不能了解自己的祖先。正因为如此，王财贵博士才特别强调文言和文言文："学文言，学文言文，可以使我们人类学习的角度更加开放，使我们人类能够进入到历史当中去汲取先人的智慧。如果只学会讲话，只会读白话文，就进不到历史当中，进不到文化里面去。因此，要传承所谓的人类智慧，你要能继承所谓的传统，你要站在巨人肩膀上，你必定要学会读你自己民族的文言文。"[2]

贤达的见解和历史的经验，无不告诉我们一个道理：阅读民族的经典，可从学习文言开始；亲炙先贤的智慧，可从学习文言开始；接续文化的血脉，可从学习文言开始；弥合文化的断层，可从学习文言开始。

三、每种文化都会形成一种凝聚性结构

1935年，时任无锡国学专修学校校长唐文治的文章列为《教育杂志》的"读经专号"之首。文章开篇，他在发出"窃维读经当提倡久矣"的感慨后，意味深长地引述了英国学者朱尔典与中国思想家严复的一段对话：

往者朱尔典与吾华博士严幼陵相友善，严尝以中国危亡为虑，朱曰：中国决不至亡。严询其故，朱曰：中国经书，皆宝典也，发而读之，深入人心。基隆扃固，岂有灭亡之理？[3]

［1］萨丕尔.语言论[M].陆卓元，译.北京：商务印书馆，1985：186.
［2］王财贵.读经二十年[M].北京：中华书局，2014：57.
［3］龚鹏程.读经有什么用：现代七十二位名家论学生读经之是与非[M].上海：上海人民出版社，2008：14.

唐文治接着亮出自己的观点："余谓朱说良然。吾国经书，不独可以固结民心，且可以涵养民性，和平民气，启发民智。故居今之世而欲救国，非读经不可。"[1]唐文治与英国人朱尔典的说法有无道理呢？

民族文化是语文教学的根基，语文教学从民族文化出发；民族精神的培育则是语文教学的归宿，语文教学承担着凝聚民族共同体的文化使命。因为，每一种文化都形成一种凝聚性结构。对于每一个人来说，语文学习的过程，就是学习民族文化的过程；阅读民族经典的过程，也是形成民族意识、培育民族精神、确立民族认同的过程。中国人与中国文，是一个不可分割的生命共同体。正因为如此，罗常培才会说："凡属一国的国民，对于他本国固有的语言文字必须有最低限度的修养，否则就不配做这一国的国民。"

"每一种文化都会形成一种凝聚性结构"，这是德国著名历史学家阿斯曼《文化记忆：早期高级文化中的文字、回忆和政治身份》一书的核心命题。了解这一命题的内涵，了解阿斯曼"文化记忆"的要义，有助于我们更深刻地认识传统文化和语文教学在民族认同中的重要意义。

首先，何谓文化的凝聚性结构？凝聚性结构就是文化认同结构。阿斯曼说："与共同遵守的规范和共同认可的价值紧密相连、对共同拥有的过去的回忆，这两点支撑着共同的知识和自我认知，基于这种知识和认知而形成的凝聚性结构，方才将单个个体和一个相应的'我们'连接到一起。"[2]换言之，凝聚性结构以"共同遵守的规范""共同认可的价值""对共同拥有的过去的回忆"为基础，这种知识和认知实质上就是民族传统文化。因此，民族文化的凝聚性结构实质就是民族文化的认同结构。

其次，凝聚性结构的意义何在？阿斯曼指出，凝聚性结构起到一种"连接和联系"的作用，这种作用表现在社会层面和时间层面上。在社会层面，凝聚性结构可以把人和他身边的人连接到一起，其方式便是让他们构造一个象征意义体系——一个共同的经验、期待和行为空间，这个空

---

[1] 龚鹏程. 读经有什么用：现代七十二位名家论学生读经之是与非[M]. 上海：上海人民出版社，2008：14.

[2] 阿斯曼. 文化记忆：早期高级文化中的文字、回忆和政治身份[M]. 金寿福，黄晓晨，译. 北京：北京大学出版社，2015：6-7.

间起到了连接和约束的作用，从而创造了人与人之间的相互信任，并且为他们指明了方向。在时间层面，凝聚性结构把昨天跟今天连接到了一起，它将一些应该被铭刻于心的经验和回忆以一定形式固定下来并且使其保持现实意义，其方式便是将发生在从前某个时间段中的场景和历史拉进持续向前的"当下"的框架之内，从而产生希望和回忆。[1]

最后，最为值得关注的是凝聚性结构或文化认同结构是如何形成的？阿斯曼认为，通过经典阅读的方式达到对文化的记忆和反思，在反思和互动循环的过程中形成一种文化信仰，这是凝聚性结构和文化认同结构形成的基本规律。阿斯曼指出，文化与社会是基本结构，人类只有在文化和社会的框架上才能存在。然而每个个体对某个集体和文化的归属感和认同感并不会自动生成，它需要经历一个转变，需要集体通过一些外部手段将这种归属感"植入"其成员的意识中。其中，通过经典阅读的方式达到对文化的记忆和反思是最基本的手段。正如阿斯曼所说："在我们看来，集体的认同就是经过反思后的社会归属感。与之相应地，文化的认同就是经过反思后形成的对某种文化的分而有之或对这种文化的信仰。"[2]

经典阅读是整个过程的第一步，是凝聚性结构和文化认同结构形成的第一步。英国学者朱尔典所谓"中国经书，皆宝典也，发而读之，深入人心。基隆扃固，岂有灭亡之理"的真正道理就在于此。

每一个民族的传统教育，核心是语文教育；每一个民族的语文教育，本质上是民族文化的教育。每一种文化都会形成一种凝聚性结构，形成一种民族的文化认同结构。通过语文教育，通过民族文化的教育，形成植入每一个个体内心的民族认同感，形成整个民族的凝聚力，这是语文教育最神圣的文化使命，也是语文教育最伟大的文化功能。

---

[1] 阿斯曼. 文化记忆：早期高级文化中的文字、回忆和政治身份[M]. 金寿福，黄晓晨，译. 北京：北京大学出版社，2015：6.

[2] 同[1]：138.

第二章 传统文化的价值体现

　　教育的根本要从自国自心发出，语文教育就是民族文化教育：语文教材应从民族经典出发，语文教师应从民族心灵出发。这要求语文教师对传统文化的内涵与特征、传统文化的精髓和根源性经典、国学经典的现代价值以及文学经典的永恒魅力之根源等问题有深入的认识。本章将对上述问题做扼要论述。

第一节　传统文化的内涵与特征

民族的文明史是民族工艺技术的发展史，民族的文化史是民族精神价值的演变史。中国传统的精神文化与中国传统的工艺文明相辅相成、共同发展，既有自己的长处，也有自己的不足。在探讨中国传统文化的生成根源之前，先了解一下传统文化的内涵及前人对传统文化特征的认识，作为进一步研究的前提。

一、中国文明的起源

中国又称中华。中华之得名，由来已久。中，意谓居四方之中；华，义为光辉、文采、精粹，用于族名，蕴含文化发达之意。元人王元亮《唐律释文》曰："中华者，中国也。亲被王教，自属中国，衣冠威仪，习俗孝悌，居身礼仪，故谓之中华。"因此，中华文明和中华文化，实质是对中国文明和中国文化的美称。

何谓文明？文明一词，在中国文献中初见于《周易·乾卦·文言》："见龙在田，天下文明。"孔颖达疏曰："有文章而光明也。"现代汉语用它来翻译英文中 civilization 一词，指人类社会的进步状态，与野蛮相对。作为现代文化学术语，简言之，文明是指来自工艺的物质成就。从某种意义上说，人类的文明史就是人类的工艺技术发展史。蒙昧、野蛮、文明，是人类社会发展的三个阶段。所谓文明社会，是指一个社会已由氏族制度解体而进入了国家组织的阶级社会阶段。在文明社会中，除了政治组织上的国家以外，已有城市作为政治、经济、文化各方面的活动中心。它们一般都已经发明文字和能够利用文字记载，并且都已知道冶炼金属。

根据这一标准，考古学和人类学家夏鼐在《中国文明的起源》中说："现下我们可以确定商代殷墟文化实在是一个灿烂的文明，具有都市、文字和青铜器三个要素。并且它又是一个灿烂的中国文明。中国文明有它的个性、它的特殊风格和特征。在上述三个要素方面，它都自具有中国色彩的特殊性。"[1]换言之，夏鼐把初民生活方式和生产形式在达到一定完备程度之前一概称作文化，到达这一程度以后称作文明。这一文明的标志是：建筑则城垣宫室，工艺则青铜玉石，记事则符号文字，由象形而衍为声假。其中，工艺可以作为三者的代表。所谓工艺，是指利用自然已给之物加工以为己用的本领，也是人用于创造自然所未给之物的本领。因此，城市是工艺，青铜器是工艺，记录语言的文字也是一种工艺。总之，文明可以用工艺来代表，殷商文化已是灿烂的中国文明的标志。

关于中华文明从上古到殷商的起源和形成，陈来在《中华文明的哲学基础》一文中有一段精要的描述可以作为参考："以黄河流域和长江流域为中心，农业在华北和华中两个区域最先发展，成为中华文明的基础。在新石器时代后期，不同文化区域的多元发展，如陕西、山西、河南、山东、湖北、长江中下游等区域文化，逐渐形成了以中原为核心，以黄河长江文化为主体，联结周围区域文化的格局。故中华文明的起源与形成是由多元的区系文明不断融合而成，其整合的模式是以中原华夏地区和华夏族的文明为核心，核心与周边互相吸收、互相融合而形成多元一体的文明格局。商代的文明已经是多元一体的格局，已形成华夏文明中心的结构，并显示出文化的中国性。"[2]中华文明起源于两河而形成于殷商，这已被考古学和历史学充分证明，也已成为中华文明史的共识和常识。

二、传统文化的内涵

何谓文化？从词源看，"文""化"二字，初见于《周易·贲卦》："观乎天文，以察时变；观乎人文，以化成天下。"西汉以后，"文"与"化"合成一个整词。刘向《说苑·指武》曰："凡武之兴，为不服也，文化不改，然后加诛。"晋人束皙《补亡诗》曰："文化内辑，武功外悠。"南齐王融《三月三日曲水诗序》曰："设神理以景俗，敷文化以柔远。"在这里，文化与武功对举；文化者，文治与教化之义。现代汉语用文化来翻译 culture 一词，反映对人的性情的陶冶和品德的教养。作为现代文化学

---

[1]夏鼐.中国文明的起源[M].北京：文物出版社，1985：92.

[2]陈来.中华文明的核心价值：国学流变与传统价值观[M].北京：生活·读书·新知三联书店，2015：2.

术语，文化是指来自教育的精神价值和思想观念。从某种意义上说，文化是人类精神智能所驱使的行为，它体现在对理想的追求，对既往的继承和对未来的开发。

从文化学角度看，文化一词有广义和狭义之分，与此相应，中国传统文化也有广义和狭义之分。

广义的文化，着眼于人类独立于自然的独特的生存方式，其涵盖面非常广泛，故称作"大文化"。梁启超《什么是文化》说："文化者，人类心能所开积出来之有价值的共业也。"[1]这种共业包括众多领域，诸如认识的——语言、哲学、科学、教育，规范的——道德、法律，艺术的——文学、美术、音乐、舞蹈、戏剧，器用的——生产工具、日用器皿以及制造技术，社会的——制度、组织、风俗习惯，等等。梁启超的文化便是大文化。

据此，广义的中国传统文化可粗分为四个层次。其一，物态文化，以满足人类衣、食、住、行等最基本生存需要为目标。其二，制度文化，处理人与人之间关系的准则，包括经济制度、婚姻制度、家族制度、政治法律制度，等等。其三，行为文化，以民风民俗形态出现，见之于日常起居之中，具有鲜明的民族、地域特色的行为模式，所谓"百里不同风，千里不同俗"。其四，心态文化，是在长期社会实践中孕育出来的价值观念、审美情趣和思维方式等精神现象，它又可以分成社会心理和社会意识形态两个层次。心态文化是广义文化结构中的核心层次。

狭义的文化，排除了人类社会历史生活中关于物质创造活动及其结果的部分，专注于精神创造活动及其成果，所以又被称为"小文化"。英国文化学家爱德华·泰勒《原始文化》对文化的定义，便是狭义文化早期的经典界说，其曰："文化，或文明，就其广泛的民族学意义来说，是包括全部的知识、信仰、艺术、道德、法律、风俗以及作为社会成员的人所掌握和接受的任何其他的才能和习惯的复合体。"[2]从这个意义上说，一个民族的文化就是一个民族的价值观或价值体系。在汉语言系统中，文化的本义是以文教化，也属于小文化的范畴。在古代典籍中，文化一

[1]夏晓虹.梁启超文选：下集[M].北京：中国广播电视出版社，1992：538.
[2]泰勒.原始文化[M].连树声，译.上海：上海文艺出版社，1992：1.

词，关键在"文"字，而文的本义，即纹理之义。《周易·系辞下》："物相杂，故曰文。"《礼记·乐记》："五色成文。"《说文解字》："文，错画也。"三处"文"皆纹理之义。

由文化之"文"的本义引申，结合中国文化传统，狭义的中国传统文化可划分出三层含义。其一，是由语言文字象征符号进而为文物典籍、礼乐制度，如《论语·子罕》所谓"文王既没，文不在兹乎"。其二，是由纹理导出彩画、装饰、人为修养的意义，如《论语·雍也》所谓"质胜文则野，文胜质则史，文质彬彬，然后君子"。其三，是由以文教化进而为美善德行之义，如《礼记·乐记》所谓"礼减而进，以进为文"，郑玄注曰："文犹美也，善也。"而文化之"化"，实配合"文"取化成（改易、生成、造化）之义，这也内蕴了中国古代人文精神的一种推广作用。[1]

传统文化的广狭二义，难以截然分开，但还是有区别的。狭义的传统文化主要指精神文化，即中华民族在漫长的生活实践和悠久的历史进程中形成的价值体系、精神理想和生存智慧。中国传统文化源远流长，博大精深，然而在其久远博大之中，却"统之有宗，会之有元"。若由著述载籍而言，经史子集，万亿卷帙，盖以"五经""七子""三玄""四书"为其渊薮[2]；若由学术统绪而言，三教九流、百家争鸣，则以儒、道二家为其翘楚。由印度传入的佛教文化，在东晋以后，历南北朝、隋、唐，逐步融入中国传统文化，佛教典籍与统绪因而也就成了中国传统文化中的一个有机组成部分。从此，儒、佛、道三家鼎足而立，相辅相成，构成了唐宋以来中国文化的基本格局。所谓"以佛治心，以道治身，以儒治国"，清楚地道出了中国传统文化的基本结构特征。[3]

从历史上看，在儒、佛、道三家中，以孔子为代表的儒家思想又处于核心地位，代表着民族文化的根本精神，这是毋庸置疑的。本书所谓的传统文化，主要指中华民族在漫长的生活实践和悠久的历史进程中形成的以儒家思想为核心的价值体系、精神理想和生存智慧。

---

[1] 许结.中国文化史论纲[M].桂林：广西师范大学出版社，2003：1-2.

[2] 关于"五经""七子""三玄""四书"，详见本章第二节的"一、传统文化的思想精髓"。

[3] 楼宇烈.中国文化的根本精神[M].北京：中华书局，2016：219-220.

1942 年 5 月，罗庸在著名的《鸭池十讲》中，论"儒家的根本精神"时指出："一个民族的文化，必有其根本精神，否则这个民族便无法存在和延续。中国民族，两千多年以来，虽然经过许多文化上的变迁，但大体上是以儒家的精神为主。所以，中国民族的根本精神，便是儒家的根本精神。"[1] 罗庸的这一观点，既是对中华民族精神史的客观总结，也已成为现代中国学人的普遍共识。

2014 年 9 月 24 日，习近平在"纪念孔子诞辰 2565 周年国际学术研讨会暨国际儒学联合会第五届会员大会"开幕会上的讲话中，对中国传统文化的内涵做了更为具体的论述：

中国传统文化，尤其是作为其核心的思想文化的形成和发展，大体经历了中国先秦诸子百家争鸣、两汉经学兴盛、魏晋南北朝玄学流行、隋唐儒释道并立、宋明理学发展等几个历史时期。从这绵延 2000 多年之久的历史进程中，我们可以看出这样几个特点。一是儒家思想和中国历史上存在的其他学说既对立又统一，既相互竞争又相互借鉴，虽然儒家思想长期居于主导地位，但始终和其他学说处于和而不同的局面之中。二是儒家思想和中国历史上存在的其他学说都是与时迁移、应物变化的，都是顺应中国社会发展和时代前进的要求而不断发展更新的，因而具有长久的生命力。三是儒家思想和中国历史上存在的其他学说都坚持经世致用原则，注重发挥文以化人的教化功能，把对个人、社会的教化同对国家的治理结合起来，达到相辅相成、相互促进的目的。

这一段论述，吸收了前人的智慧和见解，对中国传统文化的发展历程，对儒家思想与中国历史上其他学说之间的关系及总体特点，做了更为科学全面的阐述。本书讨论中国传统文化，即以此作为立论的基点。

三、传统文化的二重性

中国传统文化，从历史时段看，主要是指 1840 年鸦片战争以前的中国文化。中国传统文化是中国先贤的伟大创造，也是中华民族对于人类的伟大贡献。独具特色的语言文字，浩若烟海的义化典籍，惠及世界的

---

[1] 罗庸. 习坎庸言　鸭池十讲[M]. 北京：新星出版社，2015：147.

科技工艺，精彩纷呈的文学艺术，充满智慧的哲学宗教，完备深刻的道德伦理，共同构成了中国文化的基本内容，也为语文教学提供了取之不尽用之不竭的宝贵资源。

中国传统文化，既博大精深，又复杂多面。近百年来，中国学者对中国传统文化特征的认识，形成两种不同的思路：一种是"美丑并举"，一种是"推陈出新"。

梁漱溟和林语堂是前一种思路的代表，他们以历史主义的态度，对传统文化特征进行"美丑并举"的反思性描述。

梁漱溟的《中国文化要义》以"寻求其特征"开篇。他在综合时贤观点的基础上，把中国文化特征概括为十四个方面：（1）广土众民；（2）偌大民族之同化融合；（3）历史长久，并世中莫与之比；（4）形成以上三点，其"伟大力量"不在"知识、经济、军事、政治"；（5）历久不变的社会，停滞不进的文化；（6）几乎没有宗教的人生；（7）家族制度在全部文化中地位重要，及其根深蒂固；（8）科学落后，科学观念缺乏；（9）民主、自由、平等一类要求不见提出，及其法制之不见形成；（10）道德气氛浓重，政治之根本法则与伦理道德相结合，二者一致而不分；（11）中国为"天下国"，以天下观念代替国家观念；（12）中国自东汉以后为"无兵的文化"，中国积弱在此；（13）中国文化是"孝的文化"；（14）中国文化又是"隐士的文化"。[1]

近年来，中国文化学者大多取后一种思路，他们对传统文化"剔除其封建性糟粕，吸收其民主性精华"，"取其精华，古为今用"。张岂之主编的《中华优秀传统文化核心理念读本》和陈来的《中华文明的核心价值：国学流变与传统价值观》，可以说是这种思路的代表。张岂之把"中华优秀传统文化核心理念（或核心价值）"归纳为十二个命题，并做了精要的阐释：

（1）天人之学——天人和谐的探索精神；

（2）道法自然——顺应自然的辩证法则；

（3）居安思危——安不忘危的忧患意识；

---

[1] 梁漱溟.中国文化要义[M].上海：上海人民出版社，2003：12-32.

（4）自强不息——生生不息的奋斗精神；

（5）诚实守信——进德修业的立身之本；

（6）厚德载物——做人做事的根本原则；

（7）以民为本——中国古代政治思想精华的体现；

（8）仁者爱人——超越自我的大爱精神；

（9）尊师重道——传道授业解惑的教育理念；

（10）和而不同——博采众长的会通精神；

（11）日新月异——与时偕行的革新精神；

（12）天下大同——指向未来的理想之光。[1]

在笔者看来，这十二种精神构成了中华优秀传统文化的观念体系和价值体系。

陈来在《中华文明的核心价值：国学流变与传统价值观》中，把中华文明与中国文化的基本特点概括为四大方面：

广大悠久、一统多元——是中华文明的基本特征；

刚健不息、厚德载物——是中国文化的基本精神；

崇仁贵和、尚德利群——是中国文化的基本价值；

协和万邦、世界大同——是中华文明的世界理想。[2]

上面两种概括虽详略有别，但对中华文化核心价值的把握颇有一致之处，二者相互参照，有助于我们更深刻地认识中华文化和中华文明的特征和内涵。

一百多年来，中国学者对待传统文化的态度，大致经历了三个阶段：初始是全盘否定，彻底批判；继而是美丑并举，冷静反思；再而是取其精华，古为今用。这是一个不断走向成熟的过程，也是一个不断恢复民族自信的过程。近年来对传统文化重新予以肯定和褒扬，实质是随着国力的不断提升，民族自信和文化自信不断增强的表现，同时也是为了"加强对优秀传统文化思想价值的挖掘和阐发，维护民族文化基本元素，使

---

［1］张岂之.中华优秀传统文化核心理念读本[M].北京：学习出版社，2012：目录.

［2］陈来.中华文明的核心价值：国学流变与传统价值观[M].北京：生活·读书·新知三联书店，2015：116.

优秀传统文化成为新时代鼓舞人民前进的精神力量"[1]。

四、传统文化的生成根基

中华文明是人类历史上一个文明之河源远流长、文化历史从未中断过的文明。那么，五千年的中华文明为什么一以贯之？五千年的中华文明为什么自成体系？中国人的民族性格是怎样形成的？中国人的价值观念有何特点？一言以蔽之，中华传统文化是在怎样的自然条件和社会实践中形成的？一百多年来，在西方文明的冲击和启发下，中国学者对上述问题做了深刻的思考，提出了许多有价值的观点。

经济、政治、文化是人类社会的三大构成元素。传统中国是"乡土中国"，"乡土中国"的经济、政治、文化可以概括为"一块田、一个家、一张桌"。

"一块田、一个家、一张桌"，这是中国人的生存之本，也是中国文化的生成之根。只有从中国人的生存之根和生存之道出发，才能揭示中华传统文化的生成秘密。因此，要想揭示中华文化从经济、政治到文化的生成脉络和内在逻辑，就应当立足"一块田"的农耕文明，进入"一个家"的宗法政治，研究"一张桌"的家园文化。同时，中华文化区别于西方文化的基本特点，也体现在三大方面：中国"一块田"的农耕文明不同于西方的海洋文明；中国"一个家"的宗法政治不同于西方的城邦政治；中国"一张桌"的家园文化不同于西方的广场文化。

首先，"乡土中国"的经济是立足"一块田"的农业经济。人类文化，从源头处看，大致分为三种类型：一是游牧文化，二是农耕文化，三是商业文化。游牧文化发源在北方的草原地带，农耕文化发源在河流灌溉的平原，商业文化发源在滨海地带以及近海之岛屿。地理是历史之母，地理也是文化之母。三种自然环境决定了三种生活方式，三种生活方式形成了三种文化类型。

中国传统文化属于典型的农耕文化，发源于黄河流域和长江流域的

---

[1] 陈来. 中华文明的核心价值：国学流变与传统价值观[M]. 北京：生活·读书·新知三联书店，2015：118.

平原地带。帝尧时代《击壤歌》描述的"日出而作，日入而息，凿井而饮，耕田而食，帝力于我何有哉！"堪称农耕文化的宣言。《管子·揆度》的"一农不耕，民有为之饥者；一女不织，民有为之寒者"对"男耕女织"的传统生活做了精辟的说明。神话"牛郎织女"和戏曲《天仙配》则是农耕文化的审美升华。

著名社会学家费孝通曾说："我们要认识美国，不在他外表的耸天高楼，而是在他们早年的乡村里。"[1]我们要认识中国文化，更是不能看今天的耸天高楼，而应进入早年的乡村，进入古老的"乡土中国"。

其次，"乡土中国"的政治，是始于"一个家"的宗法政治。梁启超旅美十月回国后，在《新大陆游记》中检讨"中国人之缺点"时，列出四点，第一点为"一曰有族民资格而无市民资格。吾中国社会之组织，以家族为单位，不以个人为单位，所谓家齐而后国治是也。周代宗法之制，在今日其形式虽废，其精神犹存也"[2]。"以家族为单位，不以个人为单位"，中国的"族制之自治"深刻揭示了中国社会组织结构的特点，深刻揭示了中国政治体制的特点。

家国同构的政治体制，是以男耕女织的自然经济为基础的，同时它又由家庭、家族、家园、家国合一诸层次组合而成。中国在农耕经济基础上形成的家庭伦理性社会，与西方在商业经济基础上形成的城市法治性社会相比，也具有明显的区别。

最后，"乡土中国"的文化，是围绕"一张桌"延展出的家园文化。中国传统家庭大都有一张四四方方的八仙桌，这张桌子极为尊贵，且有多种多样的功能。数千年来，中国人在这张八仙桌上演绎出了精彩多样的文化生活。所谓"一张桌"的家园文化，即中国人的文化生活是以家为单位，围绕家中的一张桌子展开的，是一种封闭性的、家庭化的家园桌面文化，而非西方开放性的、公共化的城市广场文化。

经济、政治和文化是人类生活的三大基本要素，古今中外，概莫能外。中国古代的家庭，在"一块田"里获得生活资源，在"一个家"中形成纲常秩序，又在"一张桌"上展开精神文化生活。农耕经济、宗法政治、

[1]费孝通.美国人的性格[M].上海：华东师范大学出版社，2013：58.
[2]夏晓虹.梁启超文选：上集[M].北京：中国广播电视出版社，1992：398.

家园文化，这三者相互制约、互为因果。

　　费孝通指出："文化的深处时常并不是在典章制度之中，而是在人们洒扫应对的日常起居之间。一举手，一投足，看是那样自然，不加做作，可是事实上却全没有任意之处，可说是都受着一套从小潜移默化中得来的价值体系所控制。"[1] 长久以来影响着中国人"一举手，一投足"的这一套价值体系，就来源于"一块田、一个家、一张桌"。从农耕经济、宗法政治到家园文化，这是中国人的生存之本，是中华文化的生发之根，也是认识中国人的民族性格和价值观念的一把钥匙，更是创造新的民族文化的基础。必须指出，人类永远不可能离开"一块田、一个家、一张桌"。因此，由此诞生和发展出来的中华传统文化，具有永恒价值和普遍意义，是中华民族对人类的伟大的文化贡献。与此同时，在 21 世纪的今天，改革开放的中国走上民族复兴之路，中华文明正由"黄土"走向"蓝海"，由"家园"走向"城市"，由"书房"走向"广场"。因此，中华文化也应当敞开胸怀，中学为体，西学为用，互为补充，有机融合，"努力实现传统文化的创造性转化、创新性发展"[2]，创造出既适应新时代需要，又具有鲜明民族特色的中华文明新文化。

---

[1] 费孝通. 美国人的性格[M]. 上海：华东师范大学出版社，2013：101.
[2] 习近平. 习近平谈治国理政：第二卷[M]. 北京：外文出版社，2017：313.

第二节 国学经典的现代价值

　　语文教育的根本要从自国自心出发，要从传统文化出发，要以传统文化为根基。那么，在传统的"乡土中国"的生活实践中形成的传统观念，是否适用于走向"城市中国"的现代生活和现代人？这是一个一百多年来一直困惑着中国人的问题，并由此形成了20世纪早期激进主义的反传统、人文主义的维护传统以及中体西用等不同的传统文化观。本书认为，从发展规律看，精神文化不同于科学技术，文化的发展不是"范式的革命"，而是"智慧的累积"，是生命智慧的不断丰富、不断累积的过程；从文化功能看，传统文化不仅在人类文化结构中具有不可或缺的重要地位，而且将永远成为现代生活和现代人的精神动力和智慧之源。

一、传统文化的思想精髓

　　国学的发展，经历了从"六经""七子"到"三玄""四书"的逻辑过程。以"六经""七子"和"三玄""四书"为代表的传统文化是"心的文化"，是以"六艺之教"塑造"六艺之人"的心灵之学，也是中国传统的人生教育学。

　　为什么语文教育要从自国自心出发，要从传统文化出发？传统文化或国学，究竟能为现代中国人提供怎样的精神动力和智慧启迪？要回答这些问题，必须首先弄清国学的思想精髓及其人文本质。

　　1.传统文化的根源性经典

　　国学者，一国固有之学术。国学的本质是明确的，国学的内容则是动态的，是随着社会历史发展不断拓展的。一部国学史，就是一部国学内容的发展史。

　　学术史上论述国学源起或国学发展的最早文献，当推《庄子·天下篇》，它把战国学术分为七类：邹鲁之士，缙绅先生之学；墨翟、禽滑釐之学；宋钘、尹文之学；彭蒙、田骈、慎到之学；关尹、老聃之学；庄周之学；惠施、桓团、公孙龙之学。《庄子·天下篇》对所论诸家，皆能撷其要点，且论断精到平允。《庄子·天下篇》的开篇可谓中国学术史的开篇，它论述了中国学术由古代圣贤"备天地之美"的"合"到百家之学"得一察以自好"的"分"的发展趋势，并对这一趋势抱有不胜惋惜之情。

从中国思想史看，《庄子·天下篇》所述的"战国七学"，实质是由官师政教合一的古代王官之学到"道术为天下裂"而散为百家之学的表现。从现代社会学观点看，这一"道术为天下裂"的过程正是古代文明发展史上一个重要的关键点，即所谓"哲学的突破"。"哲学的突破"这一观念，始于马克斯·韦伯，美国当代社会学家帕森斯做了更为清楚的阐释。帕森斯指出，在公元前一千年之内，古希腊、以色列、古印度和中国四个古代文明，都曾先后各不相谋且方式各异地经历了一个"哲学的突破"的阶段。所谓"哲学的突破"，即当时的哲人对构成人类处境之宇宙的本质产生了一种理性的认识，而这种认识所达到的深度，则是从来都未曾有过的。与这种认识随之而来的是对人类处境的本身及其基本意义有了新的解释，这种新解释对后世具有广泛深远的影响。帕森斯的"哲学的突破"与雅斯贝斯的"轴心时代"可谓暗与契合而互为补充。由此可见，《庄子·天下篇》所述的"百家之学"，是国学史上一个具有思想奠基意义的重要时代。而从古之圣王的"王官之学"到诸子百家的"百家之学"，从"经学时代"到"子学时代"，从"六艺"之学到"诸子"之学，正构成了中国国学史或哲学史上两个最重要的逻辑阶段。

继而是西汉司马谈的《论六家要旨》，他把战国学术分为六家：阴阳家、儒家、墨家、名家、法家和道德家。此文开篇即对六家要旨及其得失做了精要评述。事物的分类属至难之业，学派的分类更是难之又难。《论六家要旨》的学术价值，正在于对先秦学派的科学分类和比较评析。梁启超认为："庄荀以下论列诸子，皆对一人或其学风相同之二三人以立言，其囊括一时代学术之全部而综合分析之，用科学的分类法，厘为若干派，而比较评骘，自司马谈始也。"[1]司马谈的道家立场极为明显，视道家为六家要旨的集大成者。《论六家要旨》与《庄子·天下篇》相比，所论诸家颇多一致之处，但确如梁启超所说，它具有更为自觉的学派意识，并

---

[1] 周岚，常弘. 饮冰室书话[M]. 长春：时代文艺出版社，1998：246.

对各家得失做了精当的理性分析，从而为研究先秦学术史提供了清晰的思路。[1]

汉代之后，国学的发展进程通过两种形式得到体现：一是《汉书·艺文志》之后的历代目录学著作；二是魏郑默《中经》之后历代汇编的丛书。清代乾隆年间编纂的《四库全书》和《四库全书总目》，则集历代丛书和目录学之大成，展示了国学的洋洋大观。

2.“上古六经”与“先秦七子”

从 20 世纪国学研究看，国学的对象范围，从大到小，分为三个层次。一是指固有的全部学术文化，即《四库全书》所囊括的“四部”之学。然而，这实在是太为庞大也太为庞杂了，对于绝大多数人，只能引以为豪而难以了如指掌。二是指中国固有的学术思想，包括先秦诸子百家之学、两汉经学、魏晋玄学、隋唐佛学、宋代理学、明代心学、清代考据之学，等等。这关乎整个学术史，是学者专攻的学问，与普通百姓日常生活关系不大，也无法构成国学基础启蒙教育的内容。三是指千百年来深入人心的儒家的“上古六经”之学和“先秦七子”之学，这是国学的精髓之所在，也是传统文化的根源性经典之所在。

为什么说儒家的“上古六经”和“先秦七子”是国学的精髓？“上古六经”作为中华元典，是轴心时代诞生的中国固有的学术，同时也奠定了华夏民族精神性格的基础。而“先秦七子”则是中国自创的固有之学，是未受任何外来影响的纯粹的国学。吕思勉把中国学术分为七期，即先秦子学、两汉儒学、魏晋玄学、南北朝隋唐佛学、宋明理学、清代汉学、现代新学。他进而指出：

七者之中，两汉、魏、晋，不过承袭古人；佛学受诸印度；理学家虽辟佛，实于佛学入之甚深；清代汉学，考证之法甚精，而于主义无所创辟；最近新说，则又受诸欧美者也。历代学术，纯为我所自创者，实止先秦之学耳。[2]

---

[1] 钱锺书：“司马谈此篇以前，于一世学术能概观而综论者，荀况《非十二子》篇与庄周《天下》篇而已。荀门户见深，伐异而不存同……庄固推关尹、老聃，而豁达大度，能见异量之美……推一本以贯万殊，明异流之出同源，高瞩遍包，司马谈殆闻其风而说者欤。”（钱锺书. 管锥编：第1册 [M]. 北京：中华书局，1986：389—390.）

[2] 吕思勉. 先秦学术概论 [M]. 上海：东方出版中心，1985：3.

因此，确切地说，"上古六经"和"先秦七子"是真正纯粹的国学精髓之所在。

"上古六经"和"先秦七子"也是中国传统文化的根源性经典。楼宇烈在《中国的品格》一书中强调："要想把握中国传统文化的基本内容和根本精神，就一定要读其中的根源性典籍。"[1]那么，哪些是中国传统文化的根源性典籍？楼宇烈说："这些根源性典籍，我们大概可以用'三、四、五'这三个数字加以概括，说简单点就是'三玄''四书''五经'。三玄是指《老子》《庄子》《周易》；四书是指《大学》《中庸》《论语》《孟子》；五经指的是《周易》《三礼》《书经》《诗经》，还有《春秋》（三传）。"[2]

"三玄""四书""五经"，加起来一共十二本。在这十二本书里，"五经"中的《周易》跟"三玄"中的《周易》是重复的，这就减掉一本；"四书"中的《大学》和《中庸》原是《三礼》中《礼记》里的两篇文章，若把它们归入《礼记》，又减掉两本，这就等于九本。这九本书就构成了中国文化的根源性典籍。楼宇烈进而指出：

> 从春秋战国一直到 20 世纪初的新文化运动，这九本书是中国文化内容的根源。不管是论述哲学思想，还是论述文学历史；不管是讲政治、经济、法律，还是讲农、工、医、科技，都离不开这几部典籍的根本理念和价值观念，引经据典都不会超出这九本书。[3]

楼宇烈关于中国文化的根源性典籍的命题，是一个具有高度概括性的精深命题，对我们阅读经典，把握国学精髓，具有极大的指导意义。同时，这一命题同"上古六经"和"先秦七子"是国学精髓的看法是完全一致的。如果用几个数字来描述中国人从春秋战国一直到新文化运动前的读书史，不妨用"五、七、三、四"四个数字来概括，说具体一点，就是上古"五经"、先秦"七子"、魏晋"三玄"、宋元明清"四书"。这是中国人三千年的读书史，也是中国文化三千年的经典嬗变史。不过，根据上面的分析可以看到，"五经""七子"是源，"三玄""四书"是流。换言之，"三玄""四书"来源于"五经""七子"，是特定时代中国读书人对"五经""七子"的一

---

［1］楼宇烈. 中国的品格［M］. 成都：四川人民出版社，2015：65.

［2］同［1］：68.

［3］同［2］.

种选择。从这个意义上说，中国文化的根源性典籍是十二本书，是"五经"加上与"七子"有关的七本书。

国学史不妨分为上下两部分，上半部是"上古六经"和"先秦七子"的诞生史或形成史，下半部便是对"上古六经"和"先秦七子"的回顾史或阐释史。从董仲舒的《春秋繁露》到"二程遗书"，从朱熹的《四书章句集注》到王阳明的《传习录》等，形成了一部六经义理的阐释史，一部儒家思想的演变史。

国学的范围由大而小，国学内容则由粗而精。国学的精髓蕴含在儒家的"五经"和"四书"之中。作为中华元典和国学精髓，"五经""四书"是先贤圣哲的伟大创造，是华夏文明的智慧结晶，奠定了中国人伦道德的基础。

从经典的诞生看，"五经"在前，"四书"在后；从经典的阅读看，则应先读"四书"，后读"五经"，因为"四书"是"六经之总汇"。而在"四书"中，《大学》一篇具有特别重要的意义，它以清晰的逻辑提炼出先秦儒家思想的要义，又以宏阔的视野展现了先秦儒家思想的综合。中国文化是"心的文化"，先秦儒学是"心的学问"。心有德性与知性的两面：德性乃人的道德主体，孟子在这一方面发挥得特为显明；知性乃人的知识主体，荀子在这一方面发挥得相当清楚。所以，先秦儒家思想到了孟子和荀子已大体分别发展成熟。《大学》一篇，以提纲挈领的方式，对先秦儒家思想做了富有深度的系统综合。具体地说，"《大学》的三纲领、八条目，把道德与知识，组成一个系统，这便完成了孟荀两人的综合；把道德、知识、及天下国家与身，以心与意为中心，组成一个系统，这便把先秦儒家的整个思想，完成了合内外之道的完整建构"。[1]因此，读"四书"又当从《大学》入手。朱熹《四书章句集注》从《大学》开篇，其深层的学理依据正在于此。《大学章句序》开宗明义："《大学》之书，古之大学所以教人之法也。"同样，《大学》之书，也当是今之学校所以教人之法也。

3. 国学经典的现代选择

经典的序列是一个动态的结构，不同时代的人们对经典会有不同的

---

[1] 徐复观. 中国人性论史[M]. 上海：华东师范大学出版社，2005：160-161.

理解和选择。儒家经典的序列，就经历了从"六经"到"九经"再到"十三经"的演变过程。20世纪的国学家和教育家，对国学经典也有自己的理解和选择。其中，章太炎的"国学之统宗"和马一浮的"国学者，六艺之学也"，最具精微之意，启人深思。

1933年3月，章太炎发表了题为"国学之统宗"的讲演。章太炎讲他的"国学之统宗"，是为了"改良社会"。他说："今欲改良社会，不宜单讲理学。坐而言，要在起而能行。周孔之道，不外修己治人，其要归于六经。六经散漫，必以约持之道，为之统宗。"于是，章太炎的"国学之统宗"，既不是"散漫"的"六经"，也不是"理学"的"四书"，而是包括《孝经》《大学》《儒行》《丧服》的"新四书"。

章太炎为什么提出他的"新四书"？讲《孝经》，是因为"爱国之念必由爱父母兄弟起"；讲《大学》，是因为三纲八目是"平天下之原则也"；讲《儒行》，是因为"社会腐败，至今而极，救之之道，首须崇尚气节"；讲《丧服》，则慎终追远，"此事于人情厚薄，至有关系。中华之异于他族，亦即在此"。在"新四书"中，章太炎特别强调《儒行》。因为，在章太炎看来，"社会腐败，至今而极"，是人失去了气节，失去了做人的底线，故拯救之道，首须崇尚气节，而"《儒行》所述十五儒，皆以气节为尚……今欲卓然自立，余以为非提倡《儒行》不可"。总而言之，"一《孝经》，二《大学》，三《儒行》，四《丧服》，其原文合之不过一万字，以之讲诵，以之躬行，修己治人之道，大抵在是矣"。[1]而"讲诵"的目的，重在"躬行"。

1938年，马一浮为浙江大学师生讲国学，阐述了他的"六艺一心"的国学观。首先，他给国学下了定义，即"国学者，六艺之学也"。马一浮说："今先楷定国学名义。举此一名，该摄诸学，唯六艺足以当之。六艺者，即是《诗》《书》《礼》《乐》《易》《春秋》也。此是孔子之教，吾国二千余年来普遍承认，一切学术之原皆出于此，其余都是六艺之支流。"[2]进而，马一浮提出了两个重要命题，即"六艺该摄一切学术"和"西来学术亦统于六艺"，并对两个命题的内涵做了细致入理的诠释。马一浮坚定地认为："吾敢断言，天地一日不毁，人心一日不灭，则六艺之道炳

［1］傅杰.章太炎学术史论集［M］.北京：中国社会科学出版社，1997：13-19.
［2］马一浮.马一浮集：第1册［M］.杭州：浙江古籍出版社，1996：18-20.

然常存。世界人类一切文化最后之归宿必归于六艺，而有资格为此文化之领导者，则中国也。"最后做一归结，即"六艺统摄于一心"。马一浮阐释道：

> 学者须知六艺本是吾人性分内所具的事，不是圣人旋安排出来。吾人性量本来广大，性德本来具足，故六艺之道即是此性德中自然流出的，性外无道也。从来说性德者，举一全该则曰仁，开而为二则为仁知、为仁义，开而为三则为知、仁、勇，开而为四则为仁、义、礼、知，开而为五则加信而为五常，开而为六则并知、仁、圣、义、中、和而为六德……六艺者，即此天德王道之所表显。故一切道术皆统摄于六艺，而六艺实统摄于一心，即是一心之全体大用也。[1]

马一浮是20世纪一位思想深邃、颇具世界眼光的儒者，他的"六艺一心论"建构了一个以"一心"为本体，以"六艺"为统类，统摄了经学与子学、国学与西学，精微深邃的文化哲学体系。马一浮"六艺一心"的文化哲学体系，与卡西尔《人论》所阐释的符号学文化哲学有异曲同工之妙，它以传统的学术语言揭示了国学的现代意义和人类价值。

章太炎的"国学之统宗"与马一浮的"六艺一心"论，二者选择的经典完全不同，各自的诉求也有所不同。曾经是革命家的章太炎更多的出于现实关怀，旨在通过读经以改良人心，拯救世弊；作为纯儒的马一浮则力主回到源头，强调在源头处获得民族复兴的精神原动力。二者的诉求虽然不同，但又都提出同一个问题，即传统文化或国学的文化本质和文化功能问题。

二、传统文化的人文本质

那么，传统文化或国学的文化本质和文化功能究竟何在？从现代学科分类看，国学既不属于自然科学，也不属于社会科学，国学是一种以人文教化为宗旨的人文学，国学崇尚的是人文主义而不是科学主义；从文化功能看，圣贤之学只是为己之学，"六经""四书"纯以修身为本，

---

[1] 吴光.中国近代思想家文库：马一浮卷[M].北京：中国人民大学出版社，2015：7-16.

"六经"的理想是塑造健全的人格，先秦的儒道则是"心的文化"。

1. 从"六艺之教"到"六艺之人"

先说"六经"的人文本质和人文功能。《礼记·经解》引用孔子的话，论"六经"塑造人的精神世界的功能，有一段广为传诵的经典概括。首先，揭示了"六经"的精神品性："入其国，其教可知也。其为人也，温柔敦厚，《诗》教也；疏通知远，《书》教也；广博易良，《乐》教也；絜静精微，《易》教也；恭俭庄敬，《礼》教也；属辞比事，《春秋》教也。"其次，指出"六经"各有所重，也各有所偏："故《诗》之失，愚；《书》之失，诬；《乐》之失，奢；《易》之失，贼；《礼》之失，烦；《春秋》之失，乱。"最后强调，必须深于"六经"，得其精髓，并作为整体相互为用，相互补充，才能去其偏执，塑造完美人性，所谓："其为人也，温柔敦厚而不愚，则深于《诗》者也；疏通知远而不诬，则深于《书》者也；广博易良而不奢，则深于《乐》者也；絜静精微而不贼，则深于《易》者也；恭俭庄敬而不烦，则深于《礼》者也；属辞比事而不乱，则深于《春秋》者也。"

《礼记·经解》所揭示的六种精神品质，依然是今人所应当具有的精神品质："温柔敦厚"是人的品性，"疏通知远"是人的学识，"广博易良"是人的胸襟，"絜静精微"是人的玄思，"恭俭庄敬"是人的礼敬，"属辞比事"是人的正见。而"六经"润物无声的濡染结果，就会使人的心灵得到升华，变得温柔敦厚而不愚，疏通知远而不诬，广博易良而不奢，絜静精微而不贼，恭俭庄敬而不烦，属辞比事而不乱。这也就是马一浮所说的，通过"六艺之教"成为"六艺之人"，化"气质之性"为"天命之性"。

可见，"六经"本质上是人文学，是中国传统的人生教育学。日本汉学家本田成之在其《中国经学史》中给经学下定义时写道："所谓经学，乃是在宗教、哲学、政治学、道德学的基础上加以文学的、艺术的要素，以规定天下国家或者个人的理想或目的的广义的人生教育学。"[1]本田成之的这一定义，与儒家"以六艺造士"[2]的文化传统是相吻合的。

---

[1] 本田成之. 中国经学史[M]. 孙俍工，译. 桂林：漓江出版社，2013：2.

[2] 《礼记·王制》："乐正崇四术，立四教，顺先王《诗》《书》《礼》《乐》以造士。春秋教以《礼》《乐》，冬夏教以《诗》《书》。"

从现代的学科观念看，"六经"的教育体系，就是以文、史、哲为中心的人文教育。如《诗经》是文学，《尚书》是政治学，《乐经》是音乐学，《易经》是哲学，《三礼》是伦理学，《春秋》是历史学。蔡元培任校长时的北京大学，其最初的学科构成同样以文、史、哲为中心。当时所谓北京大学"四门"，即中国哲学、中国文学、中国历史和英语文学。由此可见，在中国教育史上，以文、史、哲为核心的人文教育，从春秋时期一直延续到五四时期。

2. "道德之心""艺术之心""认知之心"

中国文化又是"心的文化"，先秦儒道则是"心的学问"。孟子的"道德之心"，庄子的"艺术之心"，荀子的"认知之心"，构成"心的学问"的三个基本方面，并对传统的"心的文化"产生了深远影响[1]。

儒家的"道德之心"经历了从孔子到孟子的发展。孔子已经体认到道德根源乃在人的生命之中，故孔子说："仁远乎哉？我欲仁，斯仁至矣。"又说："为仁由己。"但是孔子并未点明仁的根源在于心。到孟子就明确提出道德之根源乃在于人的心，所谓"仁义礼智根于心"。孟子此语，是中国文化在长期摸索中得出的结论，也是"内心经验"的精深提炼。以后，程明道、陆象山和王阳明等学派学说都是从这一路发展下来的。

道家的"艺术之心"经历了从老子到庄子的发展。老子的"道"是形而上的性格，要求人去体认道，是以在道之下的人与在人之上的道相融。庄子的"逍遥"把老子的形而上之道落实在人的心上，认为虚、静、明之心就是道。故庄子主张"心斋""坐忘"，使心之虚静明的本性呈现出来，而人的精神也由此得到大的解放。从这个意义上说，庄子的虚静明之心，实际就是一个艺术之心。中国艺术价值的根源，就在虚静明之心。柳宗元曾说："美不自美，因人而彰。"纯客观的东西，无所谓美不美。当我们认为它是美的时候，我们的心此时处于虚静明的状态。唐代画家张璪所谓"外师造化，中得心源"，这两句话概括了中国画论，也概括了艺境创造和艺境鉴赏的奥秘。艺术家"外师造化"，必须先得进入虚静明的心境，而鉴赏者也在虚静明的意境中，得到精神的解放和心灵的逍遥。

[1] 徐复观. 中国思想史论集[M]. 上海：上海书店出版社，2004：211-217.

荀子是先秦"七子"中最具理性品格的思想家。《荀子·解蔽》篇可以说是中国古典的认识论。荀子的"虚壹而静"说，则揭示了认知之心的特点："人何以知道？曰：心。心何以知？曰：虚壹而静。心未尝不臧也，然而有所谓虚；心未尝不满也，然而有所谓一；心未尝不动也，然而有所谓静。"易言之，"虚"是说心永远能接受容纳，"壹"是说在认知活动中不能同时认识两个以上的对象，只能集中在一个对象上，而心便自然集中在一个对象上。同时，要把对象认识得清楚，必须处在"静"的状态，而心在做认识活动时，便自然会平静下来。可见，荀子很早便知道心是知识得以成立的根据，并对"认知之心"的特点和过程做了精辟的概括。

《周易·系辞上》曰："形而上者谓之道，形而下者谓之器。"徐复观认为，若从"心的文化"角度看，不妨把"道、器"二元结构发展为"道、心、器"三元结构。他写道："这两句话的意思是说在人之上者为天道，在人之下的是器物，这是以人为中心所分的上下。而人的心则在人体之中，假如按照原来的意思把话说完全，便应添一句'形而中者谓之心'。"[1] "道、心、器"的三元结构，与《周易·系辞下》所谓"天道、人道、地道"的"天、人、地"三元结构也是相应和的。

"圣人之学，心学也！"圣人的"心学"，就是为心安理得的人生确立一个心灵的立足点，建立一个人生价值的根基。因此，《六经》何尝不是"心的文化""心的学问"？王阳明的名篇《稽山书院尊经阁记》，对于"六经"与"人心"的关系有一段精辟透彻的论述：

六经者非他，吾心之常道也。故《易》也者，志吾心之阴阳消息者也；《书》也者，志吾心之纪纲政事者也；《诗》也者，志吾心之歌咏性情者也；《礼》也者，志吾心之条理节文者也；《乐》也者，志吾心之欣喜和平者也；《春秋》也者，志吾心之诚伪邪正者也。君子之于六经也，求之吾心之阴阳消息而时行焉，所以尊《易》也；求之吾心之纪纲政事而时施焉，所以尊《书》也；求之吾心之歌咏性情而时发焉，所以尊《诗》也；求之吾心之条理节文而时著焉，所以尊《礼》也；求之吾心之欣喜和平而时生焉，所以尊《乐》也；求之吾心之诚伪邪正而时辨焉，所以尊《春秋》

[1]徐复观.中国思想史论集[M].上海：上海书店出版社，2004：212.

也。[1]

这段精彩的文字，可以说是"心学家"王阳明的"六艺一心论"。如果说马一浮的"六艺一心论"渗透着鲜明的现代学术理性精神，那么王阳明的"六艺一心论"则具有纯粹的传统伦理理性色彩，二者的共同之处在于，它们都是"道德之心""艺术之心""认知之心"的有机融合，都是真、善、美的有机统一。如果我们能以"虚壹而静"之心细读文本，不拘泥于文字而得其精神，就可以发现在先贤思理明晰、层层推进的典雅文言中蕴含着意蕴丰富、切理餍心的真知灼见。

概而言之，中国文化是一种儒道互补的"心的文化"，是一种从儒家的"心的塑造"到道家的"心的逍遥"，一张一弛、互为补充的"心的文化"。儒家的"道德之心"，着眼于"心的塑造"，塑造一颗仁义礼智之心，达到从心所欲而不逾矩的境界，这是诗教的终极功能；道家的"艺术之心"，悠游于"心的逍遥"，获得一颗纯明虚静之心，给尘俗的心放一个假，这是审美的直接功能。儒道互补的"心的文化"，是国学最基本的文化品质，也是国学最重要的文化价值。

三、国学史是民族智慧累积史

人类的精神生命是不朽的，传统的人文智慧是永恒的。人文学具有自身的本质特点，人文学也遵循自身的发展规律。如果说，科学技术的发展史是范式的革命史，是新范式取代旧范式的历史，那么，人文学术的发展史则是智慧的累积史，是传统的延续和创造性转化的历史。一部国学史（思想史、哲学史），就是一部民族人文智慧的累积史。这是传统文化具有永恒生命和现代价值的根源所在。

1.科学技术与范式的革命

科学技术的发展史是范式的革命史，是新范式取代旧范式的历史，这是美国科学哲学家库恩在《科学革命的结构》中揭示的一条科学发展的重要规律。在科学史上，经常会出现由常规研究到非常规研究的现象。一个应该用已知规则和程序加以解决的常规问题，科学共同体内最杰出

---

[1]王阳明.传习录集评[M].梁启超，点校.北京：九州出版社，2015：297-298.

的成员们做了反复的研究以后，仍未能获得解决，常规科学一再地误入迷津。到了这种时候，即到了不得不破坏科学实践现有传统的反常时期，科学团体开始非常规研究，最终促使科学共同体做出一系列新的承诺，建立一个科学实践的新基础。"这乃是一个非常规时期，其间科学共同体的专业承诺发生了转移，这些非常规时期在本文中称之为科学革命。科学革命是打破传统的活动，它们是对受常规传统束缚的常规科学活动的补充。"[1]

科学革命对传统的打破至少表现在两个方面：首先，每一次革命都迫使科学共同体抛弃一种盛极一时的科学理论，而赞成另一种与之不相容的理论；其次，每一次革命也改变了科学的思维方式，进行科学研究的世界也发生了转变。据此，库恩对科学发展的模式做了这样的概括："一个科学共同体，遵循他们一致接受的范式，从事常规科学研究，解决疑难；当许多疑难解决不了时，就产生了危机；于是就发生科学革命，产生新的范式，形成新的科学共同体，解决过去解决不了的疑难。"[2]从地心说到日心说的天文学革命，从热质说到能量守恒定律的发现，以及建立量子力学理论的物理学革命，无不如此。在科学史上，当一种新的科学范式产生之后，以往的旧范式就被抛弃，新一代的科学家，只需要掌握最新的理论、最新的方法、最新的技术，只有极少数的科学史家关心这门科学的发展和传统。这就是科学技术发展史上的范式革命，而范式革命也是科学技术发展史上永无止境的过程。

2. 人文学术与智慧的累积

与科学技术的范式革命不同，人文学术是智慧的累积，是传统的延续，是文化的薪火相传，是思想的现代转换。在人文学术的历史发展中，离开传统是不可想象的。如果说自然科学是一种原创学，强调学术研究的原创性，那么人文学科则是广义的历史学，强调在历史传统基础上的创造性转化。人们创造自己的历史，但是绝不是随心所欲地创造，而是在从过去继承下来的历史条件下创造。人文学术的研究尤其离不开历史

[1]库恩.科学革命的结构[M].金吾伦，胡新和，译.北京：北京大学出版社，2003：5.

[2]库恩.必要的张力：科学的传统和变革论文选[M].范岱年，纪树立，等译.北京：北京大学出版社，2004：372.

传统。一个民族的人文学术与该民族的文化传统有着密切的联系。

人文学术的历史不是抛弃传统，不是改变思维，不是范式的革命，而是智慧的累积，是薪火相传，是传统的延续。人文学术的这一发展规律，我们可以从两个方面加以说明。

首先，人文学术历史的传统性是由生命存在的历史性决定的。人是人文研究的对象，人也是人文研究的主体，而作为人文研究的对象和主体的人，既是历史传统的产物，也是历史传统的存在。正如加达默尔所说："其实历史并不隶属于我们，而是我们隶属于历史。早在我们通过自我反思理解我们自己之前，我们就以某种明显的方式在我们所生活的家庭、社会和国家中理解了我们自己。"[1]人处在各种传统之中。人在传统中活着，在传统中死去，在传统中思考，也在传统中言说，传统乃是人"在世"的基本方式，因而现代人的身体活在古代人的智慧之中。

有学者举过一个有趣的例子，即当今著名大学的校训很多出自儒家的经典：清华大学的校训"自强不息，厚德载物"，取自《周易》"天行健，君子以自强不息""地势坤，君子以厚德载物"二语；复旦大学的校训"博学而笃志，切问而近思"，取自《论语·子张》"博学而笃志，切问而近思，仁在其中矣"；武汉大学的校训"自强，弘毅，求是，拓新"，"自强"取自《周易》"天行健，君子以自强不息"，"弘毅"取自《论语·泰伯》"士不可以不弘毅，任重而道远"；孙中山亲笔题写的中山大学校训"博学、审问、慎思、明辨、笃行"，则直接取自《中庸》的"博学之、审问之、慎思之、明辨之、笃行之"。[2]现代大学是现代学术和现代精神的体现，而现代大学仍以古代智慧为指路的灯塔。其实，"百姓日用而不知"的修身格言和心灵准则，大都来源于"上古六经"和"先秦七子"。

其次，人文思想的传统延续性与文化世界内外结构的差异密切相关。这里有必要介绍一下李威武关于文化世界结构的观点。[3]人是文化的动物，人的文化生命体现在人的文化世界的创造上。人的文化世界，从结

---

[1]加达默尔.真理与方法：哲学诠释学的基本特征　上卷[M].洪汉鼎，译.上海：上海译文出版社，1999：355.

[2]李维武.人文科学概论[M].北京：人民出版社，2007：258.

[3]同[2]：14，256.

构上看包括两个基本层面，一是物化的结构，二是观念的结构。这两种结构的性质和存在方式有明显差异。

物化的结构是在人与自然和人与社会的联系中建立起来的，包括工艺、技术等物化形式和经济、政治等社会关系。自然科学和社会科学主要是研究物化结构的学问。物化的结构是文化世界的外显的、浮动的、易变的内容，它随着物质生产的发展和社会变革的需要，可以在较短的时间里大部分或全部更新。21世纪以来，人类生活从工业化到信息化的巨大变化就是一个明证。

与物化的结构不同，观念的结构是人的思想世界，其最核心部分是时代精神和民族精神，二者合而为文化精神，体现了人的文化使命的存在与活动。观念的结构是文化世界的深层的、凝重的、稳定的内容。由于族类生命的无限重复性和文化的重叠性，观念结构的变化要慢得多。尤其是民族精神和民族性格，往往表现出巨大的惰性力，并不随着物化结构的变化而变化，甚至也不随着时代精神的变化而变化。相反，民族精神和民族性格表现出极大的传承性和传统性。

黑格尔论述"哲学史的意义"时曾说："我们必须感谢过去的传统，这传统犹如赫尔德所说，通过一切变化的因而过去了的东西，结成一条神圣的链子，把前代的创获给我们保存下来，并传给我们。"[1]其实，在国学领域，在传统文化领域，在一切思想观念和人文学术领域，我们都必须"感谢过去的传统"，感谢传统累积并传递了先贤的智慧，感谢传统充实并丰盈了现代人的心灵。

四、传统文化的现代意义

传统文化有无现代意义？两千多年前的"四书五经"对21世纪的现代人类有何作用？这是至今仍然令许多人包括许多年轻语文教师困惑的问题。不解决这个问题，不从根本上认识传统文化的现代意义，传统文化就不可能进入现代语文课堂，更不可能活在现代人的心中。

那么，究竟应当如何看待传统与现代、古人与今人的关系？究竟应

---

[1]黑格尔.哲学史讲演录：第1卷[M].贺麟，王太庆，译.北京：商务印书馆，1959：8.

当如何认识传统文化的现代意义？究竟为什么要读"四书五经"，要讲"孔孟之道"呢？

1.古今相通性——"谁谓古今殊，异代可同调"

西方哲人歌德说："凡是值得思考的问题，没有不是被人思考过的；我们必须做的只是试图重新加以思考而已。"[1]

歌德的格言，其实也非原创，而是对更古老格言的重新思考。我国南北朝诗人谢灵运有云"谁谓古今殊，异代可同调"。由此看来，古人与今人都同样生活在自然与人文社会中。

那么，为什么文化领域中"古今相通，异代同调"？为什么传统经典与现代文化具有内在联系？为什么"四书五经"对于现代人生具有永恒不变的启迪？其深层根源何在？其实根源就在于由生命的一次性所决定的文化的重叠性。

文化的本质是什么？文化是人的生命实践或人的文化生命的升华与写照。每个人的生命都是一次性的，正如米兰·昆德拉所说："人只能活一次，我们无法验证决定的对错，因为，在任何情况下，我们只能做一次决定。上天不会赋予我们第二次、第三次、第四次生命以供比较不同的决定。"[2]生命的一次性是生命的真相，而个体生命的有限一次性，决定了族类生命的无限重复性；族类生命的无限重复性，又决定了文化的重叠性，决定了文化的时空超越性。关于生命重复与文化重叠所决定的文化的超越性，不妨做这样的描述与概括：

人类文明五千年，自然生命一百年；

自然生命是重复，文化生命是重叠。

五千年哲学史，是百年人生问题反思史；

五千年文学史，是百年人性情怀咏叹史。

五千年的人类文化，一百年的生命长度。

因此，人们可以——

以个体百年生活史，理解五千年人类哲学史；

[1]歌德.歌德的格言和感想集[M].程代熙，张惠民，译.北京：中国社会科学出版社，1982：3.

[2]昆德拉.不能承受的生命之轻[M].许钧，译.上海：上海译文出版社，2003：264.

以个体百年情感史，体验五千年人类文学史。[1]

英国历史学家汤因比在论述古希腊历史学家修昔底德《伯罗奔尼撒战争史》的史学意义时，说过一段极富哲理的话：

一部成书于2300多年前另一个世界的著作封存了种种体验，对于后世的读者而言，自己这一代人才刚刚开始这些体验。公元1914年与公元前431年在哲学意义上是同时代的。[2]

在汤因比看来，就人类的体验而言，"公元1914年与公元前431年在哲学意义上是同时代的"；借言之，今人与公元前550年的孔子在哲学的意义上也是同时代的。美国思想家爱默生，对于由生命的一次性所决定的古今的相通性和文化的永恒性，说得更为透彻："当柏拉图的一个思想成为我的一个思想时——当点燃了品达的灵魂之火的真理也点燃了我的灵魂时，时间就不存在了。"[3]在爱默生看来，每一个人都是普遍心灵的一次转世再现。他所有的特性都存在于他的内心。个人的经验里每一个新的事实都反映出许多人曾经共同做过的事。因此，如果整个的历史都藏在一个人身上，那么我们完全可以根据个人的经验来解释一切。"文明史与自然史、艺术史与文学史，都必须从个人史的角度来解释。"[4]

2. 历史未来性——"告诸往而知来者"

生命的一次性和文化的重叠性，决定了国学经典和传统文化具有超时代的永恒价值。而作为传统的人文智慧，它因此也成为现代人文教育的核心内容。历史传统是教育的核心，国学经典是教育的灵魂。罗马哲人西塞罗说得好：如果你对你出生之前的事情一无所知，这就意味着你永远是个幼稚的人。现代教育以传统文化为核心，更为重要的意义在于，传统文化还具有未来性，或者说历史文化的"未来性"。为什么？人类追求未来，为未来而奋斗。然而，未来者，尚未来到也，所以只能去询问历史。所谓历史的未来性，即历史实质是历史上无数前辈关于未来的理想追求

［1］陈文忠. 国学人文品格与语文教师的文化使命［M］∥任翔. 传统文化与语文教育. 北京：北京出版社，2017：223.

［2］汤因比. 历史研究：下卷［M］. 郭小凌，王皖强，杜庭广，等译. 上海人民出版社，2010：938.

［3］爱默生. 爱默生演讲录［M］. 孙宜学，译. 北京：中国人民大学出版社，2004：56.

［4］同［3］：50.

和艰苦实践的结晶：它是无数前辈美好理想的结晶，是无数前辈人生智慧的结晶，是无数前辈奋斗经历的结晶，是无数前辈失败教训的结晶，是无数前辈悲喜人生的结晶。失去了历史，割断了传统，我们将一无所有，既没有了过去，也没有了未来。

历史的未来性，并不是一个新鲜的命题，中西历代哲人，都早已反复思考、反复论述过了。《诗经·大雅·荡》："殷鉴不远，在夏后之世。"前人的教训，可启迪后人。《论语·学而》曰："告诸往而知来者。"告诉你过去，就知道未来。法国批评家圣伯夫说："历史学家是面向过去的预言家。"[1]英国作家平内罗说："我想未来无非是从另一扇门进入的过去。"[2]总之，过去为我们启示未来的结构，传统乃是代代相传文明的结晶。

而说到底，所谓询问历史，即回顾轴心时代的古老智慧。在轴心时代诞生的古老经典中，在不同时代与环境中的人们所写的文章里，只要发掘下去，便可以确认人性根源的不变。并且在一些好像与现代毫无关系的问题中，也可以发现出与现代问题的密切关联。用钱锺书的话说："盖人共此心，心均此理，用心之处万殊，而用心之途则一。名法道德，致知造艺，以至于天人感会，无不须施此心，即无不能同此理，无不得证此境。"[3]以"上古六经"和"先秦七子"为精粹的国学经典和传统文化，以及长期受到冷遇的"四书五经"和"孔孟之道"，在21世纪的今天，在电子传媒时代的今天，它们依然有强大的生命力，依然能为我们提供新的精神动力，其根源就在于此。

最后，有必要重温2014年9月24日，习近平在"纪念孔子诞辰2565周年国际学术研讨会暨国际儒学联合会第五届会员大会"开幕会上的讲话中，关于中国优秀传统文化现代价值的精辟论述：

世界上一些有识之士认为，包括儒家思想在内的中国优秀传统文化中蕴藏着解决当代人类面临的难题的重要启示，比如，关于道法自然、天人合一的思想，关于天下为公、大同世界的思想，关于自强不息、厚

---

[1]维莱.世界名人思想词典[M].施康强，韩沪麟，戴正越，译.重庆：重庆出版社，1992：389.

[2]同[1]：349.

[3]钱锺书.谈艺录[M].北京：中华书局，1984：286.

德载物的思想，关于以民为本、安民富民乐民的思想，关于为政以德、政者正也的思想，关于苟日新日日新又日新、革故鼎新、与时俱进的思想，关于脚踏实地、实事求是的思想，关于经世致用、知行合一、躬行实践的思想，关于集思广益、博施众利、群策群力的思想，关于仁者爱人、以德立人的思想，关于以诚待人、讲信修睦的思想，关于清廉从政、勤勉奉公的思想，关于俭约自守、力戒奢华的思想，关于中和、泰和、求同存异、和而不同、和谐相处的思想，关于安不忘危、存不忘亡、治不忘乱、居安思危的思想，等等。中国优秀传统文化的丰富哲学思想、人文精神、教化思想、道德理念等，可以为人们认识和改造世界提供有益启迪，可以为治国理政提供有益启示，也可以为道德建设提供有益启发。

习近平的讲话，对中国优秀传统文化的丰富内涵做了全面概括，对中国优秀传统文化的人类意义和现代价值做了中肯评价，为当代传统文化研究指明了方向。语文教育就是民族文化教育，就是优秀传统文化教育。因此，习近平的论述对我们在语文教学中弘扬优秀传统文化同样具有巨大的指导意义。

第三节 文学经典的永恒魅力

人们热爱阅读古代的文学经典，这是一个世代延续的事实。然而现代人为什么会身心投入地欣赏古代文学，现代人为什么能毫无隔阂地理解古代文学，现代人为什么需要不断地亲近文学经典，却是一个个有待回答的问题。对于这些问题，笔者认为可以分三个层次来回答：首先，唐诗在为我们抒情，经典在为我们咏怀，文学具有超越时空的永恒魅力；其次，文学是人学，文学是审美人性学，中国三千多年文学史是百年人生情怀的咏叹史；最后，诗可以说是一个民族精细的感受，诗也是中国人的心灵宗教；文学使我们的灵魂不易蜕变、拒绝野蛮，审美的人生，需要伟大的诗心一路相伴。

一、文学具有超越时空的魅力

今人为什么吟诵唐诗？因为唐诗在为我们抒情！今人为什么阅读经典？因为经典在给我们智慧！我们在读古诗，古诗在读我们。这是一个习以为常的审美事实，也是一个亟须探究的审美之谜。

唐诗在为我们抒情！这是真的吗？是的！且听陈小奇作词、毛宁演唱的《涛声依旧》，这首充满古典神韵的现代歌曲，曾几何时，唱遍了大江南北：

带走一盏渔火，让它温暖我的双眼，

留下一段真情，让它停泊在枫桥边，

……

月落乌啼，总是千年的风霜，

涛声依旧，不见当初的夜晚。

《涛声依旧》成功化用了《枫桥夜泊》的诗境和诗句。"夜半钟声"穿越千年时空回荡在人们的心头，"千古绝唱"再次焕发出不老的艺术青春。从《枫桥夜泊》到《涛声依旧》，这不仅为现代歌曲化用古典诗境提供了有益的借鉴，而且它生动地表明：唐人的诗境与现代人的心境是相通的，唐诗可以为我们抒情。

千余年前的唐诗，抒发的是唐人之情；千余年后的唐诗，正在为我们抒情。唐诗不仅可以通过二度创作为我们抒情，而且可以直接拿来为我们抒情：为青年的青春抒情，为壮年的事业抒情，为老年的达观抒情；为我们的惜别抒情，为我们的友谊抒情，为我们的忧伤抒情，为我们的怨愤抒情。

当我们早年离家时，李白的"仰天大笑出门去，我辈岂是蓬蒿人"（《南陵别儿童入京》），便成为我们埋藏心底的声音；

当我们朦胧初恋时，张籍的"唯爱门前双柳树，枝枝叶叶不相离"（《忆远》），便成为我们隐秘羞涩的心愿；

当教师给新生上第一节课时，常会用李颀的"莫见长安行乐处，空令岁月易蹉跎"（《送魏万之京》）来提醒学生；

当学生因一时挫折而失落时，教师常会用白居易的"试玉要烧三日满，辨材须待七年期"［《放言五首（其三)》］来开导学生；

当教师与毕业生道别时，常会用李白的"请君试问东流水，别意与之谁短长"（《金陵酒肆留别》）来表达师生的惜别之情；

当自己的孩子来信告知学业成绩时，元稹的"两纸京书临水读，小桃花树满商山"（《西归绝句》）最能表达父母内心的喜悦；

当我们怀念知心好友时，李商隐的"何当共剪西窗烛，却话巴山夜雨时"（《夜雨寄北》）最能表达我们的急切心情；

当远道的同窗老友来访时，我们常会用杜甫的"花径不曾缘客扫，蓬门今始为君开"（《客至》）来表达真诚的欢迎宾客之情；

当心情浮躁而生烦恼时，人们常会用王维的"我心素已闲，清川澹如此"（《青溪》）、"欣欣春还皋，淡淡水生陂"（《赠裴十迪》）来安抚自己的内心；

当我们渐入老境有懈怠之意时，便用白居易的"自生自灭成何事，能逐东风作雨无"（《山中五绝句·岭上云》）来警示自己；

当我们阅尽沧桑年老回家时，刘禹锡的"莫道桑榆晚，为霞尚满天"（《酬乐天咏老见示》）使我们对未来的生活葆有青春的激情；

当我们的师长或同行英年早逝，便会用杜甫的"出师未捷身先死，长使英雄泪满襟"(《蜀相》)来倾吐内心的痛惜之情。

从摇篮到墓地的百年人生,从童话到宗教的百年情怀,唐诗为我们表现得淋漓尽致,婉曲动人。

诗歌不仅为我们抒情,还给我们智慧。现代哲人常常用古典诗歌诠释哲理意趣,在古典诗歌中发现有益的智慧启迪。唐君毅的《人生之体验》,旨在"直陈人生理趣",全书的态度与旨趣则借前人诗句申述之。其《自序》有曰:

何谓人?今借《礼运》一语答曰:"人者,天地之心也。"复借尼采一语答曰:"人是须自己超越的。"

何谓生?今借陈白沙弟子谢祐一诗答曰:"生从何处来?化从何处去?化化与生生,便是真元处。"

人生之本在心,何谓心?今借朱子一诗答曰:"此身有物宰其中,虚澈灵台万境融,敛自至微充至大,寂然不动感而通。"

何谓人生之路?今借陆放翁之诗答曰:"山重水复疑无路,柳暗花明又一村。"复借秦少游一诗答曰:"菰蒲深处疑无地,忽有人家笑语声。"

何谓人生之价值?今借王安石诗答曰:"岂无他忧能老我,付与天地从兹始。"复借忘名之某诗人之诗答曰:"不是一番寒彻骨,争得梅花扑鼻香?"

何为理想之人格?今借陆象山一诗答曰:"仰首攀南斗,翻身倚北辰。举头天外望,无我这般人。"

何谓理想之人格之归宿?今借近人梁任公诗二句答曰:"世界无穷愿无尽,海天寥阔立多时。"[1]

在这里,人生哲学的七大问题,借前人诗句,诠释得淋漓尽致,意味隽永,启迪心智,开拓胸襟,令人低回无尽。从这个意义上说,唐君毅的"人生之体验",也就是前代诗人诗化的"人生之体验"的现代哲学诠释。

其实,诗歌为我们抒情,经典为我们咏怀,并非今天才被我们发现。而且,岂止唐诗,岂止我们,"诗三百"以来的历代经典诗篇,一直在为

---

[1]唐君毅.人生之体验[M].桂林:广西师范大学出版社,2005:自序1-2.

后人抒情，"借他人之酒杯，浇自己之块垒"。

更为值得关注的是，在"经典为我抒情"的历史上，产生了多种独特的艺术形式。从春秋的"赋诗言志"，到始于西晋的"集句诗"，再到兴盛于两宋的"檃括词"，若加上转化古典诗境的"古诗新唱"，既是诗歌接受史上的四种独特方式，也是诗歌史上"经典为我抒情"的四种主要艺术形态。

二、"文，心学也"

春秋时代的"赋诗言志"表明，从"诗三百"诞生之日起，就开启了"经典为我抒情"的历史。那么，经典为什么能为我们咏怀，唐诗为什么能为我们抒情，文学为什么具有超越时空的永恒价值？这涉及文学的本质，涉及文学的生命本质问题。

唐诗这一跨越时空的审美价值，清代美学家金圣叹似已窥破个中消息。《贯华堂选批唐才子诗集序》有一段妙语，对唐人律诗的审美结构与审美功能之间的对应关系，做了精彩的论述：

故夫唐之律诗，非独一时之佳构也，是固千圣之绝唱也，吐言尽意之金科也，观文成化之玉牒也。其必欲至于八句也，甚欲其纲领之昭畅也；其不得过于八句也，预防其芜秽之填厕也。其四句之前开也，情之自然成文，一二如献岁发春，而三四如孟夏滔滔也；其四句之后合也，文之终依于情，五六如凉秋转杓，而七八如玄冬肃肃也。故后之人如欲豫悦以舒气，此可以当歌矣；如欲怆快以疏悲，此可以当书矣；如欲婉曲以陈谏，此可以当讽矣；如欲揄扬以致美，此可以当颂矣；如欲辨雕以写物，此可以当赋矣；如欲折衷以谈道，此可以当经矣。

这段文字，以《文心雕龙·物色》篇"岁有其物，物有其容；情以物迁，辞以情发"为理论基础，认为唐人七律的结构，蕴含了自然的四时景物，传达了人性的四时情感，因此可以替后人传达喜怒哀乐，可以为后人抒发四时情怀，也可以为后人表达美、颂、讽、谏。可以说，金圣叹已经认识到唐诗在为我们抒情，也道出了唐诗超时空的普遍价值。

然而，仅仅说唐诗表达了"后之人"的情感，所以能为"后之人"抒情，这种仅限于经验层面的回答，显然是不够的。我们必须进而追问：为什么唐人之诗能抒发后人之情？为什么古人之诗能抒发今人之情？这必须从文学的人学本质入手，做进一步深入探讨，以揭示诗不同于史的艺术特质和审美价值之所在。

经典为什么能为我们抒情，唐诗为什么能为我们咏怀？简言之，文学是人学。但必须对这一深刻而朴素的命题做"逻辑的洗炼"[1]。

1928年，高尔基表达了文学是人学的思想。1934年，季摩菲耶夫在《文学理论》中首次明确指出高尔基"提议把文学叫作'人学'"。1957年，钱谷融发表了《论"文学是人学"》著名论文，从文学的目的和任务、功能和标准等方面，对"文学是人学"的意义做了深入阐述。从此，"文学是人学"便成为文学本质的经典表述，也为文学史家所普遍采纳。

高尔基的"文学是人学"与清代刘熙载的"文，心学也"[2]，这两个命题应做何理解？敏泽曾比较二者后认为："'文学是人学'虽是不朽的名言，在某种意义上却不如刘熙载的'文，心学也'更符合文学艺术的特点。"[3]换言之，"文学是心学"是"文学是人学"的深化，"文，心学也"，即文学是表现人的心灵的学问。

据此，应当对"文学是人学"的本体内涵做进一步界定。首先，必须明确"文学是人学"的"人"，不是指作品中描写的人，而是指现实中真实的人；不是指人的外在行动，而是指人的内在心性。因此，所谓"文学是人学"，可以更具体地表述为"文学是人心学"或"文学是人性学"。其次，对"文学是人心学"的"人心"或"文学是人性学"的"人性"，应从生命哲学的角度做双重规定：从质的方面说，它是指每一个生命个体的普遍人性；从量的方面说，它是指有限的个体生命的百年情怀。前者是指文学对象的生命特质,后者是指文学对象的生命范围。就前者而言，与其说"文学是人学"，不如说文学是心学、是审美的人性学；就后者而言，人类的文学史实质是百年人生情怀的咏叹史。由此出发，对经典为我们抒情，唐诗为我们咏怀，以及文学的永恒主题，经典的永恒价值，古典

[1] 何兆武："一切历史学的概念和命题，都必须先经过一番逻辑的洗炼，才配得上称为有意义的和科学的。"（何兆武.历史理性批判论集[M].北京：清华大学出版社，2001：15.）
[2] 刘熙载.刘熙载论艺六种[M].徐中玉，萧华荣，校点.成都：巴蜀书社，1990：335.
[3] 敏泽.主体性·创新·艺术规律[M].北京：人民文学出版社，1988：408.

的现代意义等问题，可以做出更合理的解释，获得更深刻的认识。

文天祥在《集杜诗·自序》自述写作动机，有一段精彩而精深的表白：

凡吾意所欲言者，子美先为代言之。日玩之不置，但觉为吾诗，忘其为子美诗也。乃知子美非能自为诗，诗句自是人情性中语，烦子美道耳。子美于吾隔数百年，而其言语为吾用，非情性同哉！

在文天祥看来，"子美于吾隔数百年，而其言语为吾用"，其原因就在于"诗句自是人情性中语，烦子美道耳"。换言之，正因为杜甫的诗句道出了每一个生命个体的普遍心性和情怀，所以虽"隔数百年，而其言语为吾用"。文天祥的这段自白包含了丰富的美学内涵：既道出了其个人"集杜诗"写作的动机，也道出了所有集句诗作者的心声，更道出了经典的永恒价值，道出了经典为我们抒情、唐诗为我们咏怀的生命根源之所在。

文学史实质是一组原型母题的嬗变史。人类共通的生存关系是普遍人性或普遍心灵形成的现实基础，而每一个人与生俱来而又无可超越的生存关系，至少体现在四个方面，即个体生存、人际关系、生存环境和生存理想。从共时角度看，每一层面的生存关系形成多样的人性和人情；从历时角度看，这四重关系又涵盖百年人生的喜怒哀乐。这种四元多维的人性特征体现在文学创作中，便形成了永恒主题和原型母题的四元多维结构。一言以蔽之，有限的个体生命的百年情怀划出了永恒主题和原型母题的基本范围。

古典诗学特别重视永恒主题的发掘和原型母题的研究。清代学者尤为关注贯穿古今的诗歌主题和原型母题。王士禛《分甘余话》认为《燕燕》之诗"宜为万古送别诗之祖"；乔亿《剑溪说诗》对唐诗母题进行了议论：

许彦周尝称《邶风》"燕燕于飞"，可泣鬼神，阮亭先生复申其说，为万古送别诗之祖。余谓唐诗之善者，不出赠别、思怀、羁旅、征戍及宫词、闺怨之作，而皆具于《国风》《小大雅》，今独举《燕燕》四章，其说未备。盖《雄雉》，思怀诗之祖也；《旄丘》《陟岵》，羁旅行役诗之祖也；《击鼓》《扬之水》，征戍诗之祖也；《小星》《伯兮》，宫词、闺怨诗之祖也。《品汇》载张说巡边，明皇率宋璟以下诸臣各赋诗以饯别，犹吉甫赠申伯之义也。贺知章归四明，明皇复率朝士咏歌其事，亦诗人咏《白驹》之义也。凡此虽不尽合乎《风》《雅》，而遗意犹存，不皆其苗裔耶？[1]

在乔亿看来，不仅"唐诗之善者"皆"风""雅"之"苗裔"，唐人之"赋诗言志"亦为春秋之"遗意"。其实，如果说"赠别、思怀、羁旅、征戍及宫词、闺怨"等唐诗的母题渊源于"风""雅"，那么宋元明清的诗歌母题，同样渊源于"风""雅"，甚至现代诗歌以及流行歌曲的母题，虽然穿上了时髦的现代外衣，何尝不是源于唐诗并最终又可以上溯到"风""雅"？"关关雎鸠，在河之洲；窈窕淑女，君子好逑。"《关雎》对美好爱情生活的向往之情和盼望之意，不正穿越三千年时空，依然回荡在现代的情诗和情歌之中？

如果说，一部单一的主题史，是一个特定的文学主题或原型母题的诞生嬗变史，那么，一部综合的文学史，则是一组民族的文学主题或原型母题的诞生嬗变史。进而，三百年唐诗史，是一组永恒主题和原型母题的嬗变史；三千多年文学史，同样是一组永恒主题和原型母题的嬗变史。这是"集句诗""隐括词""古诗新唱"的作者之所以能"让经典为我抒情，让唐诗为我咏怀"的原因所在，也是文天祥的百年情怀"子美先为代言之"，以及唐君毅的人生哲学已有"前辈诗人先为代言之"的根源所在。

三、诗是一个民族最精细的感受

文学本质和文学的功能地位，这是两个相互关联的问题。三千年文学史，是古今人生情怀的咏叹史，民族的文学艺术，是民族精神发出的光芒。与此相联系，诗代表一个民族强大的力量和最精细的感受，诗更是中国人的心灵家园。前面阐述了文学的审美本质，现在探讨文学的功能地位。

进入21世纪以后，新媒介文化的发展让人目不暇接。随着"快餐文化""新读图时代"的到来，文学和诗书仿佛在一夜之间失去了昔日的辉煌，遭遇新的挑战。

然而，20世纪30年代，当"机械复制的艺术"刚刚进入人们生活，艾略特在阐述"诗的功用"时就写下了一段警世之言：

---

[1] 陈文忠. 中国古典诗歌接受史研究[M]. 合肥：安徽大学出版社，1998：152-153.

文学的永久重要性即使不是不可动摇的信条，也是一个不移的据点。一个民族当其不再关心自己的文学遗产时，就变为野蛮了；一个民族不再产生文学时，思想和感觉也就不灵活了。一个民族的诗歌从民族的语言里汲取生命，回头来又把生命注入语言；诗代表一个民族的最高意识形态、最大的力量和最精细的感受。[1]

"一个民族当其不再关心自己的文学遗产时，就变为野蛮了；一个民族不再产生文学时，思想和感觉也就不灵活了"，因为，"诗代表一个民族的最高意识形态、最大的力量和最精细的感受"。而实际上，文学正是中国传统人文主义文化的核心与标志。陈寅恪指出："吾民族所承受文化之内容，为一种人文主义之教育，虽有贤者，势不能不以创造文学为旨归。"[2]这是陈寅恪关于中国文化和中国文学的一个重要学术理念。其中至少包含三层意思：第一，中国文化是一种人文文化；第二，中国文化以创作文学为旨归；第三，中国文学包含全幅人文文化内容（文史哲艺术等），而不仅是文学本身。[3]

在大众传媒和大众文化主导的"新读图时代"，诗依然代表一个民族最精细的审美感受，依然具有至高无上的审美优势和艺术地位。

第一，文学作为语言的艺术，是一种最具有心灵性的艺术，也是一种最具有心灵深度的艺术。康德认为"诗艺"具有"至高无上的等级"，被奉为崇高的艺术，首先在于诗富于心灵的表现性，是深邃的心灵艺术。古人有云，"言为心声"。语言艺术表现情思的深邃性，正根源于语言这种心灵符号的思维性："用语言表达的思想和表达思想的语言，总是密切相连。"[4]确实，一方面思维是语言的内容，没有思维就没有语言；另一方面语言为思维提供刺激物，同时又是思维的物质外壳，没有语言就没有思维。语言把你引入思想的轨道，文字滋养你的心灵世界。诗的艺术作为崇高的心灵艺术的独特价值就在于此：诗能在思想和情感的内在

［1］艾略特. 托·史·艾略特论文选[M]. 周煦良，等译. 上海：上海文艺出版社，1962：53.

［2］陈寅恪. 金明馆丛稿二编[M]. 2版. 北京：生活·读书·新知三联书店，2009：362.

［3］邓小军. 古诗考释[M]. 北京：商务印书馆，2013：405.

［4］郎加纳斯. 论崇高[M]//伍蠡甫，蒋孔阳. 西方文论选：上卷. 上海：上海译文出版社，1979：128.

空间与内在时间里逍遥游荡，经过诗情和诗意浸润的心灵具有高贵的气质和从容的气度。

第二，当代影视艺术作品大多以优秀的文学作品为基础。这表现在许多方面。首先，影视创作要以文学剧本为基础，所谓"剧本、剧本，一剧之本"。现代大多数影视剧的剧本都来源于得到读者认可的小说作品，如张艺谋的《大红灯笼高高挂》《秋菊打官司》《红高粱》等。其次，古代文学经典成为现代影视剧取材的宝库和灵感的源泉。从《三国演义》《水浒传》《西游记》到《聊斋志异》《儒林外史》《红楼梦》，明清优秀的长篇小说和短篇小说，为现代影视剧提供了大量丰富的题材。因此，文学经典的直接读者虽已减少，但优秀作品借助影视传媒获得"第二次生命"，赢得更多的间接读者。此外，古典诗词为现代歌曲提供了丰厚的资源。一些现代流行歌曲往往因为成功化用古典诗词意境而久唱不衰。陈小奇的"江南三部曲"就是成功一例，《涛声依旧》化用张继的《枫桥夜泊》，《白云深处》化用杜牧的《山行》，《巴山夜雨》则化用李商隐的《夜雨寄北》。

第三，文学阅读是其他艺术欣赏的基础，其他门类艺术形象的意蕴需要借助文学语义场来理解。苏联美学家鲍列夫对艺术欣赏的文学语义场做了精彩的阐述：

艺术文化建立在语言的基础上：文学对各门艺术施加决定性（体系性）的影响，其他艺术创造的艺术形象都需通过文学语义场来理解。对任何艺术作品的欣赏都需有一定的文学修养和文学阅读量，都要求欣赏者具有为该种艺术的作品"附加"文学基础或判别这一基础或用这一基础去对照该种艺术所提供的艺术篇章的能力。[1]

在西方，古希腊神话传说和希伯来圣经为西方艺术提供了取之不尽、用之不竭的题材和灵感，从古希腊到文艺复兴，西方的建筑、雕塑、绘画艺术无不取材于此。今人对西方艺术传统的理解离不开上述两大文学经典，离不开上述两大文学经典的文学语义场。有两句诗："赏月有情情满怀，颂月无诗诗难觅。"这是说，一个文学修养欠佳的人，面对大自然的美只能哑口无言。中国绘画艺术的欣赏和现代影视艺术的欣赏，同样

---

[1] 鲍列夫.美学[M].乔修业，常谢枫，译.北京：中国文联出版公司，1986：465.

离不开中国的文学语义场。古人有"诗中有画，画中有诗"之说。只有心中有画，才能见出诗中之画；只有心中有诗，才能见出画中之诗。若面对一幅名画而心中无诗，就可能"赏画有情情满怀，颂画无诗诗难觅"了。诗性是一切伟大艺术的内在本性，要发现人生和艺术中的诗意，首先要成为一个有诗意和诗性的人。

第四，细致品味文学作品的过程，正是心灵的陶冶过程。这是艺术作品实现其审美价值必不可少的过程。文学经典作品的存在是超越时空性的。三千年前的《诗经》，历久弥新，一代代中国人将它传唱下去。每一个有记忆的大脑都可以成为文学经典的储藏库，因此文学作品可以反复品味，成为终身相伴的心灵之友。

诗是人类艺术中的主导门类，它不仅是传统艺术体系中的最初体裁，也是现代媒体艺术之母。文学是艺术文化的语言基础，文学素养又是艺术素养中的首要素养。当然，读书是人类独有的高贵的精神追求，施教者必须认真教育，细心传授。一个人的精神发育史，实质上是一个人的阅读史；一个民族的精神境界，取决于全民族的阅读水平。

四、诗是中国人的心灵家园

在中国的传统文化体系中，诗是中国文化的源头之一。林语堂在《诗歌》中对诗歌做了生动而深刻的阐述：

诗歌教会了中国人一种生活观念，通过谚语和诗卷深切地渗入社会，给予他们一种悲天悯人的意识，使他们对大自然寄予无限的深情，并用一种艺术的眼光来看待人生。诗歌通过对大自然的感情，医治人们心灵的创痛；诗歌通过享受简朴生活的教育，为中国文明保持了圣洁的理想。……春则觉醒而欢悦；夏则在小憩中聆听蝉的欢鸣，感受时光的有形流逝；秋则悲悼落叶；冬则"雪中寻诗"。[1]

诗通过"缀文者情动而辞发，观文者披文以入情"的情感交流和情感对话，抚慰心灵，陶冶情操，塑造人格。诗的这种心灵启导品格，有

---

[1] 林语堂. 中国人：全译本[M]. 郝志东，沈益洪，译. 上海：学林出版社，1994：240-241.

深厚的文化渊源，也有现实的文化意义。

诗成为中国人的心灵家园，始于孔子之"诗教"。孔子重"诗教"，始而曰："不学《诗》，无以言。"（《论语·季氏》）继而曰："兴于《诗》，立于礼，成于乐。"（《论语·泰伯》）再而曰："小子何莫学夫《诗》？《诗》可以兴，可以观，可以群，可以怨。迩之事父，远之事君；多识于鸟兽草木之名。"（《论语·阳货》）夫子论诗之功效大矣！从语言学习、人格培育、怡情养性、社会交往、家族孝悌、政治伦理，到"鸟兽草木"自然知识的学习，无不可以通过学诗而获得。这一切的前提在于，"《诗》三百，一言以蔽之，曰：思无邪"（《论语·为政》）。孔子的"诗性教化"，就是通过诗美的玩味，诗情的涵泳，诗意的感发，达到诗心的培育。孔子的"诗教"，"始于美育，终于美育"，王国维把它称为"孔子之美育主义"。从孔子的"诗教主义"到"孔子之美育主义"，王国维借现代西方的"新学语"，照亮了传统文化的"真精神"。

孔子之后，各个时代的文人、诗人和学者，以不同的方式延续着诗歌传统和诗教传统，说诗、写诗、评诗成为人们精神生活不可缺少的内容。在三千多年的中国文学史上，《诗经》起着感发性情，激发灵感，抚慰心灵的功能，中国人的心中始终葆有葱茏的诗意，敦厚的诗情。

孔子美育主义诗教的直接继承者，是汉代儒家知识分子。汉代儒生借助"诗序"来实现"诗教"。他们在"诗序"的撰写中，经过文学文本、历史文本、政治文本、伦理教化文本，这一层层转化的阐释思路，实现了从"诗三百"到《诗经》的经典化，而其用心之所在，则是借序以明诗教。[1]这足见汉儒"以诗为经"的文化用心和文化苦心。对于汉代儒家知识分子来说，"以'诗'为'经'"是手段，"以'诗'为'教'"是目的：既教普通百姓，也教君王贵胄，更是在教化和培育一颗诗心。

《毛诗序》有曰："故正得失，动天地，感鬼神，莫近于诗。先王以是经夫妇，成孝敬，厚人伦，美教化，移风俗。"坚守人本体的中国，始终"以诗为经"，诗成为中国人的心灵家园。

《毛诗序》使"诗三百"获得了"经"的地位，这不仅延续了孔了审

---

[1] 徐复观.徐复观论经学史二种[M].上海：上海书店出版社，2005：106–107.

美主义的诗教传统，更重要的是把"诗"这一文体及其经典推上中国文化源头之一的高位，从此，中国文化真正成为崇尚民族诗歌传统的文化。

初唐孔颖达完成了《五经正义》，但唐人没有被束缚于诗教，而以雄健的笔力进行诗的创造。唐朝成就"诗国高潮"，辉煌的唐诗让唐朝获得了"诗唐"的称号。闻一多在《说唐诗》中指出，他把"唐诗"和"唐朝"，称为"诗唐"或"诗的唐朝"，理由有二：其一，从唐诗的艺术成就和影响看，"（一）好诗多在唐朝；（二）诗的形式和内容的变化到唐朝达到了极点；（三）唐诗的体裁不仅是一代人的风格，实包含古今中外的各种诗体；（四）从唐诗分支出后来新的散文和小说等文体"[1]；其二，从唐诗对唐人生活的渗透看，"唐人的生活是诗的生活，或者说他们的诗是生活化了的……唐人作诗之普遍可说空前绝后，凡生活中用到文字的地方，他们一律用诗的形式来写，达到任何事物无不可以入诗的程度"[2]。"笔力雄壮而又气象浑厚"的盛唐气象是唐人盛唐精神的体现，唐人的盛唐精神又通过唐诗的盛唐气象得到升华。此所以盛唐气象不可及，盛唐精神也不可及。

宋代诗话大兴，蔚为壮观，元明清作者紧随其后。从此以后，诗歌创作和诗话写作，授受相随，双线并行，绵延相续，互为推进，成为中国诗歌史上独特的景观。元人有"诗话兴而诗亡"之说，明清两代不乏附和者。据笔者看来，宋代以后的诗话实质是延续审美主义诗教传统的一种特殊形式。宋代以后的历代诗话有两大特点：

一是在内容上，以弘扬先秦《诗经》、《离骚》、汉魏古诗和盛唐气象为己任。从严羽的《沧浪诗话》到潘德舆的《养一斋诗话》，无不如此。《沧浪诗话》开宗明义："夫学诗者以识为主，入门须正，立志须高；以汉、魏、晋、盛唐为诗，不作开元天宝以下人物。"以昌明诗教为己任的《养一斋诗话》更是直奔"诗三百"，曰："'诗言志'，'思无邪'，诗之能事毕矣……《三百篇》之体制、音节，不必学，不能学；《三百篇》之神理、意境，不可不学也。"

二是在功能上，延续诗歌传统，传播诗歌文化，让每一个中国人从小就能受到诗情诗意的滋润。传统依靠阐释延续，文化借助阐释传播。

---

［1］郑临川.闻一多论古典文学［M］.重庆：重庆出版社，1984：82.

［2］同［1］：83.

如果没有历代诗话以及历代各种诗选和诗评，中国以诗为中心的审美主义文化传统同样难以延续下来。

当然，孔子奠定的中国诗教传统之所以具有心灵启导的品格，根源还在于中国文化自身的特性，其缘于中国文化的"情本体"，中国人文主义的"天地境界"，中国人需要的入世和现世的"人间关怀"。于是，"关关雎鸠，在河之洲；窈窕淑女，君子好逑"，"采菊东篱下，悠然见南山。山气日夕佳，飞鸟相与还。此中有真意，欲辨已忘言"，"春眠不觉晓，处处闻啼鸟。夜来风雨声，花落知多少"。中国诗歌所具有的人间的幸福和自然的亲和，生命的灵感和活跃的情绪，正满足了现实入世而又温柔敦厚的中国人的心灵需求。

三千多年中国文学史是古今人生情怀的咏叹史，民族心灵和民族情怀在诗意的咏叹中得到陶冶和升华。因此，恰如鲁迅所说："文艺是国民精神所发的火光，同时也是引导国民精神的前途的灯火。"[1]一个民族的文学经典，是民族的诗性智慧和生存理想的艺术结晶，也是民族文化中优美动人的精神所在；它温暖着一代又一代人的心灵，陶冶着一代又一代人的情趣，塑造着一代又一代人的品格。

中国诗歌史上的三位伟大的诗人——李白、杜甫和王维，就有三颗伟大的诗心。他们被称为诗中的仙、圣、佛，诗中的天、地、人，诗中的真、善、美。他们代表着三种生活态度，体现着三种人格精神：李白是飘然不群，傲岸不驯，蔑视权贵，恣意反抗的精神典范；杜甫是以使命感立世，以天下责任为行思原则，从而在此岸世界成就大我生命的精神典范；王维则体现了一种以一切本空为世界观，以自然适宜为人生哲学，以清净解脱为生活情趣的精神境界。同时，从诗仙到诗圣再到诗佛，显示了个体生命历程的三个必然阶段：青春意气，向往浪漫的李白；中年深沉，认同博大的杜甫；渐入老境，回归淡泊的王维。

腹有诗书气自华。人的一生中若有这些蕴含着不同人格精神和生命情调的诗心伴随，就会化消沉为昂扬，化卑微为崇高，化虚无为充实，转烦恼为菩提。

---

[1] 鲁迅.鲁迅全集：第1卷[M].北京：人民文学出版社，2005：254.

第三章 | 国学经典的教材与教法

　　国学教学，应包括国学知识和国学经典两个方面的教学。国学经典是国学教学的重点。如何进行国学教学，这是一个重要的课题。朱自清的《经典常谈》可以说是国学教学的一部经典教材。《经典常谈》对经典范围富于弹性的界定，对每种经典精彩的介绍方式，对于今天的一线教师，都有可借鉴之处。《论语》更是经典中的经典。如何读《论语》？本章将在传统的文本精读和主题阅读之外，介绍第三种读法，即《论语》的诗体阅读法。

第一节　一部经典的国学教材

朱自清的《经典常谈》的阅读史，折射出的是近百年来"读经—废经—读经"的曲折历程。考察朱自清为经典辩护的理由，反思百年来的读经史，认清废经与读经背后的历史复杂原因，对于重新认识经典训练的必要性和重要性具有别样的启示意义。更重要的是，《经典常谈》是一部经典的国学教材，它对经典的选择，对经典的阐释，对于今天有志实施经典教学的一线教师，仍有可借鉴之处。

一、《经典常谈》阅读史

作者是该作品的第一读者，也是该作品权威的阐释者之一。1942年初，朱自清在昆明西南联大完成了《经典常谈》及其自序，这部著作迄今（2020年）已有78年的生命史，同时也已有78年的阅读史。朱自清的自序，是为《经典常谈》辩护。他的辩护，可概括为三点：一是写作此书的目的，即"在中等以上的教育里，经典训练应该是一个必要的项目，经典训练的价值不在实用，而在文化"；二是写作此书的理由，即"读经的废止并不是经典训练的废止，经典训练不但没有废止，而且扩大了范围，不以经为限"；三是此书的自身特点，即经典训练需要理想的经典读本，"每种读本还得有一篇切实而浅明的白话文导言"[1]。这三点辩护，前面两点明确地道出了该书的意图和用途，对我们今天阅读该书，依然是切要的指导原则。

叶圣陶是除作者外《经典常谈》阅读史上最重要的"第一读者"。1945年，他写了《读〈经典常谈〉》；1980年，他又写了《重印〈经典常谈〉序》。在笔者看来，这两篇文章显示出叶圣陶对经典和读经的态度。1945年的文章中，叶圣陶认同朱自清"在中等以上的教育里，经典训练应该是一个必要的项目"这句开宗明义的话，然后笔锋一转，又对直接的"经典训练"做了坚决的否定："可以干脆说一句，现代学生不必读从前的

---

[1] 朱乔森.朱自清全集：第6卷[M].南京：江苏教育出版社，1996：3.

书。只要历史教本跟其他学生用书编撰得好，教师和帮助学生的人们又指导得法，学生就可以一辈子不读《论语》《庄子》，却能知道孔子、庄子的学说；一辈子不读《史记》《汉书》，却能明晓古代的史迹。"[1]这显然是有违朱自清所谓的通过《经典常谈》"引他们到经典的大路上去"的"本心"的。1980年的"重印序"，叶圣陶说："在三十多年之后的今天，我对朱先生和我自己的这样考虑——就是经典训练是中等教育里的必要项目之一——想有所修正了。"修正后的结论是："我想中学阶段只能间接接触，就是说阅读《经典常谈》这样的书就可以了。"[2]

20世纪的中国语文教育，是以"反传统"为教育文化背景的。它主要表现在三个方面：一是从读经到废经；二是从文言文到白话文；三是受西方文学观念的影响，强调文学的独立地位，把文从经、史、子中独立出来。深入了解这一教育文化背景，了解1945年和1980年的社会思想背景，叶圣陶的"退两步"也就不难理解了。

叶圣陶的看法，以其在语文教育界的崇高地位，极大地影响了后人对经典、对经典训练、对《经典常谈》的看法和评价。2011年，上海古籍出版社把《经典常谈》收入"蓬莱阁丛书"出版，钱伯城撰写了长篇"导读"。"导读"开篇，钱伯城细心地指出，《经典常谈》"可以同时适应三个层次读者的需要"。继而谈到经典训练问题，钱伯城指出："我们知道，经典训练并不就是恢复读经教育。"[3]转而，钱伯城以大量篇幅指导我们欣赏《经典常谈》的"散文特色""通俗化手段"，以及"采择近人新说"和朱自清"平和宽容"的学术器度等。钱伯城的这些论述精辟、精彩，有助于我们深入认识作者，认识作者的学问，认识作者用散文手法介绍古代经典的本领。

二、"没有诠释，经典将失去意义"

美国学者哈罗德·布鲁姆是西方呼吁读经的著名学者，他在研究西方文学史上的《西方正典：伟大作家和不朽作品》中，有一句结论性的名言：

［1］中国教育科学研究院.叶圣陶语文教育论集［M］.北京：教育科学出版社，2015：35.
［2］同［1］：120.
［3］钱伯城.导读［M］//朱自清.经典常谈.上海：上海古籍出版社，2011：3.

"没有经典，我们会停止思考。"[1]在第一章"经典悲歌"的结尾，布鲁姆写道：

> 没有莎士比亚就没有经典，因为不管我们是谁，没有莎士比亚，我们就无法认知自我。莎士比亚赐予我们的不仅是对认知的表现，更多的是认知的能力。莎士比亚与其同辈对手的差异既是种类的也是程度的差异。这一双重差异决定了经典的现实性和必要性。没有经典，我们会停止思考。[2]

没有经典，我们会停止思考；同样，没有诠释，经典将失去意义。美国学者爱德华·希尔斯在《论传统》中论及"真正的传统"时指出："原始经文和对其所做的诠释都是传统……这种'传统'就是对经文积累起来的理解；没有诠释，经文将只是一种物件。经文的神圣性使其与众不同，但若没有诠释，经文便毫无意义。"[3]经典和对经典的诠释，延续着传统，形成传统的双重结构。

为什么"没有诠释，经文便毫无意义"？首先，经典是沉默的，诠释使它"开口说话"。一种文化的活的生命力，并不无条件地表现在这一文化遗留的典籍文字中，而是表现在由该文化典籍所体现出来的普遍的精神价值中。然而，该文化的典籍文字是不会说话的，只有该文化中的人不断对典籍文字进行充满时代感和历史感的诠释，典籍文字中普遍的精神价值才会被激活，这一文化才会具有生命力。其次，经典是过去的，诠释使它现时化。德国历史学家扬·阿斯曼指出，"一旦文化连续性的重担完全落在具有奠基意义的文本之上，相关的人群必须想方设法让这个文本保持鲜活的状态，尽一切可能克服文本与现实之间不断加大的距离"，而实现"现时化这一过程，是在对流传下来的经文加以阐释的过程中才得以实现的"[4]。因此，经典必须诠释，经典必须常谈——必须经常地谈，持续不断地谈，以激活经典的生命力，以实现经典的现时化。

---

[1]布鲁姆.西方正典：伟大作家和不朽作品[M].江宁康，译.南京：译林出版社，2005：29.

[2]同[1].

[3]希尔斯.论传统[M].傅铿，吕乐，译.上海：上海人民出版社，2009：17-18.

[4]阿斯曼.文化记忆：早期高级文化中的文字、回忆和政治身份[M].金寿福，黄晓晨，译.北京：北京大学出版社，2015：321，8.

在 20 世纪大量的经典诠释、经典常谈的著作中，朱自清的《经典常谈》就是这样一部特色鲜明、引人入胜、充满学术活力的著作。

首先，在风格上，这是一部用散文手法谈学术的佳作。如果说余秋雨的《文化苦旅》是以小说的笔法写散文，那么朱自清的《经典常谈》则是用散文手法谈学术。朱自清是散文大家，平易亲切、委婉尽情的优美风格，在现代散文史上别树一帜。朱自清又是古典文学家，在诗歌史、诗学史和批评史领域见识独到，成就卓著。对于作家、学者于一身的朱自清来说，用散文手法谈学术，可谓本色行当。《经典常谈》的散文手法，除了平易亲切的叙述笔调，生动活泼的"儿化词"的运用等，还特别在意每一篇开头的经营，让每一篇都有一个引人入胜的"凤头"：或从传说入手，或从风俗入手，或从时代背景说起，或从人物故事说起。全书十三篇，每一篇的开头都不相同。这种由事入理的写法，极大地增强了学术文章的文学性和可读性。

其次，在内容上，本书具有点面结合、点线结合的特色。全书十三篇，从"小学"开篇，然后依次介绍传统的经、史、子、集。十三篇可分为两大部分：前九篇谈"小学"和经史，以经典为主，力求点面结合；后四篇论子部和集部，以文体为中心，又做到点线结合。前九篇的点面结合有多种表现：有的是一部书一门学问，如《说文解字》与文字学，《尚书》与尚书学，《诗经》与诗学，《史记》《汉书》与历史学；有的是一部书一种生活风俗，如《周易》与上古巫术礼仪，《三礼》与生活艺术；有的是一部书一段历史，如《春秋》与春秋五霸，《战国策》与战国策士等。后四篇的点线结合，基本上是一种文体一部历史："诸子"是一部子学史，"辞赋"是一部从《楚辞》到汉赋的辞赋史，"诗"是一部从乐府、古诗到唐宋诗的诗歌史，"文"则几乎是一部从卦爻辞到白话文的散文通史。因此，《经典常谈》虽说不是国学概论，但只要细读全书，在深入经典文本的同时，又可以获得系统的国学常识。

再次，在表述上，全书导入生动，层次清晰，逻辑严密，是一部一线教师切实可用的经典导读的参考教案。全书的每一篇，一段一层意思，层层有序推进，首尾呼应，浑然一体。在笔者看来，有意愿开设经典导读课程的语文教师，只要细读全书，然后按照每一篇的主题，分出逻辑层次，拟出恰当标题，就能适用于课堂讲授。例如，"《说文解字》第一"，共 10 个自然段，按内容可分为四个逻辑层次：①"仓颉造字"与文字的起源，第 1、第 2 自然段；②从"字书"到《说文解字》，第 3 至第 5 自然段；③文字的发展与"六书"，第 6 至第 9 自然段，这是全篇的重心，讲授时还可以分出若干层次；④书体的演变，最后一个自然段。以《说文解字》为中心，文字学的常识已囊括其中。再如"《诗经》第四"，共 10 个自然段，按内容也可分为四个逻辑层次：①《诗经》的成书或从歌谣到唱词，第 1 至第 3 自然段；②"诗言志"与用诗，第 4、第 5 自然段；③《毛诗传》与解诗，第 6 至第 9 自然段；④"六义"说，最后一个自然段。以《诗经》为中心，对先秦诗学做了扼要介绍。其实，对《经典常谈》全书，都应做这样的阅读，只有剖析了著作的思维结构，才能把握作者的思想精髓。

三、经典训练必须亲近经典

《经典常谈》是为当时的中学生写的，朱自清的本心是"引他们到经典的大路上去"；今天，《经典常谈》被出版人列入各种语文教师小丛书，语文教师更应当亲近经典，见识经典，到源头去"喝水"。

朱自清明确指出，《经典常谈》只是一只船，是一只把你"航到经典的海里去"的船：

> 如果读者能把它当作一只船，航到经典的海里去，编撰者将自己庆幸，在经典训练上，尽了他做尖兵的一份儿。可是如果读者念了这部书，便以为已经受到了经典训练，不再想去见识经典，那就是以筌为鱼，未免辜负编撰者的本心了。[1]

因此，经典训练必须亲近经典，享受经典必须直面经典。经典是传统的载体，传统依赖经典得以延续。读经典就是学传统，学传统必须读经典。经典是智慧的源泉，前代值得思考的问题，前人大都已经思考过了。经典往往被视为心灵的导师，个体的精神发育史，是一个人的经典阅读史，民族的精神境界离不开全民族的阅读品味和阅读经典的水平。经典也是

---

[1] 朱乔森. 朱自清全集：第 6 卷[M]. 南京：江苏教育出版社，1996：4.

治学的起点，读透一部经典，学会一种方法，成就一门学问。

当今有志从事经典教学的语文教师,应亲近、见识哪些经典便能以《经典常谈》为参考，才能去胜任经典导读的教学呢？ 1923 年春，梁启超应《清华周刊》记者要求,开了一份题为"国学入门书要目及其读法"的书目。这份书目包括五大类：修养应用及思想史关系书类，39 种；政治史及其他文献学书类，21 种（廿四史算作一种）；韵文书类，44 种；小学书及文法书类，7 种；随意浏览书类，30 种；总共 141 种。这份书目不仅列出书名，而且每种书之后大都有导读式的说明。但是，梁启超随即发现，书目与"初学"所需，不能吻合，便又拟了一个"最低限度之必读书目"：

今再为拟一真正之最低限度如下：

"四书"、《易经》、《书经》、《诗经》、《礼记》、《左传》、《老子》、《墨子》、《庄子》、《荀子》、《韩非子》、《战国策》、《史记》、《汉书》、《后汉书》、《三国志》、《资治通鉴》（或《通鉴纪事本末》)、《宋元明史记事本末》、《楚辞》、《文选》、《李太白集》、《杜工部集》、《韩昌黎集》、《柳河东集》、《白香山集》，其他词曲集，随所好选读数种。

以上各书，无论学矿，学工程学，……皆须一读。若并此未读，真不能认为中国学人矣。[1]

这份"真正之最低限度"的书目,按经、史、子、集顺序排列,共 25 部。经部 6 种，即"四书"《易经》《书经》《诗经》《礼记》《左传》；子部 5 种，即《老子》《墨子》《庄子》《荀子》《韩非子》；史部 7 种，即《战国策》、《史记》、《汉书》、《后汉书》、《三国志》、《资治通鉴》（或《通鉴纪事本末》)、《宋元明史记事本末》；集部 7 种，即《楚辞》《文选》《李太白集》《杜工部集》《韩昌黎集》《柳河东集》《白香山集》。其中,《资治通鉴》《宋元明史记事本末》《文选》这三部是综合性大书。

朱自清的《经典常谈》与梁启超的"必读书目"，只要做仔细比较，就不难发现，二者经典选择的思路和范围何其相似。在笔者看来，细读朱自清的《经典常谈》，亲近梁启超的"最低限度必读书目"，方能"认为中国学人"，从容胜任经典的教学。

---

[1]周岚，常弘.饮冰室书话[M].长春：时代文艺出版社，1998：270.

第二节　《论语》的三种读法

　　《论语》是经典中的经典，是"二千年来国人思想之总源泉"。如何读《论语》？本章将在传统的文本精读和主题阅读之外，探讨第三种读法，即《论语》的诗体阅读法。

一、"《论语》为二千年来国人思想之总源泉"

　　梁启超在《国学入门书要目及其读法》"真正之最低限度"书目中，把"四书"置于书目之首，置于"五经"之前，其用意是不言而喻的。"四书"是"五经"的入门阶梯，《大学》是"四书"的纲领，《论语》则是"四书"的核心，是经典中的经典。梁启超把《论语》《孟子》置于开篇，并写下了全书目篇幅最长的导读。他写道：

　　《论语》为二千年来国人思想之总源泉，《孟子》自宋以后势力亦与相埒。此二书可谓国人内的外的生活之支配者。故吾希望学者熟读成诵，即不能，亦须翻阅多次，务略举其辞，或摘记其身心践履之言以资修养。[1]

　　梁启超认为"《论语》为二千年来国人思想之总源泉"。现代新儒家冯友兰进而把"四书"称为"中国人的'圣经'"[2]。在《经典常谈》中，朱自清对"四书"和《论语》同样做了充分肯定和高度评价，认为《论语》"这部书不但显示一个伟大的人格——孔子，并且让读者学习许多做学问做人的节目：如'君子''仁''忠恕'，如'时习''阙疑''好古''隅反''择善''困学'等，都是可以终身应用的"[3]。要言不烦，语语中的。

　　以仁为核心，以培养君子人格为目标的《论语》，确是"二千年来国人思想之总源头"。因此，当代读经运动的推动者王财贵强调："中国人要读的第一本书就是《论语》。"王财贵认为，经典教育应把握三个原则，即教育时机的把握，教育内容的把握，教育方法的把握。概言之，就是

　　［1］周岚，常弘．饮冰室书话［M］．长春：时代文艺出版社，1998：253．

　　［2］冯友兰．中国哲学简史［M］．涂又光，译．北京：北京大学出版社，1996：1．

　　［3］朱乔森．朱自清全集：第6卷［M］．南京：江苏教育出版社，1996：51．

在最恰当的时机,用最恰当的方法,教他们最恰当的内容。[1]三者都重要,教材是关键。教材就是经典。根据两千多年中国读书人共同认定的经典,王财贵把它们分为四个层次:最高层次是《论语》《孟子》《大学》《中庸》,这是经典中的经典;第二个层次是《周易》《诗经》《老子》《庄子》,这是学界公认的经典;第三个层次是古文、唐诗、宋词、元曲,选读其中的精华,以滋养我们的生命;第四个层次是《三字经》《百家姓》《千字文》《弟子规》《幼学琼林》等蒙学读物。在这一经典序列的基础上,王财贵又做了层层的重点选择,大意是:

要学《三字经》《千字文》《百家姓》,就不如读唐诗。唐诗读好了,那些都不要学就会了。但是与其教唐诗,不如教古文。古文会了,唐诗就会了。要学古文,不如学诸子百家,因为古文作家都学诸子百家。学诸子百家不如学"四书""五经","四书""五经"学会了,诸子百家没有不会的。"四书""五经"里边,以"四书"为标准,"四书"又以《论语》为开头,所以中国人要读的第一本书就是《论语》,这本书不读,枉做中国人。[2]

读书有一个循序渐进的过程,对于青少年学生更需要循循善诱。强调"中国人要读的第一本书就是《论语》",并非妄言,儿童读经从《论语》开始,也完全可行。

《论语》是中国的,也是世界的。日本在历史上是受中国文化影响最多的国家,《论语》被奉为"至上至极宇宙第一之书"(伊藤仁齐语)。20世纪70年代,日本史学家宫崎市定在《论语新研究》"前言"中这样写道:

世界上被阅读最多的书,在西洋来说是《新旧约》,在东洋,当然是《论语》。但《新旧约》真正成为大众的圣书,是近代翻译成各国语文以后的事。《论语》则一直保留原来的面目,尤其《论语》对日本人应当是外国语的书,却用"训读"这种特别方法,也按照原典读了下来,以至今日。稍微一想,不能不说是很可惊异的事情。[3]

[1] 王财贵.读经二十年[M].北京:中华书局,2014:26.

[2] 同[1]:65.

[3] 徐复观.徐复观全集:儒家思想与现代社会[M].北京:九州出版社,2014:151-152.

宫崎市定的话为伊藤仁齐的论断做了生动的说明。一千多年来，日本人把《论语》奉为"至上至极宇宙第一之书"，并把它"按照原典读了下来"。他国人尚且如此，作为"二千年来国人思想之总源泉"，今天的中国人岂还有不读《论语》的理由？

二、文本精读与主题阅读

传统的《论语》读法，主要有文本精读和主题阅读两种。

1.《论语》的文本精读

《论语》的文本精读，主要体现在《论语》的历代注本中。古今中外关于《论语》的著作，可谓汗牛充栋。仅日本学者林泰辅在《论语年谱》中所著录的便达三千种之多，此外还有他不曾著录的，散见于别的书籍中大量的零星考证材料。程树德《论语集释》，征引书籍680种，全书140万言，内容分10类：考异、音读、考证、集解、唐以前古注、集注、别解、余论、发明、按语。此书不仅材料繁富，还对传统的《论语》文本精读方法做了系统的总结，虽仍不免有疏略和可以商榷之处，实可视为《论语》阅读史上的集大成之作。

在《论语》阅读史上，有几个注本特别重要，对于今人精读《论语》仍具有极大的参考价值。蒋伯潜《十三经概论》认为：清代以前的《论语》注本，"以何晏《论语集解》为最古，朱子《论语集注》为最精，刘宝楠《论语正义》为最博"[1]。所论极是。

三国魏何晏的《论语集解》是现存最古老的《论语》注本，其序曰："今集诸家之善，记其姓名，有不安者颇为改易，名曰《论语集解》。"《论语正义》曰："此叙《集解》之体例也。今谓何晏时，诸家谓孔安国、包咸、周氏、马融、郑玄、陈群、王肃、周生烈也。集此诸家所说善者而存之，示无剿说，故各记其姓名。"以《学而第一》首章为例：

子曰："学而时习之，不亦说乎？（马曰："子者，男子之通称，谓孔子也。"王曰："时者，学者以时诵习之。诵习以时，学无废业，所以为说怿。"）有朋自远方来，不亦乐乎？（包曰："同门曰朋。"）人不知而

---

[1] 蒋伯潜.十三经概论[M].上海：上海古籍出版社，2010：339.

不愠，不亦君子乎？"（愠，怒也。凡人有所不知，君子不怒。）

集解者，"集诸家之善"。"马曰""王曰""包曰"等，就是集马融、王肃、包咸之说。集解的目的，就是精读文本，深解文义。明代学者许天赠论集解的意义说得好："圣贤之言无长说也，但后学不明，则不得不多其词，使人易晓，有所据而入。"[1]《论语》和《孝经》是汉初学者的必读书，只有先读这两部书，才进而学习"五经"。故自汉代开始，便有不少人注解《论语》。遗憾的是，汉朝人所注释的《论语》，基本上全部亡佚。今日所见残存的汉代注解，多半只存于何晏的《论语集解》中，共计有二十余家。从这个意义上说，何晏的《论语集解》是汉初至三国《论语》四百年阅读史的结晶。

朱熹的《论语集注》于义理之阐发独精，也是宋代以来最权威的《论语》注本。《论语集注》除前面的《论语序说》和《读论语孟子法》外，每一篇有题解，每一章有注释和集解。《论语集注》所集，有"二程"、张载、范祖禹、吕希哲、吕大临、谢良佐、游酢、杨时、侯仲良、尹焞、周孚先、胡寅、洪兴祖诸人解释《论语》之言，可谓集宋代理学之大成。朱熹的《论语集注》对现代的《论语》解读产生了深刻影响，今人注释或语译《论语》，常引用和参酌朱熹的见解。如李泽厚撰《论语今读》，认为："在各注疏论议中，朱熹的《论语集注》仍然简明精锐，极有深度，是本书摘录的重点。"[2]梁启超评曰："《集注》简而明，最便读者。"精读《论语》，朱熹的《论语集注》当是首选。

刘宝楠的《论语正义》为最博，最详赡。刘宝楠依焦循《孟子正义》，作《论语正义》，后因病而停笔，由他的儿子刘恭冕继续写完，所以这部书实际是刘宝楠父子二人所共著。该书征引广博，折中大体恰当。梁启超评刘氏《论语正义》曰："最精博，但太繁，非专家研究者不必读。"[3]三书比较，各有所长：何晏《论语集解》，时有疏漏，却也保存了不少前人的《论语》解说；朱熹注精矣，而亦有承前人之疏误，未及补正者，有求之过深，致人理障者；刘宝楠《论语正义》以详赡见长，而时人或病其琐曲。"故吾人读《论语》于义有未明者，固不得不求之注，而亦未可蔽于前人之注。"[1]此为明通之论。

现代的《论语》注本，也不妨列举三部：杨伯峻的《论语译注》、钱穆的《论语新解》和李泽厚《论语今读》。

杨伯峻是古汉语专家，《论语译注》成书于20世纪50年代。《论语译注》除注、译堪称精当外，开篇的"导言"和书后的"论语词典"也极有助益。导言有四节，对《论语》命名的意义和来由，《论语》的作者和编著年代，《论语》的版本和真伪，以及古今《论语》的注释书籍，做了简明扼要的介绍，是一篇精当的《论语》导读。"论语词典"来自著者对《论语》逐字逐词的研究。在撰述《论语译注》之前，著者先对《论语》每一字、每一词进行了研究，编成"论语词典"一篇。后著者听从吕叔湘的建议，把该篇附于正文之后，以收相辅相成之效。因此《论语译注》是杨伯峻逐字逐词精读《论语》之后奉献出的一部《论语》精读。

钱穆是著名历史学家，《论语新解》成书于20世纪60年代。《论语新解》"旨取通俗，求其为一部人人可读之注，体求简要，辞取明净，乃不得不摆脱旧注格套，务以直明《论语》本义为主"。在体例上，"先原文，次逐字逐句之解释，又次综述一章大旨，最后为《论语》之白话试译"[2]。"逐字逐句之解释"，应是《论语新解》的一大特点，对于深入理解《论语》词句，具有极大的助益。《论语新解》固"可以为一部人人可读之注"，而在每一章的综述中，又可以体会这位新儒家学者的人生取向和道德文章。

李泽厚是著名哲学家，《论语今读》成书于20世纪90年代。《论语今读》的体例，先原文，然后依次是注、译、记。"注"主要是摘录前人的注疏论议，以有助于了解原文为标准。"译"是他细读了最晚出的两个译本，即杨伯峻的《论语译注》和钱穆的《论语新解》，都不满意，所以才做这个新译。"记"者，即李泽厚的"评论、札记和解说也。它们长短不一，品类不齐。或讲本文，或谈哲学；或发议论，或发牢骚；或就事论理，

---

[1] 蒋伯潜.十三经概论[M].上海：上海古籍出版社，2010：340.

[2] 钱穆.论语新解[M].北京：生活·读书·新知三联书店，2002：2-3.

或借题发挥；并无定规，不一而足"[1]。"记"是《论语今读》的特色所在，重心所在，深度所在。李泽厚认为，两千多年来，《论语》在中国是一部半宗教半哲学的书。《论语今读》的"记"，就是要以他的"情本体的人类学历史本体论"哲学，对《论语》这部半宗教半哲学的书先解构再重建。"记"的重建，也就是发掘《论语》的基本精神，围绕今日如何读《论语》这个中心展开的。"总之，培育人性情感、了解和区分宗教性私德与社会性公德、重视和把握个体命运的偶然，我以为乃《论语今读》三重点。"[2]这也是贯穿于五百篇"记"中的核心思想。

如果在上述六部注本中，再精选三部，那么不妨依次阅读杨伯峻的《论语译注》、朱熹的《论语集注》和李泽厚的《论语今读》：从杨伯峻的《论语译注》入门，在朱熹的《论语集注》中探古，在李泽厚的《论语今读》中感受今义。最终，古今汇通，融为一体，付诸实践。

2.《论语》的主题阅读

如果说以集解、集注为特点的文本精读，属于传统的阅读法，那么按主题思想进行归类的主题阅读，则是现代的阅读法。1925年梁启超的"《论语》解题及其读法"、1944年蒋伯潜的《论语概论》、2012年钱宁的《新论语》，代表了《论语》主题阅读的三个阶段。

梁启超是最早提出主题阅读的学者之一。1925年，他在《要籍解题及其读法》中，草拟了《论语》主题分类阅读的一个纲要。梁启超认为：《论语》"字字精金美玉。实人类千古不磨之宝典"，也是"表现孔子人格唯一之良书"；然而，"其书编次体例，并无规定，篇章先后，似无甚意义，内容分类，亦难得正确标准"。据此，为有助于阅读理解，他把《论语》全书按主题分为八类：

一、关于个人人格修养之教训

二、关于社会伦理之教训

三、政治谈

四、哲理谈

五、对于门弟子及时人因人施教（注重个性的）的问答

---

［1］李泽厚.论语今读［M］.北京：生活·读书·新知三联书店，2008：17.
［2］同［1］：21.

六、对于门弟子及古人时人之批评

七、自述语

八、孔子日常行事及门人诵美孔子之语（映入门弟子眼中之孔子人格）

根据分类大纲，梁启超对《论语》全书内容做了简要评析："上所列第一二项，约占全书三分之二，其余六项约合占三分之一。第一项人格修养之教训，殆全部有历久不磨的价值。第四项之哲理谈，虽著语不多（因孔子之教，专贵实践，罕言性与天道），而皆渊渊入微。第二项之社会伦理，第三项之政治谈，其中一部分对当时阶级组织之社会立言，或不尽适于今日之用，然其根本精神，固自有俟诸百世而不惑者。第五项因人施教之言，则在学者各自审其个性之所近所偏而借以自鉴。第六项对人的批评，读之可以见孔子理想人格之一斑。第七项孔子自述语及第八项别人对于孔子之观察批评，读之可以从各方面看出孔子之全人格，《论语》全书之价值大略如此。"[1]

梁启超学贯四部，精研经籍，对《论语》更有精深体会，故分类颇为细致，评论也极中肯。然而，只有分类大纲，没有具体内容，仅具草创性质。梁启超寄希望于读者自己，"略依前条所分类，将全书纂抄一过，为部分的研究"[2]。用心甚好，但并不适合一般读者。

比之梁启超的"大纲"，蒋伯潜《十三经概论》中的主题阅读，则更为精细、具体。《十三经概论》是20世纪40年代的一部大学教材，作者秉持"经为古代文学哲理政俗所汇萃，固有文化之精华"的立场，向当时青年学生介绍"群经知识"；在体例上，"首录解题，此述内容，俾教师可省编纂之劳，学者可得诵习之资"[3]。简言之，《十三经概论》是完全根据教学实际需要编纂的。《论语概论》介绍《论语》内容的主题阅读，分为几个层次，且有纲目，有内容，对初学者很有帮助。首先，它把《论语》内容分为六大主题，即"论语论道德""论语论修养""论语论教学""论语论政治""论语记孔子""孔门子弟"。其次，每一主题根据问题的逻辑层次又分出若干细目。如"论语论修养"分出四个细目，即"人格标准""修

［1］周岚，常弘．饮冰室书话[M]．长春：时代文艺出版社，1998：99–100．

［2］同[1]：100．

［3］蒋伯潜．十三经概论[M]．上海：上海古籍出版社，2010：3–4．

养方法""修养进程""处世之道",然后在每一细目下摘录《论语》的相关论述。再次,某些主题因内容丰富,又在细目下分出若干层次。如"论语论教学"纲目分得最细,在七个细目下又分出层次,在每一层次下摘录《论语》的相关论述:(1)教学精神,即学不厌,教不倦。(2)教学方法,有启发和因材施教。(3)教学项目,有诗书礼乐和文行忠信。(4)教学步骤,有下学上达和不言之教。(5)有教无类。(6)师生感情。(7)学重躬行,有学思并行、温故知新和为学难易。

《论语概论》的主题阅读,类似思想史和哲学史的写法。不同的是,后者的作者主要是围绕核心主题,侧重于思想体系的建构和概念、命题内涵的阐释;《论语概论》的作者,则主要围绕不同主题,分类摘录《论语》原文,以供教师课堂教学和学生课后阅读。分类摘录《论语》原文,是主题阅读的特点,也是《论语概论》的特点。如《论语》论仁,摘录了28条;《论语》论君子,摘录了近70条。当然,主题阅读又不同于主题索引。一是主题阅读摘录的原文,是有内在的逻辑层次的;二是在摘录原文的前后,都做了必要的阐释和说明。如,《论语》论君子,在分层次摘录了近70条原文后,对孔子的君子标准做了这样的概括:"由上所录各条观之,则'君子'之标准当如下:(1)仪容庄重。(2)慎言敏行。(3)好学。(4)崇德。"并进而强调,"总之,读者如能就《论语》说'君子'各条,加以研究,综合比较,可以得修养上标准人格之概念焉"[1]。

必须指出,《论语概论》的主题阅读,比之梁启超的分类大纲,更名副其实,但毕竟是概论性的主题阅读,而非整体性的主题阅读。

钱宁的《新论语》,则是一部对《论语》全书做整体性和系统性主题阅读的书。《新论语》是对传统的《论语》进行解构后,按照现代学术思维,遵循孔子思想脉络,以"仁"为核心主题,在不加一字、不减一字的前提下,重编的一本力求人人都能读懂的新经典。

为什么要重编呢?《新论语》的编者认为,因为《论语》是一部未经整理的课堂笔记。《论语》20篇,篇目次序散乱,编排没有章法,篇章之间的语句更是随意置放。因此,西方人看不懂《论语》,中国人读《论语》

[1]蒋伯潜.十三经概论[M].上海:上海古籍出版社,2010:352.

也常常一头雾水。既然《论语》是一部未经整理的课堂笔记，亦不是孔子亲自编订的，我们今天也不妨重编一下。所谓重编，并非指章节整理、字句考订、文句梳理、意义阐释，而是解构——"《论语》需要一次'解构'：一次系统的分拆，然后重构，并在重构中展现文本原来的意义、内涵和逻辑"[1]，最终让《论语》成为一本人人都能读懂的新经典。

那么，如何对《论语》进行解构和重构呢？

首先，通过解构和梳理，《新论语》的编者认定孔子学说的核心是"仁"，仁是其思想的逻辑起点。"当用'仁'来重构《论语》，令人惊奇的是，在不增不删一字一句的情况下，《论语》呈现出全新的面貌。"[2]

其次，在文本结构上，组成一个以仁为中心的多层次的主题结构。一是将《论语》分为内编、外编。内编是孔子之语，外编是弟子之语。内编有五篇，为核心篇、路径篇、实践篇、例证篇、哲思篇。外编有三篇，为评价篇、记忆篇、阐释篇。二是每一篇又根据内容分为若干分主题，如"核心篇第一"分为三个分主题，即"仁为核心""仁之形态""外化为礼"。三是每一分主题又根据内容列出若干小主题，如"仁为核心"列出四个小主题：仁是什么；仁不是什么；如何做到仁；仁者之仁。

再次，每一小主题之下，摘录解构后的《论语》相关章句。如"仁是什么"，从《颜渊》篇的"樊迟问仁。子曰：'爱人'"开篇，共四章；"仁不是什么"，从《学而》篇的"子曰：'巧言令色，鲜矣仁'"开篇，共三章；"如何做到仁"，从《述而》篇的"子曰：'仁远乎哉？我欲仁，斯仁至矣'"开篇，共七章；"仁者之仁"，从《里仁》篇的"子曰：'唯仁者，能好人，能恶人'"开篇，共九章。

最后，每一篇的每一分主题之下，撰有简短引言，概括这一主题的基本内容。如内编第一篇"仁为核心"的引言，曰："仁者，二人也，即人与他人的关系。一部《论语》，以'仁'为核心而展开论述。'仁'的定义及内涵，以及如何做到'仁'的具体要求。"每一章之下，各有"注释""译文""评点"，对《论语》原文做简要的阐释和点评。

经过这样的解构和重编，《新论语》成为一部以仁为核心主题，由内、

---

[1] 钱宁. 新论语[M]. 北京：生活·读书·新知三联书店，2012：4.
[2] 同[1]：5.

外两编共八篇，31 个分主题和约 70 个小主题构成的主题阅读文本。《新论语》的重编不同于《论语概论》，至少表现在三个方面：一是《新论语》的重编，是对《论语》全书而非局部的解构和重编；二是《新论语》的重编，不加一字，不减一字，编而不作，使《论语》呈现出全新面貌；三是《新论语》的重编，以仁为核心建构全书，使孔子思想的内在逻辑获得了现代的理论形态。《新论语》是一部具有现代学理品格的《论语》主题阅读文本，也是迄今为止较为系统完整的《论语》主题阅读文本。如果进行《论语》的主题阅读，《新论语》不失为一部实用而富于启示的参考书。

三、《论语》的诗体阅读

《论语》的第三种阅读方式，就是《论语》的诗体阅读，即把《论语》的每一章，作为一首诗来读。《论语》能作为诗来读吗？孔子是一位伟大的思想家，也是一位杰出的诗人，《论语》是一部经典中的经典，也是一部理趣盎然的哲理诗集。

1.《学而篇》是一组哲理诗

《学而篇》16 章，可以视为 16 首诗，是 16 首句式错落有致，篇幅长短不一，读起来朗朗上口的哲理诗。《论语》开篇的第 1 章，只要分行分节排列，就是一首双行三节的抒情哲理诗：

学而时习之，

不亦说乎？

有朋自远方来，

不亦乐乎？

人不知而不愠，

不亦君子乎？

三个排比句，也是三个设问句，通过设问，增强了语句的启示性、沉思性和抒情性。如果让它成为完整的诗，不妨再拟一个诗题，如"人生的快乐"："学而时习之"，是愉悦的；"有朋自远方来"，是快乐的；"人不知而不愠"，是真君子。这就是孔子的快乐论，也是儒家的人生观。以排比句为主的，还有《学而篇》第 4 章：

> 曾子曰：
>
> 吾日三省吾身：
>
> 为人谋而不忠乎？
>
> 与朋友交而不信乎？
>
> 传不习乎？

这一章的诗题可拟为"反省"。"三省吾身"的"三"，是虚数又是实数，下面正好是由三个排比组成的设问句。《学而篇》第 7 章："子夏曰：贤贤易色；事父母，能竭其力；事君，能致其身；与朋友交，言而有信。虽曰未学，吾必谓之学矣。"这一章的主体部分是三个整齐的排比句。第 11 章："父在，观其志；父没，观其行；三年无改于父之道，可谓孝矣。"这一章的前两句，是两个句式相同的句子。第 13 章："有子曰：信近于义，言可复也。恭近于礼，远耻辱也。因不失其亲，亦可宗也。"这一章又是一首由三个整齐的排比句构成的双行三节的哲理诗。

《学而篇》第 6 章，则像一首三字句的"弟子规"：

> 子曰：
>
> 弟子，
>
> 入则孝，
>
> 出则悌，
>
> 谨而信，
>
> 泛爱众，
>
> 而亲仁。
>
> 行有余力，
>
> 则以学文。

清人李毓秀的《弟子规》，稍易数字，即把这一章作为全篇的总叙。此章诗题自然应是"弟子规"。《学而篇》第 12 章的开首四句，也以三字句为主：

> 礼之用，
>
> 和为贵。
>
> 先王之道，

斯为美。

这一节同样是一首整饬有力、声韵悠扬的三字句短诗。此外，第2章的最后四句，也是结论性的四句，可以独立为一首四行诗：

君子务本，

本立而道生。

孝弟也者，

其为仁之本与！

这一章的语句来源，阮元《揅经室三集》卷二《论语解》有曰："'君子务本，本立而道生'者，'本立而道生'一句，乃古逸诗。"无怪四句错落有致，朗朗上口。这一章的诗题，即可以拟为"君子务本"。第5章，也可以排列成一首四行的诗：

道千乘之国，

敬事而信，

节用而爱人，

使民以时。

这一章的诗题，可以是"道千乘之国"，也可以通俗化为"治国之道"。第8章和第14章，都是论"君子"。第14章的语句，更为整齐流畅而富于诗意：

君子

食无求饱，

居无求安，

敏于事而慎于言，

就有道而正焉，

可谓好学也已。

这一章的诗题不妨拟为"君子之行"。第15章，稍做剪裁，则可以组成一首问答体的诗：

子贡曰：

贫而无谄，

富而无骄，

何如？

子曰：

可也；

未若贫而乐，

富而好礼者也。

这一章的诗题，可拟为"贫与富"，也可以直接用原句，即"贫而乐，富而好礼"。

最后，《学而篇》第3、第9、第16三章，则可视为三首简短的警句诗：

子曰："巧言令色，鲜矣仁。"（《学而篇》第3章）

曾子曰："慎终，追远，民德归厚矣。"（《学而篇》第9章）

子曰："不患人之不己知，患不知人也。"（《学而篇》第16章）

《学而篇》作诗读，有排比句，有三字句，也有长短句；有双行体，有问答体，也有警句诗。这16首诗，虽无唐诗宋词的严整格律，却比现代自由体诗更富于情致理趣，也更为朗朗上口。

《学而篇》16章是一组哲理诗，《论语》则是一部哲理诗集，其中最为重要的篇章大都可以作为诗来读。再以《为政篇》前四章为例。第1章，以一个形象的比喻构成一首短诗，对"为政以德"做了诗意的诠释：

为政以德，

譬如北辰，

居其所

而众星共之。

第2章，子曰："《诗》三百，一言以蔽之，曰：'思无邪。'"便是一首警句诗或格言诗。第3章，是两个句式相同的句子，可以自然地组成上下两节、每节各三行的短诗：

道之以政，

齐之以刑，

民免而无耻；

道之以德，

齐之以礼，

有耻且格。

这一章的上下两节，构成一种递进关系，揭示了"刑政"不同于"德政"，"德政"高于"刑政"的理由。紧接着的第4章，已是千古名言，分行排列，更能显示出这一章的精神旨趣：

　　吾十有五而志于学，

　　三十而立，

　　四十而不惑，

　　五十而知天命，

　　六十而耳顺，

　　七十而从心所欲，不逾矩。

　　粗看这六句话，只是描述了一个人自然生命的六个阶段，实质上，"吾十有五而志于学"的"志"字表明，年龄背后是心灵，年龄是心灵的向导。因此，这六句话既描述了一个人自然生命的六个阶段，也描述了一个人人生修养的六个阶段，更描述了一个人精神生命的六种境界。用"生命的境界"作为这一章的诗题，是再合适不过的了；分六行来排列，则可以把精神生命的六种境界直观地呈现出来。

　　从《学而篇》和《为政篇》的尝试，可以发现，《论语》诗体阅读的方法，可以概括为四部曲：一是把散体文本排列成诗体文本，增强直观；二是按内在理路分出若干诗节，便于理解；三是按哲理旨趣拟出诗题，以醒其目；四是按诗体需要做适当剪裁，以不害主旨为限。

　　2.《论语》为什么具有诗的性格？

　　何谓诗？关于诗的定义，古典诗学历来注重两大要素：一为声韵，二为情志。以韵律为形貌，以志趣为神采，方为诗。《尚书·尧典》曰"诗言志，歌永言，声依永，律和声"，虽以歌、声、律与诗并称，然诗之主旨仍在"律"与"志"两方面。古代诗论家论诗，无不强调声韵和情志的统一，以概括其外形与内质。白居易《与元九书》论及诗的定义，论诗的要素最为全面，曰："诗者，根情，苗言，华声，实义。""根情""实义"是诗的内质，"苗言""华声"为诗的外形。换言之，诗之为诗，关键在于情感义理之精微和声音韵律之缜密，并通过诗意想象，创造出神采妙境。

　　从诗歌史看，诗在产生之初，只是一种声韵、意象、情志、理趣的审美存在，并没有固定的格律形式。诗的格律形式，所谓四言、五言、近体、词曲等，是历史发展的成果。我们现在讲《论语》具有诗的性质，并不是说《论语》就是一部诗歌集，而是从诗歌的原初状态来说的，实质是讲《论语》，大都具备诗的审美素质，尤其具备哲理诗的声韵、节律、意象、情志、理趣的审美素质，有些篇章还是一首优美的抒情诗。如《雍也篇》第 11 章："子曰：贤哉，回也！一箪食，一瓢饮，在陋巷，人不堪其忧，回也不改其乐。贤哉，回也！"这一章按诗体排列，就是一首完整而优美的抒情诗：

贤哉，回也！

一箪食，

一瓢饮，

在陋巷，

人不堪其忧，

回也不改其乐。

贤哉，回也！

程子曰："颜子之乐，非乐箪瓢陋巷也，不以贫窭累其心而改其乐也，故夫子称其贤。"这一章就可以用"颜子之乐"为诗题，中间三个意象和两句议论，构成诗的主体，生动展示了颜回贫而乐道的崇高道德境界，前后两个赞叹"贤哉，回也"，形成一个回环，极大地增强了抒情氛围。

从《学而篇》到《尧曰篇》，《论语》共 20 篇 500 章，具备诗的审美素质的篇章，触目皆是，举不胜举。那么，《论语》为什么具有诗的品格？阮元《揅经室三集》卷三《文言说》中的一段话，可以帮助我们揭开其中奥秘。略曰：

古人以简策传事者少，以口舌传事者多；以目治事者少，以口耳治事者多。故同为一言，转相告语，必有愆误，是必寡其词协其音以文其言，使人易于记诵，无能增改，且无方言俗语杂于其间，始能达意，始能行远……

这是针对古代典籍的普遍现象而言的，自然包括《论语》在内。换言之，《论语》最初作为"口舌传事者"，在流传过程中，为了减少和避免"愆误"，于是"寡其词协其音以文其言"，便逐渐具有了诗的品质。

《论语》的成书过程，也可以证明这一点。关于《论语》的成书，《汉书·艺文志》有权威的论述："《论语》者，孔子应答弟子时人及弟子相与言而接闻于夫子之语也。当时弟子各有所记。夫子既卒，门人相与辑而论纂，故谓之《论语》。"这段话传递了《论语》成书的三大信息：一是《论语》源于"孔子应答弟子时人及弟子相与言而接闻于夫子之语"，即《论语》是"口舌传事者"；二是《论语》不是出于一人之手，而是"当时弟子各有所记"；三是《论语》不是出自孔子之手，而是"夫子既卒，门人相与辑而论纂"，是众多弟子在长时间里逐步纂辑而成。今天我们见到的《论语》，是西汉末成帝时的安昌侯张禹，把鲁人所传的《论语》和齐人所传的《论语》合二为一改订为《张侯论》，亦即又经过了张禹的编辑或加工。

《宪问篇》第8章："子曰：'为命，裨谌草创之，世叔讨论之，行人子羽修饰之，东里子产润色之。'"这是孔子讲郑国人造一辞命的郑重过程。孔子的弟子门人"相与辑而论纂"夫子之语，无疑也会以极其慎重的态度，"草创之""讨论之""修饰之""润色之"，力求使《论语》"寡其词，协其音以文其言"，从而具有诗的品质。《论语》中大量声韵铿锵的三字句、四字句和排比句，就是一个例证；《学而篇》16章能作为16首哲理诗来读，就是一个例证；《季氏篇》之"三友章""三乐章""三愆章""三戒章""三畏章""九思章"等，都是整齐的排比句，也绝非偶然现象。

3. 为什么要把《论语》作诗读？

为什么要把《论语》作诗读？这绝非刻意为之，故弄玄虚。根本目的是易于记诵，这也是历代各种文体所追求的目标。当年，孔子的弟子门人赋予《论语》以诗的品质，是为了让《论语》便于传诵；今天，我们发掘出《论语》潜在的诗的品质，则是为了让《论语》易于记诵，即有助于学生对经典的记诵。换言之，把《论语》作诗读：对于教师，是一种不妨尝试的教学方式；对于学生，则是一种肯定有效的记诵方式。

《论语》作诗读，为什么易于记诵？把散体《论语》转化为诗体《论语》，其基本做法就是把线性的散文语句，按诗体方式分行排列。而分行的过程，就是分解的过程；分解的过程，又是分析的过程。通过分行—分解—分析，使线性的词句转化成直观的诗句，使平面的文本转化为立体的文本，增强文本的明晰性、视觉的直观性、理解的迅捷性，从而达到易于记诵的目的。同时，通过分行—分解—分析，又可以使机械的记忆变成逻辑的记忆。

且看《里仁篇》第5章："子曰：富与贵是人之所欲也，不以其道得之，不处也；贫与贱是人之所恶也，不以其道得之，不去也。君子去仁，恶乎成名？君子无终食之间违仁。造次必于是，颠沛必于是！"这是《论语》中著名的一章，也是篇幅较长的一章。如果按诗体排列，就是一首句式讲究、错落有致、理致深沉、富于抒情意味的哲理诗：

富与贵是人之所欲也，

不以其道得之，不处也；

贫与贱是人之所恶也，

不以其道得之，不去也。

君子去仁，恶乎成名？

君子无终食之间违仁。

造次必于是，

颠沛必于是！

俗话说，君子爱财，取之有道。这一章的诗题，不妨拟为"君子之道"。把句式相似的散文体转换成诗歌体，不仅形式整齐美观，主旨鲜明显豁，而且更为易于记诵。

王财贵说："中国人要读的第一本书就是《论语》，这部书不读，枉做中国人；第二本书是《老子》；第三本书，经史子集随便选。"[1]与《论语》相比，《老子》具有更明显的韵文品格和诗体特征，也被更多学者认为是一部哲理诗集，甚至被认为是"一部长篇哲理诗"。朱谦之《老子校释》附录《老子韵例》曰："余以为道德五千言，古之哲学诗也。"任继愈《中国哲学史》论《老子》章也说："《老子》书共五千多字，是用韵文写成的一部哲理诗。"许永璋、许结的《老子诗学宇宙》，则"化《老子》为纯诗歌"，逐章对《老子》的"诗学宇宙"做了评析和鉴赏。而把《老子》作诗读，同样具有易于记诵的效果。

例如，第1章，此章前人题为"体道"，可分为上下两节：

道可道，非常道；

---

[1] 王财贵. 读经二十年[M]. 北京：中华书局，2014：65.

名可名，非常名。

无，名天地之始；

有，名万物之母，

故常无，欲以观其妙，

常有，欲以观其徼。

此两者，同出而异名，

同谓之玄。

玄之又玄，

众妙之门。

开篇第一章，是一首词句整饬、思致深邃的哲理诗。诗以句式相同的两个句子引端，并以此转承，撑起了气势，张大了容量，统摄了五千言精旨，成为全书纲领。此章前人题为"体道"，信然！

再如，第11章，此章前人题为"无用"，通过三个隐喻，阐释有无相生、无用之用的真谛。为易于记诵，不妨细分为四节：

三十辐共一毂，

当其无，

有车之用。

埏埴以为器，

当其无，

有器之用。

凿户牖以为室，

当其无，

有室之用。

故有之以为利，

无之以为用。

此章结构重叠，与《诗经》极为相似。此章的句式是三、四、五、六言整齐参用：描述时，用六言或五言句；强调重点时，用三言句；得出结论时，则用四言句。其用心之深细，胜似诗人。

最后，第81章，此章前人题为"显质"，意在取此章之意，会通全书之旨，以显老子之学的朴质，淡去浮华，被褐怀玉。此章可分为三节：

信言不美，美言不信。

善者不辩，辩者不善。

知者不博，博者不知。

圣人不积，

既以为人，己愈有，

既以与人，己愈多。

天之道，利而不害。

圣人之道，为而不争。

此章按诗体排列，不仅整齐美观，同样易于记诵。此外，此章最大的特色，是将真、善、美三者同时并提。"信言"，即真言；"不美"，即真美。可见其对"真"的重视。六经中少有"真"的范畴，孔子仅提出"尽善尽美"。这里真、善、美的提出，既可作为此章的艺术总结，亦可作为《老子》全书的艺术概括。

在国学经典中，《论语》和《老子》是最需要熟读成诵的两部书，也是最具有诗体品质的两部书，这或许不是偶然的。关于《论语》和《老子》的诗体阅读，尚有两点需要说明。

其一，《论语》诗体阅读的"四部曲"，应当也适用于《老子》的诗体阅读：一是把散体文本排列成诗体文本；二是按内在理路分出若干诗节；三是按哲理旨趣拟出诗题；四是按诗体需要做适当剪裁。不过，《老子》的语句更为洗练简洁，故几乎无需剪剔浮词，只需分节排列，即成一首好诗。

其二，《论语》有三种读法，即文本精读、主题阅读和诗体阅读。《老子》同样也应有三种读法。这三种读法当有主次先后之分：文本精读是基础，主题阅读是提高，诗体阅读是辅助。不过，对当下的青年学生而言，《论语》和《老子》的熟读成诵是关键，理解和躬行是终生的事。因此，在文本精读的同时，不妨采用诗体阅读的方法，以帮助记诵。

梁启超在《要籍解题及其读法》中，提出了读《论语》的六条"善良之法"后，语重心长地写道：

其实，我辈读《论语》之主要目的，还不在此。《论语》之最大价值，在教人以人格的修养，修养人格，绝（原文为"决"）非徒恃记诵或考证。

最要是身体力行，使古人所教变成我所自得……要之，学者苟能将《论语》反复熟读若干次，则必能幸然有见孔子全人格，以作自己祈向之准鹄，而其间亦必有若干语句，恰与自己个性相针对，读之别有会心，可以作终身受持之用也。《论语》文并不繁，熟读并不费力，吾深望青年勿蔑弃此家宝也。[1]

读《论语》，学做人。无论文本精读、主题阅读，还是诗体阅读，都只是手段。知行合一，身体力行，"以人格的修养，修养人格"，才是读《论语》的目的。

[1] 周岚，常弘. 饮冰室书话[M]. 长春：时代文艺出版社，1998：100-101.

第四章 古代诗文的教学艺术

　　古诗难教，古文难读，古代小说人物分析往往似是而非，这是语文教学中长期存在的难题和问题。本章从语文教学实际出发，分别探讨古代诗文教学以及文学人物分析中存在的问题和解决的方法，以便教师指导学生正确地感受文学的优美，让文学经典更好地发挥审美功能，陶冶学生的审美情趣，滋润学生的审美心灵。

第一节　古诗鉴赏难在何处

中国是诗的国度，中国古代文学史可以说是一部诗歌史。中国教育始于诗歌教育，中国有悠久的诗歌教育传统。然而，今天的语文教学中，诗歌教学遇到重重困难：学生难解，教师难教，考试难考。那么，古诗鉴赏究竟难在何处？如何引导学生感受古诗的美？简言之，"诗家语"不同于"日常语"，深入感受古诗之美，应当在虚心涵泳的基础上，做到读诗"四透"。

一、梁启超"不解"李义山

文学欣赏中有一种悖论现象：赞美古典的，阅读现代的。诗歌欣赏中则表现为：赞美唐诗宋词，阅读白话新诗。为什么？现代诗易诵而古体诗难懂。戴望舒的《雨巷》是对李璟《浣溪沙》"丁香空结雨中愁"意象的现代演绎："雨中怨愁的丁香"，被演绎为"雨巷愁怨的姑娘"。然而，人人都喜欢戴望舒的《雨巷》，却并非人人都能欣赏李璟的《浣溪沙》。唐诗比宋词更难，唐诗中的杜诗、韩诗、义山诗，则难上加难，即使大学者也常有不解之惑。

梁启超是一位大学问家，他阅读李商隐的诗，就曾发出"只觉其美，不解其意"的感叹。他在《中国韵文里头所表现的情感》中坦言：

义山集中近体的《锦瑟》《碧城》《圣女祠》等篇，古体的《燕台》《河内》等篇，我敢说他能和中国文字同其运命。就中如《碧城》二首的第一首："碧城十二曲阑干，犀辟尘埃玉辟寒。阆苑有书多附鹤，女床无树不栖鸾。星沉海底当窗见，雨过河源隔座看。若是晓珠明又定，一生长对水晶盘。"这些诗，他讲的什么事，我理会不着，拆开一句一句的叫我解释，我连文义也解不出来。但我觉得他美，读起来令我精神上得一种新鲜的愉快。[1]

古诗难解，是诗歌接受史上常见现象。莫说常人，古代诗评家也常有"只觉其美，不解其妙"的困惑。谢榛在《四溟诗话》中说："诗有可解，

---

[1] 夏晓虹.梁启超文选：下[M].北京：中国广播电视出版社，1992：82.

不可解，不必解，若水月镜花，毋泥其迹可也。"薛雪在《一瓢诗话》写道："杜少陵诗，止可读，不可解。何也？公诗如溟渤，无流不纳；如日月，无幽不烛；如大圆镜，无物不现，如何可解？"追溯起来，从董仲舒的"诗无达诂"，到元好问的"独恨无人作郑笺"，再到谭献的"作者之用心未必然，而读者之用心何必不然"等，无不在感叹古诗难解。

当然，并非所有古诗都像杜诗、韩诗、义山诗那样难解，即使杜诗、韩诗、义山诗中，也有不少直抒胸臆、较为易懂的作品。梁启超把"中国韵文的表情法"分为三类，即奔进的表情法、回荡的表情法和含蓄蕴藉的表情法。这三类表情法，难解程度，各不相同。

所谓奔进的表情法，即忽然奔泻无余的抒情方法。例如，遇到意外的、过度的刺激，大叫一声、大哭一场或大跳一阵，在这种时候，用不着含蓄蕴藉，正需要直抒胸臆，奔泻无余。杜甫的《闻官军收河南河北》就采用了奔进的表情法："剑外忽传收蓟北，初闻涕泪满衣裳。却看妻子愁何在，漫卷诗书喜欲狂。白日放歌须纵酒，青春作伴好还乡。即从巴峡穿巫峡，便下襄阳向洛阳。"梁启超说，凡诗写哀痛、愤恨、忧愁、悦乐、爱恋，都还容易；而写欢喜真是难，即便在长短句古体里头也不易得。这首诗是近体，个个字受"声病"的束缚，杜甫却做得如此淋漓尽致！那一种手舞足蹈的情形，读了令人意外，他过去的诗没有第二首比得上的了。

所谓回荡的表情法，是"一种极浓厚的情感蟠结在胸中，像春蚕抽丝一般，把它抽出来"的抒情方法。这种表情法，专从热烈方面尽量发挥，和前一类正相同。所异者，前一类是直线式的表现，这一类是曲线式的表现；前一类所表现的情感性质较为单一，这一类所表现的情感，经过相当时间的酝酿，数种情感交错纠结在一起，成为一种网状的杂糅性质。杜甫的《百忧集行》就采用了回荡的表情法："忆年十五心尚孩，健如黄犊走复来。庭前八月梨枣熟，一日上树能千回。即今倏忽已五十，坐卧只多少行立。强将笑语供主人，悲见生涯百忧集。入门依旧四壁空，老妻睹我颜色同。痴儿未知父子礼，叫怒索饭啼门东。"这首诗就用直率的语句来表达蟠结在胸中的情感。而用近体诗来写这种蟠薄郁结的情感本来极为不易，这种方法可以说是杜甫的独创，《春望》就是此种写法的代表作。

所谓含蓄蕴藉的表情法，追求的是像那弹琴的弦外之音，像吃橄榄的那点回甘味儿。它和前两种表情法不同：前两种是热的，这种是温的；前两种是有光芒的火焰，这种是有灰盖着的炉炭。梁启超进而把含蓄蕴藉的表情法细分为三类。第一类：情感正在很强的时候，却用有节制的样子去表现它，令人在极平淡之中，慢慢地领悟出极隽永的情趣，如张若虚的《春江花月夜》就是这种以淡写浓的代表作。第二类：不直写自己的情感，乃用环境或别人的情感烘托出来。这类诗可以称为半写实派诗，如杜甫的《羌村三首》就是这种表情法的代表作。第三类：虽然把情感本身照原样写出，却把所感的对象隐藏过去，另拿一种事物来象征。这种方法，也就是通过客观对应物来表情的象征法。梁启超所说"文义也解不出"的义山诗，如《锦瑟》《碧城》《圣女祠》等篇，就是此类抒情法的代表作。

梁启超所说的三类表情法，奔进的表情法和回荡的表情法相对易解，含蓄蕴藉的表情法最为难解。然而，含蓄蕴藉的表情法向来被诗评家认作诗的正宗，含蓄蕴藉也是诗人追求的最高境界。"不着一字，尽得风流"，"羚羊挂角，无迹可求"的神韵论，虽然不免偏激，但不得不说这是诗中的高超格调。梁启超说："美是多方面的，美是含有神秘性的。我们若还承认美的价值，对于这种文学，是不容轻轻抹煞啊！"[1]那么，古诗鉴赏究竟难在何处？

二、古诗鉴赏的五重困难

余光中认为，散文是作家的身份证，诗是艺术欣赏的入场券。诗歌欣赏是通向一切艺术欣赏的基础。然而，古诗难解！这个难，既缘于古今文字的差异，也缘于古今文化的差异，更缘于古诗的艺术特点和艺术规律。

清代诗评家吴乔《围炉诗话》，以"米"为喻，对"诗"与"文"做了比较，认为"文为饭，诗为酒"，进而阐述了诗的艺术特点和鉴赏规律：

文之词达，诗之词婉。《书》以道政事，故宜词达；《诗》以道性情，

---

[1] 夏晓虹.梁启超文选：下[M].北京：中国广播电视出版社，1992：82.

故宜词婉。意喻之米，饭与酒所同出。文喻之炊而为饭，诗喻之酿而为酒。文之措词必副乎意，犹饭之不变米形，嚼之则饱也。诗之措词不必副乎意，犹酒之变尽米形，饮之则醉也。文为人事之实用，诏敕、书疏、案牍、记载、辨解，皆实用也。实则安可措词不达，如饭之实用以养生尽年，不可矫揉而为糟也。诗为人事之虚用，永言、播乐，皆虚用也。

文喻之炊而为饭，诗喻之酿而为酒；文为人事之实用，诗为人事之虚用。诗与文，性质不同，功能不同，表现方法不同，理解难易也不同。具体地说，古诗的难解主要表现在以下五个方面。

1. 诗歌语言的陌生化——阅读的困难

什克洛夫斯基说："艺术更新人类的记忆。"这是一个深刻的命题，揭示了艺术的独特功能。诗借文字语言安身立命，是最纯粹的语言艺术，并通过陌生化的语言来更新人们的感觉，以便在千篇一律的生活中发现美，感受美。一首古诗里抽象的文言、线性的诗句、平面的文本，再加上陌生化的"诗家语"，便增加了阅读的困难。

李璟《摊破浣溪沙》："手卷珍珠上玉钩，依前春恨锁重楼。风里落花谁是主？思悠悠。青鸟不传云外信，丁香空结雨中愁。回首绿波三楚暮，接天流。"写出阑珊春色最是恼人天气，上阕言落花无主之意，下阕言回首一方之思。前人评为"清和宛转，词旨秀颖"。但真要读懂这首词，并不容易。其中"手卷珍珠上玉钩"，就是陌生化的"诗家语"。《漫叟诗话》曰："前人评杜甫云：'红豆啄残鹦鹉粒，碧梧栖老凤凰枝'，若云'鹦鹉啄残红豆粒，凤凰栖老碧梧枝'，便不是好句。余谓词曲亦然，李璟有曲'手卷珍珠上玉钩'，或改为'珠帘'；舒信道有曲云'十年马上春如梦'，或改云'如春梦'，非所谓遇知音。"从杜甫的《秋兴八首》到李璟的《摊破浣溪沙》，陌生化的意象和句法，增加了诗美，也增加了阅读的困难。

2. 诗歌形象的图式化——感受的困难

文学语言的概括性和符号性，决定了文学形象是一个图式化结构，充满了不定性和空白点，不像造型艺术那样可感可触；同时，诗句既不是逻辑严密的推论句，也不是娓娓道来的陈述句，而是"语不接意接"的跳跃性句子。诗歌形象就是由图式化结构和跳跃性诗句构成的，这就造成了形象感受的困难。

例如，钱起《湘灵鼓瑟》就是典型一例。当年夏丏尊写信向朱光潜请教："近来颇有志于文章鉴赏法。昨与友人谈起'曲终人不见，江上数峰青'，这两句大家都觉得好。究竟好在何处？有什么理由可说？苦思一夜，未获解答。"为什么"苦思一夜，未获解答"？原因就是"曲终人不见"与"江上数峰青"，前者的人事，后者的景物，是两个不相干的事物。朱光潜做了这样的诠释："我爱这两句诗，多少是因为它对于我启示了一种哲学的意蕴。'曲终人不见'所表现的是消逝，'江上数峰青'所表现的是永恒。可爱的乐声和奏乐者虽然消逝了，而青山却巍然如旧，永远可以让我们把心情寄托在它上面。"[1]果然令人豁然开朗。不过，没有朱光潜的诠释，多数人还会像夏丏尊那样苦思一夜却未获解答。梁启超读义山诗，坦陈"他讲的什么事，我理会不着"，根源也在于此。

3. 诗歌语境的有限性——理解的困难

古代诗歌无不篇幅短小，词句有限，难以提供让人易于理解的语境。唐诗是古诗的精华，唐人绝句又是唐诗的精华。然而，二十字的五言绝句，二十八字的七言绝句，都"只能算是樱桃核跟二寸象牙方块"[2]。同时，短小的篇幅，是瞬间的心灵创造，而创作的瞬间性进一步增加了理解的困难。诗作为瞬间的产物，带着瞬间的历史语境和背景，常常非我们现代人所知。尽管后代学者试图重新构筑诗人的生平，以便恢复那些瞬间的面貌，但是这样的构筑永远是不完美的。总之，突发的灵感，短暂的过程，隐秘的心理，有限的语境，增加了理解的困难。

杜甫五言绝句《八阵图》云："功盖三分国，名成八阵图。江流石不转，遗恨失吞吴。"对于"遗恨失吞吴"一句，众说纷纭：旧说谓以不能吞吴为恨；苏轼谓以刘备吞吴失计为恨；王嗣奭、朱鹤龄说以诸葛亮不能谏止刘备吞吴而自以为恨；刘逴说以刘备不能用此阵法而吞吴失师为恨。据当时史实及诗意而言，或谓以苏轼、王嗣奭、朱鹤龄之说为长。然而，毕竟篇幅短小，词句有限，缺乏充裕的理解语境而难成定论。

---

[1] 朱光潜. 朱光潜全集：第8卷[M]. 合肥：安徽教育出版社，1993：394–395.
[2] 钱锺书. 钱锺书集：写在人生边上的边上[M]. 北京：生活·读书·新知三联书店，2001：56.

4.诗歌意蕴的二元性——阐释的困难

中国诗歌的比兴传统，造成表层意义与深层意义的不确定性和非直指性。如曹植《美女篇》："佳人慕高义，求贤良独难。众人徒嗷嗷，安知彼所观。盛年处房室，中夜起长叹。"从表层看，是指美女得不到男子的宠爱而忧愁难眠，中夜长叹；从深层看，则是"美人者，以喻君子。言君子有美行，愿得明君而事之；若不遇时，终不屈也"（《乐府诗集》）。

那么，一首诗深层的隐喻意义或象征意义从何而来？它并不是作品本文所固有的，而是取决于同时存在的同类型作品，取决于文学系统或文学传统的惯例与语境。《美女篇》的深层意义，就来源于中国古诗中以香草美女喻贤士君子的传统模式。屈原《离骚》之"惟草木之零落兮，恐美人之迟暮"，杜甫《佳人》之"绝代有佳人，幽居在空谷……天寒翠袖薄，日暮倚修竹"，朱庆馀《闺意献张水部》之"妆罢低声问夫婿，画眉深浅入时无"等，它们的隐喻意义或象征意义，只有在这一传统中才能得到理解。曹植《美女篇》的深层意义，同样如此。

5.诗歌技巧的细微性——发现的困难

一首诗是语法与逻辑的修辞性巧妙组合。一首古诗，麻雀虽小，五脏俱全：一方面，字法、词法、句法和诗法，隐于字里行间；另一方面，诗思、结构、匠心和技巧，也隐于字里行间。二者都极其细微而难以辨识。以两首杜诗为例。

宋代罗大经《鹤林玉露》认为，杜甫七律《登高》尾联，有"一联八意"之妙："杜陵诗云：'万里悲秋常作客，百年多病独登台。'盖万里，地之远也；秋，时之惨凄也。作客，羁旅也。常作客，久旅也。百年，齿暮也。多病，衰疾也。台，高迥处也。独登台，无亲朋也。十四字之间，含八意，而对偶又精确。"杜甫《月夜》："今夜鄜州月，闺中只独看。遥怜小儿女，未解忆长安。香雾云鬟湿，清辉玉臂寒。何时倚虚幌，双照泪痕干。"明代王嗣奭在《杜臆》中认为，《月夜》在思乡诗中别具一格："公本思家，偏想家人思己，已进一层；至念及儿女不能思，又进一层。发湿臂寒，看月之久也，月愈好而苦愈增，语丽情悲。未想到聚首时对月舒愁之状，词旨婉切，见此老钟情之至。"罗大经论诗句之妙，王嗣奭论诗思之妙；然而，技巧的精微，并不易识。

三、虚心涵泳，读诗三透

如何赏诗？如何解诗？在笔者看来，遵循一条原则，进而做到读诗三透，这是欣赏古诗、解读古诗的不二法门。

1."虚心涵泳，切己体察"

所谓一条原则，就是"虚心涵泳，切己体察"。曾国藩认为，朱子教人读书之法，此二语最为精当。他在给长子曾纪泽的家书中，对"涵泳"的含义做了生动精辟的发挥：

"涵泳"二字，最不易识，余尝以意测之，曰：涵者，如春雨之润花，如清渠之溉稻。雨之润花，过小则难透，过大则离披，适中则涵濡而滋液；清渠之溉稻，过小则枯槁，过多则伤涝，适中则涵养而浡兴。泳者，如鱼之游水，如人之濯足。程子谓鱼跃于渊，活泼泼地；庄子言濠梁观鱼，安知非乐？此鱼水之快也。左太冲有"濯足万里流"之句，苏子瞻有夜卧濯足诗，有浴罢诗，亦人性乐水者之一快也。善读书者，须视书如水，而视此心如花、如稻、如鱼、如濯足，则"涵泳"二字，庶可得之于意言之表。

简言之，"涵者"：如春雨之润花，适中则涵濡而滋液；如清渠之溉稻，适中则涵养而"浡兴"。"泳者"：如鱼之游水，活泼泼地，如人之濯足，与水同乐。朱熹和曾国藩的虚心涵泳，主要是就读五经、读四书而言。然而读诗、读词，须虚心涵泳，其理如一。

涵泳的过程，实质是审美再创造的过程。正确展开审美再创造，是欣赏古诗的关键。如何展开这一过程？具体地说，就是立足文本整体，进行合理想象，化抽象为具体，化平面为立体，化静态为动态，再造出审美诗境。如李白《玉阶怨》："玉阶生白露，夜久侵罗袜。却下水晶帘，玲珑望秋月。"吟诵这首诗，读者似乎见到：秋夜寂静的长夜，一个孤独的少女，若有所思，久久地悄立阶下，凝视秋月，直到夜色深沉，白露泠泠，侵入罗袜，才恍然醒悟；她回到屋内，放下水晶帘子，却未进寝房，仍然痴痴地站立着，透过玲珑的疏帘，凝望着高高的秋月。这就是对《玉阶怨》化抽象为具体，化平面为立体，化静态为动态的审美再创造。

古代诗歌是由线性的诗句构成的平面文本，且篇幅短小，缺乏让人易于理解的语境。因此，必须立足文本，先做合理想象，化平面为立体，化静态为动态，进入想象中的诗歌意境，才可能谈得上诗的欣赏。如果读者不展开合理想象，不做审美再创造，眼中只有抽象的词句，平面的文本，静态的白纸黑字，就不可能进入诗境，更谈不上欣赏诗美。况周颐《蕙风词话》论读词之法有一段妙语，有助于我们理解涵泳过程中的审美再创造：

> 读词之法，取前人名句、意境绝佳者，将此意境缔构于吾想望中。然后澄思渺虑，以吾身入乎其中而涵泳玩索之。吾性灵与相浃而俱化，乃真实为吾有而外物不能夺。三十年前，以此法为日课，养成不入时之性情，不遑恤也。

况周颐读词之法论及诗歌欣赏的三个环节：首先是选择"意境绝佳"的审美对象置于"想望"之中；然后是在"想望"中进行的"涵泳玩索"的审美再创造；最后达到"性灵与相浃而俱化"的审美效果。这是古典诗学对审美再创造所做的最富于现代学理品格的论述。

2. 学理赏析，读诗三透

一个完整的审美过程，包含创造、欣赏、批评三个互相连接的环节：创造是造成一个美的境界，欣赏是领略这种美的境界，批评是领略之后加以反省。批评有创造欣赏做基础，才不悬空；创造欣赏有批评做终结，才抵于完成。如果说，学生读诗主要是虚心涵泳，领略美的境界，那么，教师讲诗则主要是学理赏析，领略之后加以反省。

教师的学理赏析，应做到读诗三透。为什么呢？诗是由言、象、意构成的艺术文本，诗的赏析就应从言、象、意入手，进而把握整体诗境。所谓读诗三透，就是读透语言，读透画面，读透意蕴；它与言、象、意构成的审美文本相对应，由表及里，由浅入深，层层深入。

（1）读透语言：文体、句式、词义。

读诗从读透语言开始。诗借语言文字安身立命，诗之精妙神韵，不出字句声色之间。所谓读透语言，是指读透由语言文字组成的诗歌文本。每一个文本无不因字生句，积句成章，积章成篇。因此，由局部到整体，由整体到局部，读透语言至少包括三个层次，即辨别文体、辨明句式、吃透词义。

应从整体上辨别文体。每一首诗从属于特定的文体，不同的文体有不同的惯例性规律：古体不同于近体，律体不同于绝句，词不同于诗，小令不同于长调等。作诗莫先于辨体，赏诗亦莫先于辨体。明人许学夷《诗源辩体》说："古、律、绝句，诗之体也；诸体所指，诗之趣也。别其体，斯得其趣。"不辨体制，难得其趣。许氏撰《诗源辩体》，分体论历代诗歌，就在于帮助读者各得其诗趣。例如，唐人格律诗有多种体式，五排与七排、五律与七律、五绝与七绝。概而言之，诸体特点体现在五个方面，即句式、句数、对偶、和声、协韵，其中对偶、和声即平仄，协韵即押韵，是最重要的特点。一首诗的得体与否，首先由此入手辨析。

诗家语不同于日常语，诗歌句式不同于文章句式，在辨别文体的基础上，必须吃透词义、辨明句式，这是解读古诗的前提。一方面，诗人笔端的语词是民族文化的载体，尤其是诗眼、典故、隐喻、象征等诗家语，深深植根于民族的历史结构和文化传统之中，富于高度的内涵，充满了历史上的事件和记忆，也给读者以丰富的联想。杜诗有"无一字无来处"之说，他把诗笔伸向历史的深处，取用富于高度内涵和历史想象的语词，描绘眼前景，抒写胸中情。读杜诗，几乎每一个词都可能找到历史的渊源，听到历史的回响。另一方面，诗歌句法的含混模棱充满跳跃性，造成理解的多元开放。李煜《浪淘沙》结句"流水落花春去也，天上人间"，此句虽不晦涩，却颇迷离。俞平伯《读词偶得》提出四种不同读法。第一种作疑问句解："春去了！天上？人间？哪里去了？"第二种作感叹句解："春归了，天上啊！人间呀！"第三种作对比口气解："春归去也，昔日天上而今人间矣！"第四种把此句分别看作是对上一句"别时容易见时难"的承应，有"难""易"对举的口气："'流水落花春去也'离别之容易如此，'天上人间'相见之难如彼。"[1] 俞平伯本人取第四种解释，而以前三种为"不好"或"不妙"。叶嘉莹却说："其实李后主这句词的佳处所在，原来却正在于它的语法的含混模棱，与语气之沉着真率的一种微妙的结合。读者既可由其含混模棱的语法而生出多种解说及联想，又可因其沉着真率的语气而有极深切之感动。"[2] 可见，吃透词义、辨明句式并非易事。

---

[1] 俞平伯. 读词偶得[M]. 上海：上海书店出版社，1984：35-36.

[2] 叶嘉莹. 中国古典诗歌评论集[M]. 广州：广东人民出版社，1982：142.

（2）读透画面：情境、人物、冲突。

言以明象，言象合一。一首好诗是一幅生动的画面。在读透语言的基础上，就应读透诗中之画，读透诗中之境。诗歌意境本质上是瞬间心灵情感的形象显现。因而，读透画面包含读出情境、读出人物、读出冲突三个层次。

首先是读出情境，领悟诗中之画。如王维《书事》中"轻阴阁小雨，深院昼慵开。坐看苍苔色，欲上人衣来"，与王安石《春晴》"新春十日雨，雨晴门始开。静看苍苔纹，莫上人衣来"，这两首诗，诗思一致，前后相承，均所谓诗中有画，状小雨初霁景象及苍苔之青翠可爱，极为传神，有万物静观皆自得之趣。当然，诗中之画并非画中之画，它是语言的想象之画，而非色彩的直观之画，所谓"诗家之景，如蓝田日暖，良玉生烟，可望而不可置于眉睫之前也"。诗对想象力提出形象要求，缺乏必要的想象和联想，是不可能见到诗中之画的。

其次是读出人物，所谓"画中有人"。山水田园诗，画面是直接的，人物是间接的；生活情境诗，不仅诗中有画，而且画中有人。如王建《新嫁娘词》："三日入厨下，洗手作羹汤。未谙姑食性，先遣小姑尝。"小诗通过一系列动作，把一位贤惠又智慧的新嫁娘形象刻画得传神动人，如在眼前。黄叔灿《唐诗笺注》评曰："新妇与姑未习，小姑易亲，转圜机绪慧甚。入情入理，语亦天然。"清人沈德潜评曰："诗至真处，一字不可移易。"并有模拟之作《新嫁娘》："未熟姑心性，但闻姑最贤。爱姑如爱母，妾自得姑怜。"二者比较，唐人的传神剪影与清人的抽象说教，高下自见。

最后是读出冲突，所谓"人心有戏"。一首好诗的画中之人，不是抽象化、概念化的人，而是充满情感冲突、富于心灵戏剧的人。因此，读透画面，不仅要读出人物，更要读出人物的心灵冲突和心灵戏剧。王建的《新嫁娘词》，既画中有人，也人心有戏，极生动地写出了一位深谙婆媳之道的新嫁娘初次侍奉姑舅时贤淑智慧、谨慎小心、顾虑重重的微妙心灵戏剧。张仲素的《春闺思》，诗境摄取了采桑女"提笼忘采叶"的那一瞬间："袅袅城边柳，青青陌上桑。提笼忘采叶，昨夜梦渔阳。"梦里情形，梦后心思，诗中未着一笔。然而，少妇"提笼忘采叶"这一富于孕育性的特写镜头，逗引读者去回味和推断这一瞬间之前的种种微妙心理；昨夜万般缠绵，今日无限深情，不着一字而已跃跃言下。李瑛《诗法易简录》评曰："前二句皆说眼前景物，而末句忽掉转说到昨夜之梦，便令当日无限深情，不着一字而已跃跃言下。笔法之妙，最耐寻味。"

（3）读透意蕴：意图、意蕴、意味。

言以明象，象以存意。在言、象、意的三元结构中，意蕴是文本最深邃的层面，也是作品的灵魂所在。因此，在读透语言、读透画面之后，还需读透意蕴。所谓意蕴，是指诗歌画面中所积聚、蕴蓄的情理交融、朦胧多义的意义和韵味。具体而言，一首诗的意蕴可细分为作者意图、文本意蕴和接受意味三个方面，读透意蕴也相应地包含读透意图、读透意蕴和读透意味三个层次。

从理论上说，作者意图、文本意蕴和接受意味是审美过程中三个不同阶段的概念。所谓作者意图，是指诗人在具体作品中试图表现的主观情思和意念。古典诗学强调创作意图的重要性，有"意在笔先""以意为主""意犹帅也"之说。作者的主观意图，有的在创作中得到实现，有的并没有实现。那些在创作中得到实现的意图，进入作品之中，就构成客观的文本意蕴。古典诗学有"诗以虚涵两意见妙"之说，黑格尔有"每一个字都指引到一种意蕴"之论，换言之，文本意蕴是丰富的、开放的、多层次的。所谓接受意味，是指接受者阅读诗作时领悟和理解到的意味。接受意味基于文本意蕴，又离不开接受者的文学能力，故有"仁者见仁，智者见智"之说。同时，接受意味决定审美效果：一首优美的诗作，经过读者的虚心涵泳，化为读者的心灵涵养，诗境化为心境，审美升华心灵。

从审美经验看，作者意图、文本意蕴和接受意味在阅读过程中是互为前提、不可分割的。文本是沉默的，阐释使它开口说话。作者意图和文本意蕴，只有经过审美接受才可能得到实现。文本意蕴的丰富性、开放性和多层次性，也只有在接受阐释中才得到实现。从经典的接受史看，读透意蕴是一个没有止境的审美过程。贾岛的《寻隐者不遇》就是典型一例："松下问童子，言师采药去。只在此山中，云深不知处。"二十字的小诗，在千年接受史上，文本内涵不断丰富，不断深化，写活三个人物，包含多重意蕴：从寻隐者看，表层的是抒写寻隐者不遇而怅然若失之情，深层的是表现了希望、失望、最终希望破灭的普遍心理；从隐者看，只闻其名，未见其人，用侧面烘托手法，先是设为童子之言，以状山居之幽，继而一问三答，写出隐者高致；从童子看，在问答之间，对寻隐者显得彬彬有礼而又不卑不亢，对师父则充满亲切、崇敬而又信任之情；从读者的接受意味看，两个角度有两种不同的体会，从寻隐者的角度，可以感受到人生理想追求中努力与失败的困惑，从隐者的角度，则可以体会诗意地栖居在大地上的状态。梳理经典的接受史，是发现新意、读透意蕴的极有效方法。

最后，真正读透作品，尚须注意两点。

其一，一部作品实际上拥有两个维度：在共时性维度中，言、象、意三个层次的总体贮存是同时展开的；在历时性维度中，各个部分又是相继展开的。换言之，一部文学作品是一个立体的动态结构，不是平面的静态结构。因此，读透语言、画面、意蕴，在澄思渺虑、虚心涵泳的过程中，在展开想象、审美再创造的过程中，是同时完成、同时实现的。

其二，言、象、意是作品的材料，要把材料组合成完整的艺术文本，离不开表现手法和艺术技巧。因此，读透作品还应包含读透技巧。然而，诗歌篇幅短小，技巧细微，发现每一首诗的独特技巧极为不易。歌德有段名言："材料是每个人面前可以见到的，意蕴只有在实践中须和它打交道的人才能找到，而形式对于多数人却是一个秘密。"[1]这里的形式，不是指外在的文体形式，而是指内在的艺术技巧。对于大多数读者而言，技巧永远是一个秘密。如何读透技巧？从理论上说，应包含构思技巧、修辞技巧、结构技巧、艺术风格等。然而，只有详尽的例子才能提供明确的观念。这里不妨化虚为实，推荐两本系统讲解古诗技巧的经典性论著，以供参考：一本是周振甫的《诗词例话》，另一本是施蛰存的《唐诗百话》。前者从诗学出发，结合作品讲技巧；后者从诗作出发，结合理论讲作品。若能将两本书细读，互为参酌，不仅可悟诗法之精微，更可提高古诗词鉴赏的整体水平。

---

[1] 朱光潜.西方美学史[M].北京：人民文学出版社，1979：420.

第二节　古文精读何处入手

在唐宋古文运动之前，中国文学史实质是一部诗文史。文、诗、词，是这一时期最主要的文体。如果说词是娱乐文体，诗是严肃文体，那么文则是崇高文体。所谓词以传情，诗以言志，文以载道，惟有文方能上达道的境界，故曹丕说："盖文章，经国之大业，不朽之盛事。"方苞说："艺术莫难于古文。"前者论文章之地位，后者论古文之写作。在现代语文教学中，古文教学是引导学生学习文言、文学、传统文化的重要途径。本节拟从文章学的角度，略述古文精读的传统方法和现代视角，以供教师参考，从而更好地引导学生阅读古文，欣赏古文，深入把握古文名篇的思想内涵和艺术特色。

一、"艺术莫难于古文"

只有把握了一种文体的写作规律，才能更好地赏析这一文体的具体作品。诗文异体，各有其道。先述古文写作之难，再论古文精读之法。

中国古文史有四个重要时期，即先秦古文、秦汉古文、唐宋古文和清代桐城派古文。姚鼐有曰："昔有方侍郎，今有刘先生，天下文章出于桐城乎？"桐城派古文，承上启下，其影响一直延续到现代。桐城派古文家异于前代之处，不仅讲究古文的写作艺术，而且重视古文艺术理论的阐发。"艺术莫难于古文"，就是桐城派古文家方苞提出的重要命题。

为什么艺术莫难于古文？在《答申谦居书》中，作为"桐城三祖"之首的方苞，做了雄辩滔滔的论述：

仆闻诸父兄：艺术莫难于古文。自周以来，各自名家者，仅十数人，则其艰可知矣。苟无其材，虽务学不可强而能也；苟无其学，虽有材不能骤而达也；有其材，有其学，而非其人，犹不能以有立焉。盖古文之传，与诗赋异道。魏、晋以后，奸佥污邪之人而诗赋为众所称者有矣，以彼瞑瞒于声色之中，而曲得其情状，亦所谓诚而形者也。故言之工而为流俗所不弃。若古文则本经术而依于事物之理，非中有所得不可以为伪。

故自刘歆承父之学，议礼稽经而外，未闻奸金污邪之人而古文为世所传述者。韩子有言："行之乎仁义之途，游之乎诗书之源。"兹乃所以能约六经之旨以成文，而非前后文士所可比并也。[1]

这段话以文学史为基础，史论结合，内涵丰富，多层次地论述了"艺术莫难于古文"的原因。概而言之，约为五端。

其一，传世名家，屈指可数，以见其难。方苞指出，"自周以来，各自名家者，仅十数人"，以此表明古文传世之难。这一判断，源自方苞对古文史的系统研究。方苞编有多部文选，《古文约选》最为著名，体现了他以"义法"为核心的古文观和古文史观。《古文约选》认为：古文来源久远，六经、《论语》、《孟子》是其根源，得其支流而义法最精者，莫如《左传》《史记》，然各自成书，具有首尾，不可以分剟。"惟两汉书、疏及唐宋八家之文，篇各一事，可择其尤，而所取必至约，然后义法之精可见。"故是编所选，惟汉人散文及唐宋八家专集。常言所谓"唐宋八大家"，唐宋两代，文化昌盛，然六百年散文史，各自名家者，仅八人而已，仅此一端，也可见文章传世之难。

其二，古文作者，须材、学、人兼得，以见其难。方苞说："苟无其材，虽务学不可强而能也；苟无其学，虽有材不能骤而达也；有其材，有其学，而非其人，犹不能以有立焉。""材"指禀赋才能，"学"指学问修养，"人"指为人的品行。在材、学、人三者中，方苞最重视的是人，是"为人品行"，是"修辞立其诚"。因为古文写作强调"中有所得，有为而作"，直接表现作者对人事物理的看法，也是作者思想修养、学问识见的直接体现。因此要写好古文，首先必须砥砺名节，开拓胸襟，提高境界，所谓"苟志乎古文，必先定其祈向，然后所学有以为基"。而为文的技艺章法，则是次要因素。方苞在《进四书文选表》中说，"言者，心之声也。古之作者，其气格风规，莫不与其人之性质相类"，再次强调言为心声，作文做人，不可二分。

其三，古文写作，"非中有所得不可以为伪"，以见其难。这里的"不可以为伪"，包含两层意思：一是就文体性质而言，诗虚文实，诗可虚构，

---

[1] 方苞. 方苞集：上[M]. 刘季高，校点. 上海：上海古籍出版社，2008：164.

文须真实，古文写作，不可以为伪，所谓"古文之传，与诗赋异道"。故魏晋以后，"奸金污邪之人而诗赋为众所称者，有矣"；相反，"奸金污邪之人而古文为世所传述者"，未闻有过。二是就主题思想而言，古文"本经术而依于事物之理"，故"非中有所得不可以为伪"。文以载道，本六经之旨，而又须得之于真纯之心。真正的古文家必须深通六经，精于义理，并有自己真切的体会，方能写出传世之文。若取原不正，见解肤浅，就不可能写出好文章。方苞指出，即以唐宋八大家而言，其文章旨趣有"浅深广狭醇驳等差"，根源就在于此。在《书柳文后》，方苞对柳文颇有微词，就因为"彼言涉于道，多肤末支离而无所归宿"。一方面，文"与诗赋异道"；另一方面，作文须"中有所得"。因此，在古文家的心目中，真正的载道之文，便成为高于诗赋的崇高文体。

其四，古文作品，须讲义法，尚雅洁，以见其难。义法和雅洁，是方苞提出的写作原则，也成为古文普遍的艺术要求。

何谓义法？方苞在《又书货殖传后》做了纲领性的说明："《春秋》之制义法，自太史公发之，而后之深于文者亦具焉。义即《易》之所谓'言有物'也，法即《易》之所谓'言有序'也。义以为经而法纬之，然后为成体之文。"这段话包含三层意思：（1）渊源流变。义法潜藏于《春秋》，由司马迁始创，后又成为深于文者的普遍原则。（2）具体内涵。义即言有物，法即言有序，义法的完整意思，指的是有内容、有条理、结构谨严、合乎体制的文章。（3）二者关系。义和法，在一篇之中，又有其一经一纬、相辅相成的主次关系，要求依义以制法，由法以见义，亦即要求形式服从内容，内容和形式的完美统一。论文言法，初学者才有规矩可寻；本于义而言法，则法才不至于成为死的教条。

何谓雅洁？雅洁是对义法的补充，是方苞根据司马迁"约其文辞，治其繁重"之说得到启示而提出的古文语言纯洁化和古文文体风格的命题。方苞认为，古文既然不同于诗赋和其他文体，就应具有不同于其他文体的语言。雅洁的典范是《左传》《史记》。《古文约选》说："古文气体，所贵澄清无滓；澄清之极，自然而发其光精，则《左传》《史记》之瑰丽浓郁是也。"背离雅洁原则的，是八大家之后的作者。方苞说："南宋、元、明以来，古文义法不讲久矣。吴、越间遗老尤放恣，或杂小说，或沿翰林旧体，无一雅洁者。"破坏雅洁风格的语言，应一律摒除。他又说："古文中不可入语录中语，魏、晋、六朝人藻丽俳语，汉赋中板重字法，诗歌中隽语，南北史佻巧语。"（见沈连芳《书方望溪先生传后》引）总之，雅洁与否，具体体现在语言文字之间。同时，从语言文字的角度来讲求义法，则义法才能落到实处；而要实现义法，就必须去掉一切不合古文体制的语言杂质。

古文讲义法，尚雅洁，概括地说，就是要求一篇文章有内容，有条理，结构谨严，语言简洁，文体典雅。如此说来，似乎陈义并不高。然而，真正达到义法和雅洁的标准，并不容易。归有光被誉为"明文第一"，又被推为"唐宋派"之首，其《项脊轩志》《先妣事略》《寒花葬志》诸文，均是脍炙人口的传世之作。方苞在《书归震川文集后》也认为："其尤善者，不俟修饰，而情辞并得，使览者恻然有隐。"然而，衡之以义法，仍有未尽处。方苞继续写道："震川之文于所谓有序者，盖庶几矣，而有物者，则寡焉。又其辞号雅洁，仍有近俚而伤于繁者。岂于时文既竭其心力，故不能两而精与？抑所学专主于为文，故其文亦至是而止与？"最后二问，意味深长，也再次表明古文之难。

其五，古文体制，繁复多样，不易掌握，以见其难。每一种文学体裁都有一套惯例性的规则，它是作家观察和思考世界，认识和表现生活的特定方式。换言之，体制是文章构思的基础，也是作品赏析的参照。现代文学理论，借用亚里士多德以来的文体分类法，把散文分为叙事、抒情、议论三类，固自成一体，也有助于人们认识文体的性质特点，然不免大而化之，且不符合中国散文传统。中国散文是一种实用文体，中国人生活内容的丰富多彩，形成了繁复多样的散文文体。且不说明代吴讷《文章辨体》分59类，徐师曾《文体明辨》分127类，姚鼐的《古文辞类纂》也有13类之多：论辩类，序跋类，奏议类，书说类，赠序类，诏令类，传状类，碑志类，杂记类，箴铭类，颂赞类，辞赋类，哀祭类。中国有悠久的辨体传统，写作以辨体为先，赏析也从辨体入手。明人陈洪谟说："文臭先于辨体，体正而后意以经之，气以贯之，辞以饰之。体者，文之干也。"古文体制，繁复多样，辨别得体，并不容易。恰如钱锺书所说："吾国文学，体制繁多，界律精严，分茅设蕴，各自为政。《书》

云'词尚体要',得体与失体之辨,甚深微妙,间不容发,有待默悟。"[1]艺术莫难于古文,古文莫难于辨体。然而,只有辨明每一种文体的义法特点,才可能真正把握每一篇文章的艺术特点。

二、古文精读的传统方法

讨论了古文的写作之难,再来探讨古文的精读之法。古文精读的传统方法,前有刘勰的文情六观,中有南宋以后兴起的古文评点,后有桐城派的文辨精粗。古文精读的传统理论方法,是今天语文教学不可或缺的方法论资源。

1. 文情六观

古文精读何处着手?刘勰的文情六观,首次做出了明确回答。《文心雕龙·知音》篇写道:

是以将阅文情,先标六观:一观位体,二观置词,三观通变,四观奇正,五观事义,六观宫商。斯术既形,则优劣见矣。

"凡操千曲而后晓声,观千剑而后识器;故圆照之象,务先博观。"在"圆照"和"博观"的基础上,刘勰认为,要审阅文章的情理,就应当标列六个观察点:第一看全文的体制,第二看全文的布置,第三看继承革新,第四看格调的新奇雅正,第五看事料的运用,第六看声律。这六种方法运用好了,那么文章的优劣就显现出来了。

刘勰的六观说,是传统文评关于文本细读的第一个系统理论,但只标名称,未做解释,不便理解运用。香港学者黄维樑以现代文本细读理论为参照,把六观的先后顺序做了调整,并将《文心雕龙》相关篇章附于各点之后,对六观说的理解运用,颇有助益。[2]撮述如下。

第一"观位体",就是观作品的体裁、主题和整体风格。《情采》论及主题,《定势》论及整体风格,"论文叙笔"的文体论,则论述了当时的各种诗文体裁。

第二"观事义",就是观作品的题材以及所写的人、事、物等种种内容,

---

[1] 钱锺书. 钱锺书集:写在人生边上的边上[M]. 北京:生活·读书·新知三联书店,2001:35.

[2] 黄维樑. 中国古典文论新探[M]. 北京:北京大学出版社,1996:9-11.

包括用事、用典等。刘勰没有题材的概念，《事类》篇则专论用事用典。

第三"观置词"，就是观作品的用字修辞，及积字成句、积句为章、积章成篇的形式结构。《章句》《丽辞》《比兴》《夸饰》诸篇论用字修辞，《熔裁》《附会》论文章结构。

第四"观宫商"，就是观作品的音乐性，如声调、押韵、节奏等。《声律》篇专论诗文的音乐性。

第五"观奇正"，就是通过与同类作品的比较，以观该作品的整体手法和风格是正统的还是新奇的。《定势》《辨骚》两篇论及正统与新奇。

第六"观通变"，就是通过与前代作品的比较，以观该作品的整体特点，以及是如何继承与创新的。《通变》《物色》《辨骚》三篇论及继承与创新。

黄维樑经过一番调整，对六观做了现代转化。第一至第四观，是就作品本身立论，是文本的内在细读；第五"观奇正"，第六"观通变"，则通过比较来评论作品，用的是文学史或比较文学的视角。先由文本的局部到整体，再从文本的内部到外部，对文章情理做如此六观，就可以达到"圆照之象"了。

2. 文辨精粗

刘勰的"六观说"，提供了文学批评的系统视角，今天依然值得我们借鉴参考。但必须指出，"六观说"更多着眼于宏观的诗文批评，而非专门讨论微观的古文精读。清代刘大櫆和姚鼐先后提出的文辨精粗论，则是真正属于古文精读的方法，对古文的阅读教学，具有更直接的启示。

刘大櫆的古文精读论，可以概括为"字句、音节、神气"合一论。刘大櫆以神气论文，《论文偶记》所谓"行文之道，神为主，气辅之"。神和气分开来讲，气指语言的气势，神指作者饱满的精神个性；神是气的本体，气是神的表现。神来，气来，则词随之而来，纵横开阖，神明变化，无往而不可。然而，神气毕竟太抽象，于是刘大櫆进而提出了"于字句求音节，于音节求神气"的方法。《论文偶记》云：

神气者，文之最精处也；音节者，文之稍粗处也；字句者，文之最粗处也；然论文而至于字句，则文之能事尽矣。盖音节者，神气之迹也；字句者，音节之矩也。神气不可见，于音节见之；音节无可准，以字句准之。

字句、音节、神气，由粗入精，由表入里，刘大櫆就这样构建了他的古文鉴赏论。字句、音节、神气三位一体，将主观的审美效果与客观的表现形式结合起来了，对于文章艺术特点的分析具有较强的可操作性。刘大櫆的古文精读三层次，可表解如下：

$$
\text{古文精读三层次}
\begin{cases}
\text{字句：文之最粗处——"字句者，音节之矩也"；} \\
\text{音节：文之稍粗处——"音节者，神气之迹也"；} \\
\text{神气：文之最精处——"神气不可见，于音节见之"。}
\end{cases}
$$

在字句、音节、神气三要素中，音节问题，是刘大櫆文论的核心。而由音节求神气，也被桐城文家奉为不易之论。那么，怎样因声以求气？重要的手段就是诵读。刘大櫆所谓"合而读之，音节见矣；歌而咏之，神气出矣"。放声诵读，成为欣赏和体会古文的一条具体途径。姚鼐也说："大抵学古文者，必要放声疾读，又缓读，只久之自悟。若但能默看，即终身作外行也。"在古文教学中，诵读是基础，也是习文的不二法门。

姚鼐的古文精读论，就是他提出的"神、理、气、味、格、律、声、色"八字。在《古文辞类纂序目》中，他对13类文体的内容和形式、源流和发展做了精审的辨析。然而文体尽管不同，作为散文艺术，其审美要素和衡量标准则有共同性。他说：

凡文之体类十三，而所以为文者八：曰神、理、气、味、格、律、声、色。神、理、气、味者，文之精也；格、律、声、色者，文之粗也；然苟舍其粗，则精者亦胡以寓焉？学者之于古人，必始而遇其粗，中而遇其精，终则御其精者而遗其粗者。

姚鼐的文辨精粗论，显然是从刘大櫆的神气、音节、字句之说发展而来，然而却比刘大櫆说得更为完整。"精"，指的是作家独特精神风貌的表现，"粗"，指的是文字语言的艺术技巧。作家"神、理、气、味"的精神风貌不可能抽象地存在，必须通过具体语言文字的"格、律、声、色"表现出来。姚鼐的古文精读论，就是在放声诵读的基础上，由粗而精，品味辨析文章的"神、理、气、味、格、律、声、色"。

参酌姚鼐文论，八字要义，大体如下。"神"谓精神、风神，指文章写得生趣满溢、灵妙传神，所谓"神理精到""神气超绝"。"理"谓文理、脉理，指文章脉络通和、条理明晰。"气"指生气、气质、气势，指文章的生机活力、气势力度，所谓"有气以充之，则观其文也，虽百世而后，如立其人而与言于此"。"味"谓韵味、滋味,指文章余味曲包,令人回味不尽,所谓"味之而奇思异趣角立而横出焉"。"格"谓结构布局,姚鼐往往以"雄""峻""老成"形容文章格局,神往杜诗韩文"布置格局"的高壮宽伟,千姿百态。"律"谓文字的法度规则,指字法、句法、进退、抑扬、顿挫等。"声"指声音节奏,高下抗坠,长短疾徐,姚鼐要求诗文声音之美,"音和而调雅","声闳而不荡"。"色"指文采、辞藻,姚鼐尊奉方苞"雅洁"说,主张"色耀而不浮",赞赏"瓖伟之辞""瑰玮奇丽"之词。[1]

姚鼐指出,从学习古人角度看,"必始而遇其粗,中而遇其精,终则御其精者而遗其粗者";从评论古文角度看,只有在"神、理、气、味"的前提下谈"格、律、声、色",在"格、律、声、色"的基础上论"神、理、气、味",披辞以入情,由粗而入精,文章精读,才完整深入。

3. 评点之法

如果说,刘勰的六观说提供了评论古文的圆照之法,刘大櫆和姚鼐的精粗论阐述了赏析古文的细读之道,那么,评点之法,则是精读古文的一种独特方式。而以评点者的精妙评语构成的历代文话,又成为今人解读古文的珍贵资源。

诗文评点,其源久矣。[2]钱锺书论陆云的《与兄平原书》曰:"什九论文事,著眼不大,著语无多,词气殊肖后世之评点或批改,所谓'作场或工房中批评'(workshop criticism)也……苟将云书中所论者,过录于(陆)机文各篇之眉或尾,称赏处示以朱围子,删削处示以墨勒帛,则俨然诗文评点之最古者矣。"[3]照此思路,评点之源,或可追溯到《论语》。《论语》记载孔子对《诗》的评论,如"诗三百,一言以蔽之,曰:思无邪"(《论语·为政》),若移于卷首,即是总评《诗经》;将"郑声淫"

---

[1] 邬国平,王镇远.清代文学批评史[M].上海:上海古籍出版社,1995:573-574.

[2] 近人讨论诗文评点渊源流变、功能价值者甚多,如罗根泽《中国文学批评史》第3册第11章第10节、龚鹏程《细部批评导论》(收入《文学批评的视野》,华中师范大学出版社2011年版)、吴承学《评点之兴》(载《文学评论》1995年第1期)、张伯伟《评点论》(收入《中国古代文学批评方法研究》,中华书局2002年版)等,可参阅.

[3] 钱锺书.管锥编:第四册[M].北京:中华书局,1986:1215.

（《论语·卫灵公》）置于《郑风》之下，即是总评一国之诗；将"《关雎》乐而不淫，哀而不伤"（《论语·八佾》）移于《关雎》诗下，即是总评一诗。不妨这样说：诗歌评点，滥觞于《论语》；文章评点，则初见于陆云的《与兄平原书》；而评点中的总评、评注、行批、眉批、夹批等评点方式，则是在传统的经注、史注、评注格式的基础上发展起来的。

文章评点，从自发到自觉，经历了漫长的过程。自觉的评点，即选本与评点合为一体，对所选文章的义理与章法、思想与艺术、内容与形式做微观细读的文学评点，则形成于南宋。吕祖谦的《古文关键》和楼昉的《崇古文诀》是现存最早的两部体现不同评点倾向，具有典范意义的古文选本。

自觉的评点形成于南宋，原因是多方面的，如书籍印刷业的兴起、诗文评的发展、科举制的影响等。除这些外部条件之外，还与宋人读书认真的风气有关，这是评点兴起的内在原因。宋人读书，讲究虚心涵泳，熟读精思，喜欢独立思考，提倡自得悟入之说。读书每有心得处，多有题跋或标注点抹。如"东坡题跋""山谷题跋"等，即为时人所重。一旦把这种心得体会批在所读作品的空白处，就成为诗文评点了。黄庭坚《大雅堂记》说他读诗，"欣然会意处，辄欲笺以数语"。而宋儒的读书方法，对评点的影响更大，其中以朱熹为最。朱熹对读书理论有深入研究，总结了一系列有效的读书方法。他主张读书必须循序渐进，要一本书一本书地读，读一本书则应做到"其篇、章、文、句、首尾次第，亦各有序而不乱"。同时，他对文章精读做出具体指导，"且如一章三句，先理会上一句，待通透，次理会第二句、第三句，待分晓，然后将全章反复细绎玩味"。朱熹反复强调读书须精读精思："若读得熟而又思得精，自然心与理一，永远不忘。"这种读书态度与评点精神是一致的。评点家在精读精思的基础上生发的真知灼见，为别有会心、见解独到的文章评点，提供了源源不断的思想资源。

吕祖谦的《古文关键》，以指导写作的实用性为特色。这首先体现在选文上。全书分两卷，上卷选韩、柳、欧文凡三十二篇，下卷选苏洵、苏轼、曾巩、张耒文凡二十八篇。所选各家文章，以议论文为主，因为"有用文字，议论文字是也"。苏轼选文最多，共十六篇，其中十篇为史论。由此可见吕祖谦的史学倾向和事功意味。其次体现在总论中。卷首的《总论看文字法》指出："学文须熟看韩、柳、欧、苏。先见文字体式，然后遍考古人用意下句处。"接着提出文章"四看"："第一看大概主张。第二看文势规模。第三看纲目关键。如何是主意首尾相应，如何为一篇铺叙次第，如何是抑扬开合处。第四看警策句法。如何是一篇警策，如何是下句下字有力处，如何是起头换头佳处，如何是缴结有力处，如何是融化屈折、剪裁有力处，如何是实体贴题处。"从总体印象到内在文势，从篇章结构到警策句法，通过"四看"，领会了文章的奥秘，也学习了写作的技巧。而在论看文字法之后，又有论作文法，对文体、构思、结构、章法做了具体论述。看文是手段，作文是目的。最后，在选文的评点中，又详细批点了文章的命意、布局、用笔、句法、字法等，示学者以门径，所以谓之"古文关键"。后人推崇此书，也是其启迪文心的价值。清人胡凤丹《重刻古文关键序》称道："虽所甄录，文仅数家，家仅数篇，而构局造意标举靡遗，实能灼见作者之心源而开示后人以奥窔。"

楼昉的《崇古文诀》，则实用性和文学性兼具。楼昉是吕祖谦的学生，《崇古文诀》也是在《古文关键》的基础上增益而成，但又体现出自己的特色。一是选文范围扩大。与《古文关键》只选唐宋文章不同，《崇古文诀》选录了秦汉至宋代的文章近二百篇，包举全面，篇目增加，繁简适中。二是选文带有审美眼光，不仅限于实用的议论文字。如欧阳修的文章，吕祖谦选的是《朋党论》《纵囚论》《为君难论》《本论》《春秋论》等，楼昉选的是《相州昼锦堂记》《醉翁亭记》《秋声赋》《祭苏子美文》《峡州至喜亭记》等，实用与审美判然有别，作为文学选本也有其价值。三是评语精当，更注重文章艺术特色的发掘。如评《醉翁亭记》："此文所谓笔端有画，又如累叠阶级，一层高一层，遂旋上去都不觉。"对《醉翁亭记》的艺术描写和结构特色做了精辟论述，并为明清评点家奠定了阐释基调。楼昉的评点更具有文学批评的性质。

评点的价值，是作者、读者和评点家三者合为一体，通过评点家，读者与作者可以直接对话，消除了横亘在作者与读者、文本与读者、选家与读者之间的隔阂与屏障。评点家将每篇选文的命题旨趣、篇章结构、字法句法、文心文思一一详细批点，直接引导读者探文章之奥秘，得作者之苦心，帮助读者更好地细读文本，欣赏文章。宋代以后，评点作为人们普遍喜爱的文本细读方式，得到了迅速发展，评点型的文选源源不断，构成了文评史上的一道奇观。评点对象也由古文拓展到诗歌、小说、戏曲。明清两代，出现了大量古文评点、诗歌评点、小说评点和戏曲评点的名家名著。金圣叹评《水浒传》、毛宗岗评《三国演义》、张竹坡评《金瓶梅》、脂砚斋评《红楼梦》，是著名的四大小说评点。金圣叹是一位集大成的评点家，评点对象广泛，涉及诗、词、古文、小说、戏剧等各种文体，除了评点《水浒传》，还评点唐诗、杜诗、欧阳修词、天下才子必读书以及《西厢记》等。

评点对语文教学的意义，至少表现在两大方面。一是评点方式。评点中的总评、评注、行批、眉批、夹批等评点方式，评点家对文章命题旨趣、篇章结构、字法句法、文心文思的评论，与课堂教学中的课文分析是一致的，差别仅仅在于，评点家面对的是间接的读者，教师面对的是直接的学生。二是评点内容。评点家精读古文的评语，构成了蔚为壮观的历代文话，为今人的古文精读累积了丰富的思想资源。若把历代评点家围绕某一经典作品的评语系统地搜集起来，就构成了经典作品的阐释史，可以从接受史的角度深化对作品的理解。

搜集经典作品的历代评点有两条途径：一是在总集性的历代文话中搜集。王水照编的十卷本《历代文话》[1]为我们搜集历代名篇的阐释史料提供了极大的便利。二是在专集性的历代文话中搜集。曾枣庄主编的《苏文汇评》[2]即把历代评点家对苏文名篇的评点汇成一册。

三、古文精读的现代视角

现代文艺学把散文分为文学性散文和应用性散文两类。从中国散文史看，中唐之前，大都是应用性散文，中唐之后，应用散文增强了文学性，并出现了纯文学散文创作。现代语文教学中的古文，大都属于后者，即文学性强的应用散文和文学性散文。因此，古文精读的现代视角，力求

---

[1]王水照.历代文话[M].上海：复旦大学出版社，2007.
[2]曾枣庄.苏文汇评[M].成都：四川文艺出版社，2000.

做到文章分析和文学分析的统一，传统义理章法分析和现代形象审美分析的统一。

1.知人论文，点面结合

鲁迅说："倘要论文，最好是顾及全篇，并且顾及作者的全人，以及他所处的社会状态，这才较为确凿。"[1]这是千古不易之论。分析古代作品，首先应当知人论文，具体分析。古文是前人依据其思想生活写出来的，因此必须了解作家及其所处时代的社会生活。一方面，同一时代的作家，他们各有不同的生活遭遇、思想历程和艺术道路，其作品必然有各自的思想艺术特点；另一方面，作家一生的创作是随着其思想艺术的发展而变化的，同一作家不同时期的作品必然具有思想艺术上的差异。因此，还应当具体了解这一作品是作家在什么时期创作的，具体了解这一时代的社会生活以及作家在这一时期的生活遭遇、思想状况及艺术进展。这就是知人论文，具体分析。苏轼《日喻》是一篇哲理性散文，其主旨在于强调"学"的重要性和必要性，抨击"士知求道而不务学"的世风。《乌台诗案》记载："元丰元年，轼知徐州，十月十三日，在本州监酒正字吴琯锁厅得解，赴省试。轼作文一篇，名为《日喻》，以讥讽近日科场之士，但务求进，不务积学，故皆空言而无所得。以讥讽朝廷更改科场新法不便也。"了解了《日喻》的具体写作背景，就可以发现，其不仅具有普遍的哲理性，而且更有具体的针对性，即对王安石"以经义论策试士"的批评。

其次，知人论文，既要顾及作者及社会状态来做具体分析，又要顾及作品在文学史上的地位及作品与同时代作家作品的关系，做到"点、面、线结合"。诗文鉴赏家吴小如的经验值得我们记取。他写鉴赏文章，力避就事论事，力避只谈作品。为此，他确立了一条"点、面、线结合"的原则："必须心中先有一个中国文学史的整体，然后再研究一下我所要谈的这位作家在文学史上的地位和影响。这是从纵的方面看的。如果从横的方面看，还要尽量了解这位作者与其同时代的作家的关系，进而区分他们的艺术流派、风格之间的异同。"[2]据此，他每写一篇鉴赏文章，总要从文学史

---

[1]鲁迅.鲁迅全集：第6卷[M].北京：人民文学出版社，2005：444.

[2]吴小如.古文精读举隅[M].天津：天津古籍出版社，2002：403.

的宏观方面注意其"线"与"面",然后再体察这一篇篇具体作品在"线"与"面"上占据什么"点"。掌握了"点、面、线结合",对作品的鉴赏才可能言之有物,析之中肯。吴小如的《古文精读举隅》和《古典诗词札丛》生动地体现了他的精读鉴赏原则,值得我们揣摩。

2. 解剖结构,把握精髓

知人论文,点面结合,只是古文分析的外部原则。进入作品内部的文本精读,应从哪里入手?从章法结构的分析入手。因为,只有解剖了文本的内在结构,才能把握作品的思想精髓。古代散文结构一般都有三个层次:一是文体结构,二是思想内容结构,三是艺术形式结构[1]。

所谓文体结构,就是看它属于哪种文体。古代散文大多遵循传统文体,所以我们分析作品便应看清题目,辨明文体。古代散文的题目,有自拟的,也有后人代拟的,但都标明文体,例如元结《右溪记》、欧阳修《醉翁亭记》、曾巩《墨池记》,都是"记"体。按照"记"体的格式,一般要求记叙何时、何地、何事、何人,以及事情经过和作记缘由等。这三篇记无不遵循这一格式:它们都先记地点,次写景物或传说,再写事情,然后写功用或影响,最后说明作记缘由。文体既然有格式要求和框架作用,那么就会在作品的结构形式上体现出来,因此分析古代散文结构便应看清题目,辨明文体,了解它的文体结构。

古代散文通常按"立意"来"谋篇",即按照主题思想来安排具体内容,这就形成了作品思想内容的结构。一篇散文的具体内容结构取决于它的主题思想的逻辑结构。为了把握思想内容的逻辑结构,就要在弄懂字句、疏通章节之后,再进行抽象的逻辑分析。比较而言,叙事文、说理文的内容结构比较容易分析和把握,写景文、抒情文则要困难一些。因为前者直接表现为逻辑结构,后者往往采用形象性手法来表达思想,如寓情于景、用典喻理、比兴寄托等,而且充满形象的跳跃性和逻辑省略。这就必须分析具体形象的含义,然后把握它们的逻辑联系。试举一例。

唐代王维《山中与裴秀才迪书》是抒情散文的名篇。王维写此文是为了约好友裴迪在明年春天科试之后,来自己的山中别墅一游。主题思

---

[1] 本部分内容吸收了倪其心《怎样分析古代散文》(参见《诗文鉴赏方法二十讲》,中华书局1986年版)一文相关内容,特予说明。

想是劝诫裴迪不要热衷功名、留恋仕途，希望裴迪在仕隐的抉择上保持清醒的认识和超脱的态度。这一主题思想决定这封信的内容结构：第一段说明作者了解裴迪在这年冬天忙于温经，准备明年春天科试，因而不便邀请裴迪今冬同去山中别墅，只能独自归山；第二段描述自己到达山中别墅时十分想念裴迪；第三段约请裴迪在明年春天务必来山中同游。它的第二段和第三段，都是著名的写景抒情文字：

> 北涉玄灞，清月映郭。夜登华子冈，辋水沦涟，与月上下。寒山远火，明灭林外。深巷寒犬，吠声如豹。村墟夜舂，复与疏钟相间。此时独坐，僮仆静默，多思曩昔，携手赋诗，步仄径，临清流也。

> 当待春中，草木蔓发，春山可望，轻鲦出水，白鸥矫翼，露湿青皋，麦陇朝雊，斯之不远，倘能从我游乎？非子天机清妙者，岂能以此不急之务相邀？然是中有深趣矣！无忽……

第二段分三个层次。"北涉"二句概括途中情景，突出明月，寓有兴意，显出清高独往。"夜登华子冈"四句，即景抒情。登华子冈，便到达此行归宿的目的地，也就是本来希望裴迪同来的山中别墅所在地。登冈夜望，一派冬天月夜的山村景象。寒冬天气，山里更冷，作者点出"寒山""寒犬"，但主要却不写冷。"辋水"两句写山水夜景，显示出一种空旷寂静的意境；"深巷"两句写山村田园，渲染一种单纯朴素的情调。作者对这惬意的环境和理想的归宿，内心满足，精神怡悦。"此时"一句写沉思和回忆。点出"独坐"，说明僮仆并不理解他此时心情；而曾经与他一起在此地同游赋诗的好友裴迪，此时却不能同来，要忙于温经科试。在这缺少知己的孤独惆怅之中，既有对好友的思念和关切，也有不同道的遗憾。因此，第三段便以暂时的遗憾心情写明春邀请的希望，所以说"当待春中"。"草木"一句是描写山中春天景象，生气蓬勃，自由自在。然而这只是作者所喜爱的山中春色，对于裴迪则未必了解。所以反问一句："到那时侯，你果真能来山中共游吗？"这就是说，明春科试你榜上有名也罢，不幸名落孙山也罢，你还会有兴致来欣赏山中春色吗？其含义是希望裴迪摆脱仕途功名的束缚，无论考中考不中都一定来山里共游，所以说裴迪是"天机清妙"，能够理解山中闲游的"不急之务"的"深趣"。可见这一段的邀约，实质是希望裴迪隐逸超脱。总起来看，此信内容的逻辑结构是，因为裴迪要温经考试，与王维的志趣发生分歧，王维觉得自己失去一位同道好友，为此感到孤独，深为思念，更觉抱憾，但依然希望裴迪能对仕途清醒超脱，重归清高隐逸的道路。但由于作者以独归和邀约同游山中为主题，态度委婉，表现含蓄，不直接以逻辑语言表达，因此必须分析它的具体写景抒情的形象，把握它的逻辑联系。

散文的艺术形式结构是由作者依据主题思想的需要进行选材、剪裁和安排而完成的。分析散文的艺术形式结构，实质就是分析它在选材、剪裁和安排上的匠心所在。上述王维的信，选材是裴迪温经，自己独归，途中所见，山中所见，思念裴迪，想象春景，提出邀约。其中着力加工的题材是山中所见和想象春景。大凡优秀作品，每篇文章的选材，无不做适当处理，安排恰当位置，从而形成思路清晰、层次分明、重点突出的整体结构。试比较下列三文。

《右溪记》

主　　　题：记叙修筑右溪

主题思想：批评埋没材用

　　　　　呼吁发挥材用

首段（所在）：点出右溪无名

次段（景观）：重在泉石幽趣

三段（功用）：感慨无人赏爱

末段（缘由）：作记以示来人

《醉翁亭记》

主　　　题：记述亭名"醉翁"用意

主题思想：发挥"与民同乐"思想

　　　　　寄托"乐而无逸"情怀

首段（所在）：点出取名用意

次段（景观）：概写四时景观

三段（功用）：可供官民同乐

末段（缘由）：点出醒时作记

《墨池记》

主　　题：记述古迹墨池

主题思想：批评虚夸作风

　　　　　倡导踏实学风

首段（所在）：直接说明所在

次段（景观）：指出古迹不实

三段（功用）：强调踏实致成

末段（缘由）：讽喻宣扬不当

这三篇都是"记"体，文体结构大致类同。但由于主题思想不同，它们的选材、剪裁、安排便也不同。《右溪记》借修筑右溪以感慨卑微良材埋没不用，因此记其所在之时，点出右溪原是道州城西近边一条无名小溪；描写景观，则着重写小溪水石的自然形态，表现天然情趣，突出自然之美。《醉翁亭记》借为亭取名而抒写与民同乐、乐而无逸的志士仁者胸襟，因此记其所在之后，直接说明自己为当地太守的身份和取名"醉翁"的用意；描写景观，则着重写亭中所获山水乐趣，突出朝暮四时的自然变化的景象。《墨池记》则借抚州学校修筑相传为东晋王羲之学书的墨池古迹，批评这种虚夸作风，倡导儒家道德文章并重的踏实致成的学风，因而记明所在之后，并不写景，直截指出墨池传说荒诞不经，不符史实，重在事理考证，进行议论发挥。三篇记的材料剪裁各按主题需要，一在突出素质优美，一在写出山水乐趣，一在议论人情事理。由上文可见，三篇记的结构安排既符合记体格式，又各有自己的内在逻辑，通过精心的选材和剪裁，形成独具一格的艺术结构。

　　3. 形象分析，双重观照

　　古代散文大都以作者自我为中心。散文的艺术形象，实质是作者自我形象在客观对象中的体现。换言之，一篇散文的艺术形象是由作品所写客观事物形象和作者在作品中表现出来的自我形象融合而成。优秀的散文作品，不但客观形象生动，作者自我形象也跃然欲出。一般地说，客观形象通常是由作品具体题材综合而成的主题的形象性，自我形象则是作者对主题的认识、感情、态度、倾向的特征表现或流露的总和。因而具体分析一篇散文的艺术形象，其实就是要求回答：是什么样的形象？

有什么特点？用什么手法技巧表现的？表现或流露着作者怎样的思想感情和倾向？把全篇的具体题材一一分析，然后加以综合归纳，便能较确切地了解、把握全篇主题的形象性和作者自我形象的表现，从而认识这一作品的艺术特点。

具体地说，分析说理文的形象性，就是分析其中例证的特点和表述；分析叙事文的形象性，就是分析其细节的特点和描述；分析抒情文的形象性，就是分析借以抒情的具体事物的特点和表现。例如韩愈的《原毁》是说理文，其客观形象就是文中用形象化方式去表现的例证。它的正面例证是那种见贤思齐的人物类型，思想明确，栩栩如生；它的反面例证便是几种妒贤嫉能、党同伐异的人物嘴脸，特征鲜明，丑态毕露；正反对照，反复比较，从而具体生动地说明了诽谤的缘由和人性的丑恶。又如欧阳修《与高司谏书》是一封批评书信，也是说理文。信中正面批评揭露谏官高若讷文过饰非，颠倒是非，"不复知人间有羞耻事"，但它并不具体描绘高若讷的丑恶嘴脸，而是反复论述高若讷的行为动机和后果，论证高若讷不是真君子、好谏官，揭露他品质卑劣，内心肮脏，令人感觉此人形象丑恶。显然，韩文是概括说理，欧文是具体批驳，因而构成其客观艺术形象的特点，较易区别。而抒情文多用比兴手法技巧，不易把握。例如上文提到的王维那封信中"夜登华子冈"一节，全是优美生动的写景，那就必须先抓住这些景象的特点，指出它是空旷寂静、单纯朴素的山中村落的冬夜景象，然后分析它运用火光、声音比衬的表现技巧，动中见静、象外有神的表现手法，以及由远而近的层次结构，出色地完成融情于景的艺术形象表现。

散文中作者的自我形象，通常不是通过自我描写表现出来的。在第一人称散文中，往往是通过所述主题形象显示出来；在第三人称散文中，则是通过所描写的人物事件流露出来的。读者对作者形象的认识，实际是通过字里行间所隐含的作者形象的理解，用自己的生活经验加以再造想象完成的。因此，分析散文作品的自我形象，实际上是在分析题材形象性的同时获得的。应当指出，一篇散文中的自我形象，是作者在特定主题中表现出来的思想观念和感情倾向的综合，并非作者现实中的整体形象。因此，同一作者在不同作品中所表现的自我形象，可能颇不相似。

例如，欧阳修在《与高司谏书》和《醉翁亭记》两篇文章中所表现的自我形象，几乎判若两人。《与高司谏书》中的自我形象显得尖锐激烈，斩钉截铁；而《醉翁亭记》中的自我形象则是忠厚坦荡，自乐乐人。《与高司谏书》是抨击不正直的丑恶事物，所以是非分明，针锋相对；《醉翁亭记》是赞美与民同乐的善举，所以情畅意悦，徐徐道来。这是由于不同的主题而展现不同的作者形象。可见分析散文作品的自我形象，实际上是分析作者对所写主题的是非、爱憎、好恶的思想感情和倾向，综合归纳起来，便形成读者头脑中的作者形象。

正确的方法无古今之分，而是古今相通，古今有效。古文精读的传统方法和现代视角可构成一个互为补充的方法论体系。一是刘勰的文情六观，为文本精读建构了一个颇为完备的宏观参照系。二是在知人论文的基础上，对作品做三层结构的剖析和双重形象的解读，以把握作品的内在理路和精神内涵。三是在理解作品内容的基础上进一步体会文章的神气，即通过放声诵读，或"于字句求音节，于音节求神气"，或在格、律、声、色的基础上论神、理、气、味。而历代评点家留下的历代文话，则为解读经典作品的文心奥秘提供了取之不尽的珍贵资源。

第三节　人物分析如何提问

　　元明清时期的中国文学，由文、诗、词转入小说、戏曲，由抒情转入叙事。叙事文学的特点，是艺术地叙述人在时空中的行动，再现典型环境中的典型性格。人物形象和人物性格是叙事文学真正的中心，也是小说、戏曲引起动作、推动情节、展示主题的实体性力量。在四大名著、四大名剧以及《孔雀东南飞》《长恨歌》等叙事名篇的教学研究中，分析人物性格特性，揭示人物精神内涵，比谈论其他问题更为重要。那么，常见的人物分析"三步骤"的科学性何在？文学人物的分析究竟如何提问？本节试图对这些问题做探讨，旨在澄清和纠正长期以来在文学人物分析中某些似是而非的认识和做法。

一、人物分析的"三步骤"

　　文学人物成为独立的研究对象，始于 18 世纪英国浪漫派的莎剧人物批评。进入 20 世纪，随着莎剧热在中国兴起，"莎剧人物论"也开始影响我国，在古典文学和现代文学领域出现了一大批人物论专著和专文。如 20 世纪 40 年代至 70 年代，王昆仑的《红楼梦人物论》，蒋和森的《贾宝玉论》《林黛玉论》《薛宝钗论》等系列论文，李希凡的《论中国古典小说的艺术形象》，戴不凡的《论崔莺莺》，钱谷融的《〈雷雨〉人物谈》等。20 世纪 80 年代以后，吸收西方近现代文艺研究的方法和观点，运用新方法、新思维研究文学人物的论著大量涌现。运用新方法和新思维研究文学人物，成为古典文学和现代文学领域持续的热门。

　　从论述逻辑看，无论英国的"莎剧人物论"，还是中国的"红楼人物论"，无论文学研究者，还是文学教师，大都遵循如下三个步骤：

　　第一步，描述和概括人物的性格特征；

　　第二步，分析人物性格形成的社会根源；

　　第三步，追问性格形成和人物命运遭遇的自身原因。

　　这被认为是一个步步深入的逻辑进程，人物论著倘若不进而探讨人物的自身原因，往往会被认为简单、肤浅、缺乏深度。于是，诸如"贾宝玉怪癖行为的心理根源""林黛玉人生悲剧的自身原因""阿Q精神胜利法形成的心理原因""骆驼祥子人生悲剧的自身原因"等，便作为学术论文和学生论文的题目，频频出现在人们的视野之中。

文学人物源于社会生活，是人类或民族的某种人性特征和时代精神的审美升华。性格特征的描述和社会根源的分析，都是题中之义，不可或缺。关键是所谓人物的自身原因，究竟应如何看待？论及艺术家塑造人物形象的任务时，黑格尔指出："人物的行动的根源在于内心方面，但是同时他（指艺术家）也要把在这种行动中起统治作用的那些普遍的本质的力量显示出来，加以个性化，使它们成为可以观照的对象。"[1]简言之，如同现实生活一样，人物行动都有其内在动机，艺术家应当遵循生活逻辑和性格逻辑，通过个性化的表现使人物行动的内在动机成为可以观照的对象；与此相联系，关于性格形成和人物命运的自身原因或内在动机，就应当追问作家，看作家的描写是否合情合理、深刻动人，是否符合生活逻辑、情节逻辑和性格逻辑。总之，人物行动的内在动机，绝不应当去追问人物自身，因为纯粹出于艺术虚构的文学人物，绝对不可能对自己的行为承担任何责任，无论是生理的、心理的，还是道德的、政治的，一切都由作家安排并由作家负责，这应当是不言而喻的。

然而实际情况恰恰相反，当进入第三步探讨人物性格形成的自身原因时，常常会见到这样一种似是而非的做法：把纯然虚构、实际上并不存在的文学人物，视为具有自然生命、真实存在的现实人物或历史人物，然后把人物的不幸命运或苦难遭遇，直接归结为人物自身的生理或心理的、道德或观念的缺陷，进而对正面人物的分析变成对其高洁品格或忠贞爱情的热烈歌颂，对反面人物的分析则成为对其罪恶行为或卑劣品质的道德批判。更有甚者，当人物的行为动机在文本中得不到足够解释时，评论者便通过主观的推断、设想，杜撰出作品中没有的人物经历，把评论者的合理想象作为客观论据，从而使动机臆测合理化。从红楼人物到托翁小说人物、从莎剧人物到曹禺戏剧人物，在评论者的潜意识中，这

---

[1] 黑格尔.美学：第1卷[M].朱光潜,译.北京：商务印书馆,1979：288.

些虚构的文学人物同实在的现实人物并无二致，其行为的动机最终应当从人物自身去寻找，其命运遭遇也应当由其自己负责。虚构的文学文本成了真实的人物传记，面对虚构的文学人物似乎面对真实的现实人物。

问题在于，一个纯属艺术虚构、实为语词幻象的文学人物，他的生理遗传从何而来？一个由作家塑造的文学人物，无论是贾宝玉还是林黛玉，无论是王熙凤还是薛宝钗，他的行为失当、苦难遭遇以致不幸死亡，应当由人物自身负责，还是由作者负责？应当追问人物的动机，还是追问作家的用意？美国学者理查德·泰勒说得好：

小说或戏剧中的人物并非真人，他的生命只存在于文学创作中，无论如何作者只是创造了一个真实物体的幻觉。人物只不过是一种文字结构，他意味着表达对生活的一种认识和看法而已。[1]

确实，作家塑造文学人物不可能也绝不是复制一个真实的血肉之躯与自然争胜。作家作为人的灵魂的伟大审问者，他的任务在于借助个性化的人物形象，通过人物的命运遭遇和所思所想，表达对生活的一种认识和看法，目的在于刻画人的心灵深处的全部奥秘，反思人性，启发人心。因此，当评论者把虚构的文学人物视为现实的真人，并让其对自己的行为、遭遇、命运负责时，便犯了一系列似是而非的错误。

首先，这些评论者混淆了生活与艺术、现实与想象、艺术文本与人物传记的区别。当评论者有意无意地把文学人物从想象世界搬到了现实世界，去追究人物的自身原因时，就已不像文学批评家在分析文本中虚构的艺术形象，而像历史学家、心理学家在对待真实存在的现实人物。

其次，这些评论者消解了艺术形象的审美文化价值。当评论者要文学人物对自身的行为负责，整日就人物该做什么不该做什么评是断非，或者像病理学家或精神分析学家，把悲剧性的根源归结为人物自身的遗传因素、心理缺陷、病态人格等原因时，实质上抓住了人物而忘了作者，忘了作者塑造人物形象的审美文化使命，同时也消解了艺术典型普遍的心灵启示价值，消解了读者"取以自镜"的心灵净化价值。

最后，抓住了个别人物而忘了艺术整体。一部艺术作品是一个有机

---

[1] 泰勒. 理解文学要素[M]. 黎风，李杰，杜险峰，等译. 成都：四川大学出版社，1987：82.

的艺术整体，人物形象是艺术整体的有机组成部分。当评论者把文学人物从艺术整体中分离出来做独立分析时，往往就抓住了个别人物而忘了整体结构，为了思想内容而忘了艺术形式。艾略特指出："《哈姆雷特》作为一部剧是首要问题，而哈姆雷特作为一个人物是次要问题。作为人物的哈姆雷特对那类最危险的批评家具有特别的诱惑力……这类批评家常在哈姆雷特身上寻找他们自己的艺术实现的替代性存在……也许在论述哈姆雷特的时候，这些人忘记了他们的首要任务是研究一部艺术作品。"[1]这一提醒，对那些为了人物而忘了艺术、为了部分而忘了整体的批评家，不啻为一贴清醒剂。

二、"明知其假而宁信其真"

从批评心理看，把虚构的文学人物与现实的真实人物混为一谈，往往同评论者陶醉于审美幻境，对虚构人物产生的审美幻觉有关。美国学者诺曼·N.霍兰德在谈到这一现象时写道：

从逻辑上说，把文学人物当作真实的人物是绝对行不通的……但是我却亲眼见过成打的精神分析论文，它们对莎士比亚的人物一一加以诊断，好像他们是在躺椅上或诊所里的真人；而且这些批评家还列举翔实（超翔实）的取自剧本本身的证据。精神分析批评家总是照搬日常现实中一些心理学概念，应用于生活在完全不同的另一世界的人物身上——它理应行不通，但实际上却十分有效。[2]

这种以假为真的现象，为什么在逻辑上毫无根据，在经验上却大行其道呢？研究者之所以会进入审美幻境，对文学人物产生审美幻觉，原因是多方面的。

首先，与学术研究和审美鉴赏混而不分密切相关。艺术欣赏是审美再创造活动。"明知其假而宁信其真"的审美幻觉，在欣赏活动中极为普遍。美国学者欧文·辛格曾以戏剧观赏为例做过精彩分析：

主人公死了，你开始抽泣起来。你究竟是在为谁哭泣呢？当然不是

[1] 艾略特.艾略特诗学文集[M].王恩衷，编译.北京：国际文化出版公司，1989：9.
[2] 霍兰德.文学反应动力学[M].潘国庆，译.上海：上海人民出版社，1991：302-303.

为演员：你知道，只要帷幕一降下，他就会从地上爬起来，准备接受观众的热烈掌声。那么是戏剧中的人物吗？但是根本不存在这样一个人。你完全明白，根本不曾有过哈姆雷特（至少是莎士比亚的哈姆雷特）。他那纯属虚构的死亡怎么会使你悲伤呢？然而它确实使你悲伤，或许比你所认识的真实的人之死更让你悲哀。我认为，问题在于，你所作的反应，仿佛演员真是哈姆雷特，仿佛哈姆雷特确实曾经存在。"仿佛"一词意味着，尽管你知道演员只是在演戏，知道哈姆雷特纯属虚构，你如临其境的想象，使你产生了与真实人物相应的情感。[1]

正是"如临其境的想象"产生的审美幻觉，使欣赏者进入"明知其假而宁信其真"的审美幻境，从而真诚地为纯属虚构的死亡悲伤哭泣。然而，批评不同于鉴赏，批评家不限于鉴赏者的地位。研究者不能"明知其假而宁信其真"，更不能沉溺于审美幻觉之中而不知自拔，而应自觉地走出审美幻境，从鉴赏态度转换到批评理性。

其次，与人物原型难以割断的精神脐带密切相关。小说和戏剧中的文学人物大多取材于现实人物或历史人物，人物原型的行为和性格早已深入人心、难以磨灭。以曹操为例，一位《三国演义》的读者，很难不把当年吟诵"对酒当歌，人生几何？譬如朝露，去日苦多"的诗人曹操与陈寿《三国志》中"运筹演谋，鞭挞宇内，揽申、商之法术，该韩、白之奇策"的政治家曹操联想到一起，从而虚实莫辨。把文学文本读成历史文本，把文学人物视为历史人物，用研究历史人物的方法研究文学人物，很大程度上与这种审美幻觉有关。

再次，与艺术家塑造人物的高超本领密切相关。英国莎士比亚学家莫里斯·莫尔根在著名的《论约翰·福斯塔夫爵士的戏剧性格》一文中认为：莎士比亚戏剧人物的塑造具备一种"令人惊奇的灵巧本领"，即能把自己的精神仿佛压缩到这些形象里，并且赋予这些人物在客观和主观两方面蓬勃的生气；这就产生一种令人惊奇的效果，它好像把我们带出了作家描写的范围之外，仿佛到了现实当中，给予这些人物以真实的性格。于是，莫尔根进而提出："如果莎士比亚的人物性格因此是整体，并且仿

---

[1] 霍兰德.文学反应动力学[M].潘国庆，译.上海：上海人民出版社，1991：70-71.

佛还是独创，那么把他们看作历史人物而不是看作戏剧人物，这可能是适当的。"[1] 正是莫尔根因莎剧人物的惊奇效果而把他们看作历史人物而不是戏剧人物的做法，成了英国浪漫派人物性格研究的开端，也为后来学者们"明知其假而宁信其真"的做法提供了借口。

最后，与文学人物在特定情景下的所思所想引起接受者的内心共鸣，进而进入移情状态密切相关。西方莎评家认为，莎士比亚笔下的人物之所以像真实的人，是因为观众们感到，如果他们面临着作品人物所面临的处境，他们会像作品人物那样去行事。1664 年，玛格丽特·卡文迪什在一封信中写道：莎士比亚"笔下的激情是如此的自然，不幸是如此令人可信，他以如此真实的感知和情感打开了读者的心扉，使他们热泪盈眶，几乎使他们确信，他们就是演员，或者至少亲临这些悲剧之境"[2]。明代女子冯小青便是典型一例，她读了《牡丹亭》后在诗中写道："冷雨敲窗不忍听，挑灯闲看牡丹亭。人间亦有痴于我，岂独伤心是小青？"当文学人物的思想言行真实地表达了读者的内心，打开了读者的心扉，就很难不让读者如睹其面，引为知己，以致真假莫辨，以假为真。研究者面对引起内心共鸣的人物形象，也会不知不觉地进入移情状态，感同身受，推己及人，把自己的感觉、思想、情感、体验，投射到无生命的人物形象身上。

然而，批评不同于欣赏，批评必须从感觉的范围转到思想的范围。欣赏是审美活动，读者可以陶醉于审美幻境，与人物休戚与共；批评是学术活动，批评家必须走出审美幻境，对人物做理性反思。如果说产生审美幻境是欣赏的成功，那么陷入审美幻境便会导致批评的失败。

三、文学人物是人性审美符号

俞平伯的《索隐与自传说闲评》，是其最后一篇红学论文，也可视为他反思红学研究后的"学术遗嘱"。在评论索隐派与自传说的功过得失，揭示二者的误会根源后，他语重心长地写道：

[1] 杨周翰.莎士比亚评论汇编：上[M].北京：中国社会科学出版社，1985：103.
[2] 霍兰德.文学反应动力学[M].潘国庆，译.上海：上海人民出版社，1991：298.

《红楼梦》之为小说，虽大家都不怀疑，事实上并不尽然。总想把它当作一种史料来研究，敲敲打打，好像不如是便不过瘾，就要贬损《红楼》的声价，其实出于根本的误会，所谓钻牛角尖，求深反惑也。……人言若得正问则问题之解决思过过半，斯言是也。以本书言之，其来历如何，得失如何，皆正问也。若云宝玉何人，大观园何地，即非正问。何则？宝玉者，小说中主角，不必实有其人；大观园者，小说中花园，不必实有其地。[1]

俞平伯说得好："人言若得正问则问题之解决思过过半。"正问者，正确的提问也。那么，文学人物分析究竟如何正确提问？正确的提问必须基于对对象的正确把握，艺术批评必须尊重艺术作品自身的特质。据此，人物分析的正确提问，似可概括为"一条原则、五大问题"。先说"一条原则"，再说"五大问题"。

所谓"一条原则"，就是必须立足文本，从文学人物的审美特质出发。换言之，只有正确认识文学人物的审美特性，才可能在人物分析时做出正确提问。

那么，文学人物不同于现实人物和历史人物的审美特性究竟何在？作为语言的艺术，文学是以虚幻而又逼真的艺术形象创造性地表现民族性格和时代精神的审美符号，与此相联系，文学人物就是用逼真的个性心理描写以表现典型的社会人性的审美符号。具体地说，文学人物的审美特征主要表现为以下四个方面。

第一，从文学人物的本质看，他不是现实中某个真实的人，而是某种普遍的社会人性的审美符号。作家写人，不是要复制一个真人，而是要概括一类人性。文学形象是假定性和真实性的有机统一，文学人物同样是行动的假定性和性格的真实性的统一体，是某种人性心理的审美符号。一方面，文学人物往往取材于历史或现实中的真实人物，但绝不是现成的真人，而是作家艺术想象的创造和艺术概括的"捏造"。另一方面，作家又必然通过假定的文学人物概括某种真实而典型的人性和国民性格。在文艺学中，性格并不是指人的生物性和生理性的个性，而是指一定的

---

[1] 俞平伯. 俞平伯论红楼梦：下[M]. 上海：上海古籍出版社，1988：1144.

社会心理和历史性格在人物个性中的体现。因此所谓典型性格，就是以假定而鲜明的艺术个性深刻而有力地概括了某种社会人性和国民性格。在具体作品中，文学人物可能是某种审美人性符号，可能是某种审美情感符号，也可能是某种道德人格符号。只是经过作家的艺术表现，特定的人性和人情深藏于感性描写之中，二者水乳交融，不可分离。恰如法国女作家纳塔丽·萨罗特所说："正如黄色和柠檬是一体的，蓝色就是天空一样，吝啬的化身就是葛朗台老头，两者缺一是不能设想的。"[1]

第二，从文学人物的生成看，他不是人间父母所生，没有独立生命，而是艺术想象和艺术虚构的产物，是作家赋予其生命，操纵其生死。G.威尔逊·奈特曾直率地说："归根结底，这些人物根本不是人，而纯然是诗想象的象征。"[2]无论莎剧人物，还是红楼人物，人物的生命、人物的思想、人物的言行，总之人物由生而死的一切，都由作家安排。作家既可以让人物生，也可以让人物死，又可以让人物死而复生。当然，作家的艺术虚构必须遵循生活逻辑和人物的性格逻辑。但是我们决不能过于迷信人物内在的性格逻辑，以致天真地认为人物可以离开作者独立行动。性格的塑造者是作家，性格逻辑的推动力是作家赋予的，作家操纵着文学人物的生死大权。因此，要追问人物性格的主体成因，不应去问人物自身，而应去问作家本人。

第三，从文学人物的存在看，他不是真实的血肉之躯，而是由一系列刻画他的词句和对话构成的语词幻象。文学人物的存在具有双重性，既是文本性存在，又是心灵性存在。前者是作家的艺术创造，后者是读者审美再创造。但是，人物形象的分析应当立足于作家创造的艺术文本，而不应当依据批评家的主观印象和审美幻觉。英国新批评家里维斯在《论批评标准》中写道："一部小说，好似一首诗，也是由词语构成的；人们无法指出它含有其他任何东西。我们谈论小说家'塑造人物'，但是塑造的过程是一个把词语拼凑到一起的过程。"[3]从这个意义上说，小说和戏剧人物，不过是由作者描写他的句子和让他发表的言辞所塑造的。他们

［1］王忠琪，等.法国作家论文学［M］.北京：生活·读书·新知三联书店，1984：385.

［2］霍兰德.文学反应动力学［M］.潘国庆，译.上海：上海人民出版社，1991：300.

［3］同［2］：301.

没有过去，没有将来，有时也没有生命的连续性。确立"文学人物是语词幻想"这一观念，可以避免许多批评家追问哈姆雷特在威丁堡的求学情况、哈姆雷特的父亲对他的影响、福斯塔夫年轻时怎样消瘦、莎士比亚笔下女主角的少女时代的生活以及麦克佩斯夫人有几个孩子等似是而非的问题。

第四，从文学人物的效应看，他之所以栩栩如生，如见其人，让人"明知其假而宁信其真"，并非因为他原来就是一个真实的活人，而是读者想象的结果，是读者通过审美想象创造出的审美幻象。塞万提斯在描写堂吉诃德的时候，只是几笔勾勒出大致的轮廓，说他身材消瘦，面貌清癯。可是在我们的心目中，堂吉诃德的面貌却非常清晰。他是一张瘦长的脸，高大的额头，高瘦的鼻子，一双大眼睛，还有两撇菱角胡子，这其实是审美想象的作用。曹雪芹对林黛玉的描写，也只是"两弯似蹙非蹙罥烟眉，一双似喜非喜含情目"，勾勒的是一个模糊的脸蛋。然而，每一个《红楼梦》读者，都在自己心目中有一个为之动情的林黛玉，这同样是审美想象的作用。在文本阅读过程中，读者根据聚合原则，在想象力的作用下，不断把散布于文本中与之相关的各个细节与片段聚合拼凑，逐渐地在心中形成一个活生生的人物形象。

总之，文学人物是作家艺术虚构的产物，是作家精神理想的化身。作为人性审美符号的文学人物，只有精神父母，没有肉体父母，只有精神生命，没有肉体生命。文学人物研究的任务，在于揭示人物的精神特性及社会文化成因和创作主体原因，在于阐释人物的审美价值和人性启示意义，而不是去研究人物自身的生理特征和遗传基因。

四、人物分析的正确提问

从文学人物的审美符号特性出发，从文学人物的文本性存在特点出发，人物分析的正确提问包括相互关联的五个问题。

第一，作家是如何写活这一人物形象的，作家的艺术技巧和艺术匠心何在？这是对作品的艺术性和审美价值的分析评价。文学人物是假定的、"捏造"的，但作家的"捏造"必须逼真动人、活灵活现，否则就会因缺乏魅力而失去读者。这就要求作家具备莎士比亚式的令人惊奇的灵巧本领,调动一切艺术手法,赋予人物在行动和心理两方面的蓬勃的生气。从肖像描写到行动描写,从情节设计到心理逻辑,这一切实质都是为了写活人物。与戏剧、影视相比,小说的长处在于更能深入细致地描写心理。作家为了写活人物,常常深入内心直接展现人物心理的意识流,同时也把读者引入人物的内心生活之中,与人物同喜同悲,令读者心醉神驰。如果读者因此而产生审美幻觉,那么我们应当感谢作家妙笔生花,塑造出了个性鲜明又生动立体的人物形象。

第二,人物在艺术结构和艺术冲突中的地位如何,作家是如何安排人物之间的相互关系的?这是对人物与情节、人物与环境、人物与人物之间关系的分析,也是叙事作品艺术分析的重要环节。一部真正的艺术作品是艺术诸要素构成的有机生命整体,叙事作品的有机整体性表现为由多种多样的人物构成的人物体系。作品中每一个人物都在由作家精心结构的人物体系中获得自己的生命。离开了人物体系,孤立的人物就失去了存在的艺术基础,也失去了显示其价值的艺术地位。因此叙事作品的研究应关注人物体系中的人物形象,以及人物性格在人物体系中的位置和艺术冲突中的地位。如果说,《哈姆雷特》作为一部悲剧是首要问题,哈姆雷特作为一个人物是次要问题,那么,《红楼梦》作为一部小说是首要问题,贾宝玉、林黛玉作为一个人物同样是次要问题。这一点尽管难以让人轻易接受,但问题的实质确实如此。文学批评必须从文本出发,在叙事作品中就是从人物体系出发,个别人物的分析必须置于人物体系之中。这是文学人物分析必须遵循的一条重要原则。

第三,文学人物概括了何种类型的社会人性和民族性格,具有怎样的社会典型性和心灵深邃性?作家创造人物,不只是为了写活某一种个性,更是进而概括某一类人性。正如沈从文谈自己的小说创作时所说:"我只想造希腊小庙。……这神庙供奉的是'人性'。"[1]无论贾宝玉还是林黛玉,无论王熙凤还是贾探春,无论崔莺莺还是李香君,无论杜丽娘还是杜十娘,都不只因为被作者写活而具有审美价值,更因概括了某种人性而具有认识价值。法国文艺学家泰纳在《英国文学史》序言中有一段名

---

[1] 刘洪涛. 沈从文批评文集[M]. 珠海:珠海出版社,1998:242.

言："如果一部文学作品内容丰富，并且人们知道如何去解释它，那么我们在这作品中所找到的，会是一种人的心理，时常也就是一个时代的心理，有时更是一个种族的心理。"[1]人物心理内涵的这一"三级跳"，既是作家艺术追求的目标，也可视为人物典型性程度的评价标准。

第四，这类人物性格产生的社会现实根源和历史文化根源何在？如果说写活个性和写出典型是立足文本的分析，那么根源的探寻则要求超越文本，走向社会现实和历史文化的深处。艺术是对生活的认识，人物创造的最终目标是通过假定而逼真的形象概括真实而典型的人性。文学人物概括的社会人性和时代精神，无不生成于特定民族的社会现实和历史文化之中。因此，倘要探寻哈姆雷特迟疑犹豫的软弱性格的根源，不应归结为人物的遗传因素，而应深入研究哈姆雷特所代表的欧洲人文主义者所处的社会环境和历史特征。同样，倘要揭示焦母驱遣刘兰芝、曹七巧扑杀儿女幸福的性格根源，也不能简单归结为人物自身的变态心理和畸形人性，而应深入研究封建礼教和封建家庭伦理的阴暗面。关于《骆驼祥子》悲剧的意义，如果把观察的视角集中于实质并不存在的所谓"个人主义的末路鬼"的骆驼祥子本人，而不是他所代表的社会阶层及所处的社会现实，就完全消解了人物的认识价值和社会批判意义。

第五，还应追问作家如何评价这一典型性格，寄托了何种审美理想。人物形象既是作家对某种社会性格的提炼，又是其思想的变形。老舍指出："我们读一本好小说时，我们不但觉得其中人物是活泼泼的，还看得出在他们背后有个写家。读了《红楼梦》和《儿女英雄传》，就可以看出那两个作家的人格是多么不一样。"[2]杨绛也认为："也许塞万提斯在赋予堂吉诃德血肉生命的时候，把自己品性、思想、情感分了些给他。这并不是说塞万提斯按着自己的形象创造堂吉诃德……我们只能说，堂吉诃德有些品质是塞万提斯本人的品质。"[3]总之，无论如何，作家对人生和人性的心理取向必然会在作品中透露出来。对作家叙述意向和情感态度

[1]泰纳.《英国文学史》序言[M]//伍蠡甫，蒋孔阳，秘燕生.西方文论选：下卷.上海：上海译文出版社，1979：241.

[2]舒舍予.文学概论讲义[M].北京：北京出版社，1984：73.

[3]杨绛.杨绛作品集：第3卷[M].北京：中国社会科学出版社，1993：13-14.

的追问，既有助于正确把握作品的主题思想，也有助于认识作家的人生理想和审美追求。同样是描写中国农民，鲁迅小说"多采自病态社会的不幸的人们中，意思是在揭出病苦，引起疗救的注意"，于是在《药》和《阿 Q 正传》等作品中流露出强烈的"哀其不幸,怒其不争"的悲悯之情。而沈从文小说要表现的是一种"优美、健康、自然，而又不悖乎人性的人生形式"，于是在《边城》和《长河》等作品中表达了对湘西淳朴民风的热情赞美，旨在让人们更好地"认识这个民族的过去伟大处与目前堕落处"[1]。

　　上述五问，是为正问：从艺术描写到人物体系，从人物个性到典型意蕴，从时代背景再到创作主体，立足于人物的审美特征和艺术地位，阐释人物的审美价值和启示意义。总之，立足文本，多面观照，庶几可较为切实而层层深入，绝不至于以假为真而似是而非。

---

　　[1] 刘洪涛. 沈从文批评文集[M]. 珠海：珠海出版社，1998：234.

第五章 古代诗文评与教学新思路

　　传统的客观主义阐释学强调回归原意，以确立定于一尊的权威阐释为宗旨。这种封闭的"原义主义"并不符合审美接受规律，也无益于发挥经典的现代审美功能。现代阐释学和接受美学认为，每个时代每个读者总能在过去的伟大作品中发现某种新东西，一件艺术作品的全部意义便是无数读者创造性阐释的历史成果。而经典的阅读史，既是文本意义的累积史，也是民族精神的发育史。因此，有必要在经典阐释中倡导和确立接受史意识，在历史透视中进行经典细读，并把接受史意识和历史透视的方法贯彻于语文教学之中。

　　诗话、词话、文话，即传统的诗文评，是古代文论的独特形态，也是经典作品的接受文本，它包含了历代诗文评作者阅读和诠释经典作品的慧心、敏悟与精见，构成了经典作品的接受史。借助接受史的理论和方法，充分发掘和利用诗话、词话、文话中的审美智慧，有助于深化经典阅读，提高课堂教学的效果。本章首先对传统的经典细读和经典教学方法做一反思，然后对语文教学中的接受史方法做理论阐述，为经典教学中有效利用诗话、词话、文话提供新方法和新思路。

第一节 传统经典教学的反思

接受史视野中的经典细读，以传统的经典细读为基础，是传统经典细读的合理发展，是语文教学的一种新思路。因此，应先对传统的经典细读的利弊做一反思。传统的经典细读有两个特点：一是阅读方式经历了从文本粗读到文本细读的过程；二是阅读旨趣以确立回归原意的同一性理解为目的。

一、从文本粗读到文本细读

传统的经典阅读经历了由文本粗读到文本细读的过程。一部批评史实质是一部经典的阅读史，也是阅读方式的演进史。19世纪英国批评家哈兹列特曾描述过批评方式的发展过程："批评是艺术，变化多端，不同时代有不同的趣尚。起先，对作品只言优劣，另外征引一二片段，以支撑其说，于道足矣。后来，评者所论，必言之有理，持之有故，对作品的孰美孰丑，剖析厘毫（to analyze supposed beauties or defects with microscopic minutes），非此不为功也。"[1]中国传统经典阅读方式的演进过程，与之不谋而合。

首先，最初的经典阅读大多是审美感受的泛泛而谈，止于粗浅的整体印象而未深入作品的内在肌理。先秦诸子对《诗经》的评论就属此类。孔子所谓"《诗》三百，一言以蔽之，曰：思无邪"（《论语·为政》），"《关雎》乐而不淫，哀而不伤"（《论语·八佾》）云云，是中国诗文评之最古者，也是印象式经典解读的滥觞。

诗话词话是中国文评的主体，也是经典解读的主要方式。从钟嵘《诗品》到欧阳修《六一诗话》，从王灼《碧鸡漫志》到王国维《人间词话》，历代诗话词话中的经典解读大多是"征引片段，只言优劣"的印象式粗读。它有两个特点：一是主印象描述，强调感性妙悟而排斥知性思考；

---

[1] 黄维樑. 中国古典文论新探[M]. 北京：北京大学出版社，1996：90-91.

二是重意象表述,借助意象比喻描述审美印象。[1]北宋蔡絛《蔡百衲诗评》评唐宋十四家诗风,南宋敖陶孙《敖器之诗话》评古今诸名人诗,连串的博喻几乎令批评浸润在形象比喻的澡盆里。王国维《人间词话》虽以西学为参照,但完全不同于具有严密的推理结构的《红楼梦评论》,除专论境界的前九则,对作品的解读依然是印象式描述。如第10则评李白词和第12则评温庭筠、韦庄、冯延巳词,两者均重感悟而轻分析,差别在于,前者以"气象"一语概括,后者借词人佳句暗示。

印象式的文本粗读不等于浅陋者的文本浅读,它只是在表述上采用点悟的方式而非推论的程序,对作品旨趣和诗艺则不乏明澈的识见。钟嵘《诗品》评陶渊明诗,曰:

其源出于应璩,又协左思风力。文体省静,殆无长语。笃意真古,辞兴婉惬。每观其文,想其人德。世叹其质直。至如"欢言酌春酒""日暮天无云",风华清靡,岂直为田家语耶?古今隐逸诗人之宗也。

全文虽只有论断没有分析,但极富艺术识见,每一句都是一个命题,对陶渊明诗的创作渊源、文体风格、玄远意趣、诗品人德和文学史上的地位都做了精辟论述,奠定了陶渊明诗接受史的美学基调。历代诗话词话中的经典阅读,大多是敏慧的诗心面对经典反复沉潜的结晶,故虽出语无多,点到即止,却几乎都是言简而意繁的有效批评,因而也成为经典接受史的基本史料。

其次,随着经典阅读的深化,在印象式粗读的基础上产生了分析式的文本细读和文本细读理论。尽管印象式文本粗读具有言简意繁的优点,却不免有朦胧含混的缺陷,对作品深层意蕴、艺术匠心、风格特色等,只知其然而难知其所以然。弗莱在《批评的剖析》中指出,经典解读犹如赏画一样,有远观和近察[2]之分。如果说文本粗读是整体风貌的远观,那么文本细读则是艺术匠心的近察和深察;文本粗读重感性的印象描述,文本细读则重理性的推论分析。

文本细读是古希腊以来西方经典阅读的主导方式。柏拉图《斐德若篇》

---

[1] 黄维樑. 中国古典文论新探[M]. 北京:北京大学出版社,1996.

[2] 弗莱. 批评的剖析[M]. 陈慧,袁宪军,吴伟仁,译. 天津:百花文艺出版社,1998:156.

被视为西方文评史上最早的一篇经典细读式对话。被称为印象主义者的英国批评家哈兹利特、佩特和王尔德的论著中，虽不乏印象式描述和比喻性概括，实质上仍是分析说理性的文本细读。到 20 世纪的英美新批评派，文本细读被推向极致。文本细读已形成一套成熟的规范和思路。从论述逻辑看，它至少包含以下步骤：（1）由阅读至认定作者的用意或旨趣；（2）抽出例证加以组织然后阐明；（3）延伸及加深所得结论。换言之，它必须遵循"始、叙、证、辩、结"的论证逻辑，把感性经验提升为理性观念。[1] 从研究方法看，韦勒克的《文学理论》作为英美新批评的总结和升华，形成了一套内部研究的理论，为现代文本细读提供了系统方法。

中国古代文评同样不乏细读批评。不过与西方的批评论著相比，论述篇幅没那么长，逻辑程序没那么完整，方法论意识没那么自觉。中国的细读式批评有一个发展过程。中国的细读式批评在诗话词话中偶得一见，如司马光《温公续诗话》对《春望》的分析，王若虚《滹南诗话》对唐宋佳句的细析，翁方纲《石洲诗话》对《锦瑟》的分析，陈廷焯《白雨斋词话》对周邦彦《兰陵王·柳》的解读等，可谓古代微型文本细读的佳例。清代赏析性选本大多能超越"摘句"而着眼"通体"，细读式批评则日渐普遍。这与古典地位的不断提高和清代学术思维的发展密切相关。自金圣叹以降，清代确实出现了一批手眼独到、分析精细的赏析性选本。如金圣叹的《贯华堂选批唐才子诗》和《杜诗解》，徐增的《而庵说唐诗》，陈沆的《诗比兴笺》，张玉榖的《古诗赏析》，吴淇的《六朝选诗定论》，以及李锳的《诗法易简录》等。同时，上述各家在"序言""凡例"中阐述的赏析之道，虽是个别经验的总结，却源于对经典的切己体会，若加以系统整理，可为古典今读提供有益的方法论借鉴。

二、回归原意的同一性理解

从阅读旨趣看，无论印象式粗读还是分析性细读，传统阐释学无不以实现同作者原意的同一性理解为目的。一方面把作者原意视为正确理

---

[1] 叶维廉. 中国文学批评方法略论[M]//中国诗学. 北京：生活·读书·新知三联书店，1992.

解的关键，视为文本意义的本源和终极参照；另一方面对实现同作者原意的同一性理解，对准确把握圣人之意和诗人之志，充满了高度自信。

首先，从经学到诗学，传统阐释学无不把作者原意视为正确理解文本意义的关键。理解的终极目的，就是运用语言学和心理学方法，穿越文本符号，穿越时空障碍，揭示或复制出文本的确切含义和作者的隐秘原意。这也是孟子"以意逆志"说的核心思想。赵岐《孟子章句》注"以意逆志"曰："人情不远，以己之意逆诗人之志，是为得其实矣。"经过赵岐的乐观主义阐释，这一观念在中国深入人心、不可动摇，并成为传统阐释学的理论基础。在意图论阐释观的主导下，传统解诗者往往把所有诗作都读成诗人的自传，试图把每一首诗都钉死在确切的日期上，竭力从中寻找到它与当时的政治事件、与诗人的个人处境的隐秘关联。诗的解读在极大程度上变成了把文本还原为诗人的生活体验，揭示出诗人基于某种政治原因或个人遭际而深藏于其中的隐秘指涉。

其次，传统阐释学又对理解的同一性充满了自信。英国诗人蒲柏在《批评论》中说："我们的判断有如我们的时表，不会走得一样，但每个人只相信自己的不差分秒。"中国解诗者对超文本、超时空、超文化的同一性理解，同样充满了自信。以清代三位著名杜诗注家为例，从仇兆鳌《杜诗详注》自序的"得作者苦心于千百年之上"，到浦起龙《读杜心解》发凡的"摄吾之心印杜之心"，再到杨伦《杜诗镜铨》自序的"句栉字比，以求合乎作者之意"，这三位注家无不把复制作者原意作为终极目标，也无不自信地认为自己的诠解同作者原意实现了完美同一。

那么，如何看待客观主义意图论的阐释观？即对作者原意的同一性理解是否可能？理解的终极目标是否就在于揭示作者隐秘的原意？对作品意义的理解是否能以作者原意为终极参照而定于一尊？历史主义阐释学对此是持否定态度的。

首先，现代阐释学通过对审美存在的时间性和理解的历史性的深刻阐述，认为理解是一种历史性现象，理解的对象和主体都处于历史的变化之中。同时，前理解的难以复制和时间距离的难以超越，使理解的过程只能是两种视野的有机融合，而不可能达到完全同一。从这个意义上来说，那种自信可以超越千百年之上、与诗人之心合而为一的同一性理解，只能是一种幻想。无论仇兆鳌、浦起龙还是杨伦，除了他们信誓旦旦的主观自信，没有客观依据可以确证这就是杜甫的"诗心"而不是说诗者的"良苦用心"。其实，莫说对千百年前历史文本的理解，就是对同一时代"身历其世，面接其人"的作者本意的理解，也难以达到完全同一。从欧阳修和梅圣俞这对引为知音诗友者的"知音不知心"，到卞之琳和李健吾这对作者和读者对《断章》的各自"断章取义"，都表明了同一性的幻想性。

其次，同一性理解即使能够实现，作者的原意也不是经典的唯一价值和经典阅读的终极目标。审美存在的时间性表明，艺术作品存在于时间的变迁之中，"所有这些变迁方面都属于它，所有变迁方面都与它同时共存"，[1]因此经典阅读决不能把史实考证和原义复制作为终极目的。经典阅读不仅要理解文本的隐秘原义，更要重视经典在时间变迁中的意义，重视经典的现代人文价值。从这个意义上说，批评家不应只是学问家，更应是思想家；不应只是作家的代言人，更应是他的时代和所属接受群体的代言人。对于那种以史实考据取代意义阐释的实证主义态度，那种试图"把每一首诗都钉死在确切的日期上"，寻求与当时政治事件的隐秘关联的学究式作风，反而应当做认真反思。针对风行学界的考据主义现象，林毓生曾明确提出：中国文学研究应特别注重"不以考据为中心目的之人文研究"，"我们要求的是创造，每个时代的知识分子都必须有其独特的见解以贡献他们的时代。他们都必须是具有创造性的思想家"。[2]可谓切中时弊，发人深省。古典注目现代才不会变得枯燥板滞，现代依托古典才能避免浅薄浇漓之弊。经典阅读只有不局限于原义复制，而以人文情怀和人文关怀贯穿其中，才能让古典走向现代，让经典焕发新生。

最后，作者原意更不能作为终极参照而定于一尊。加达默尔认为："本文的意义超越它的作者，这并不只是暂时的，而是永远如此的。因此，理解就不只是一种复制的行为，而始终是一种创造性的行为。"[3]理解的

［1］加达默尔.真理与方法：哲学诠释学的基本特征　上卷［M］.洪汉鼎，译.上海：上海译文出版社，1999：156.

［2］林毓生.中国传统的创造性转化［M］.北京：生活·读书·新知三联书店，1988：276.

［3］同［1］.

方式亦即文本的存在方式。经典的意义并不是由作者单方面规定的，它同时是由阐释者的历史处境所规定的，因而也是由整个存在的历史处境所规定的。这也是"一千个读者就有一千个哈姆雷特"的根源所在。无论仇兆鳌、浦起龙还是杨伦，他们对杜诗的诠释都只是注杜千家中的一家，都可以称为"少陵之功臣"，但又都未穷尽杜诗的全部意义而自成完璧。

文学经典的意义整体，始终处于动态生成和历史累积的过程之中。前人的理解不是我们理解的障碍，而是我们创造性理解的前提和财富。这是本书倡导接受史视野中经典细读方法的理论基础。

第二节　接受史与诗文评

接受史细读必须以接受文本为基础。何谓接受史？什么是接受文本？历史上的接受文本有多少种形态及在经典细读中作用何在？

一、接受史即审美对话史

接受史（Rezeptionsgeschichte）一词，1937 年本雅明在《爱德华·福克斯，收藏家和历史学家》一文中正式使用。本雅明关于艺术品的"历史性理解""艺术品的生命存在于时间之中"以及接受史的命题，经过加达默尔以《真理与方法》为代表的现代哲学阐释学理论升华，最终启示尧斯提出了较完整的接受美学和接受史理论。遗憾的是尧斯并未对接受史下明确定义。

何谓接受史？中国学者中较早做明确界定的是歌德接受史研究者高中甫。高中甫在《歌德接受史》（1993）一书引言中写道："什么是接受史呢？……在我看来，不妨可以这样理解：它是文学文本潜在意义的外化形式的史的变化和发展。"换言之，接受史就是文本潜在意义的演化史，是历代接受者对经典作品和经典作家的阐释评价史，而"一部歌德接受史就是随着时代的不断进步，人们不断用新的观点和方法对歌德接受的史的考察和判断"[1]。高中甫的界定极富启发性，而《歌德接受史》作为国内接受史研究的最初尝试，也为经典作家接受史研究提供了有益经验。

然而，如何正确理解接受史特质以深化接受史研究，仍值得做进一步思考。一是接受过程不是单向的作品评价，而是双向的对话和意义生成过程；二是接受主体也不只是单一的评论家，而是由多元接受者构成的接受群体；三是接受史更不同于批评史或学术史，它应有自己的学术任务和文化功能。据此，接受史似可做这样的界定：接受史就是授受双方的双向对话史，是读者与作者、接受主体与接受对象之间的多元审美对话史。这一定义确认接受史的审美对话史本质，并从对话的构成、对

---

[1] 高中甫.歌德接受史：1773—1945[M].北京：社会科学文献出版社，1993：引言1-5.

话的形态和对话的性质诸方面概括了接受史的基本特点。

首先，接受史不是接受者的单向独白史，而是授受双方的双向对话史。把接受史简单地理解为接受者的单向独白史，是接受史研究中出现脱离作品本身，仅仅对接受史料做简单排列现象的重要原因。接受史的双向对话性包含两个层次：一是历代读者面对经典文本时的审美性对话，二是研究者面对接受文本时的反思性对话。从这个意义上说，接受史研究不能满足于对历代评价材料做简单排列，而应立足经典本身，对授受双方的对话活动进行审美文化反思，揭示过去阐释的文本根源、时代根源和社会文化根源，以及前人的理解对今人的人文启示意义，或显示的历史局限性，等等。经典的意义也就在这场双重的、历史批判的对话中，不断得到更新、丰富和累积。

其次，接受主体不是单指专业评论家，而是由多元接受者构成的接受群体。因此，接受史也不是评论家与文本之间的单一对话史，而是接受群体和接受对象之间的多元对话史。关于接受群体的构成，在论述重建艺术作品的生命史时，韦勒克做过这样的描述："我们可以在一定程度上根据有关批评家的判断、读者的经验以及一件特定的艺术品对其他作品的影响重建这件艺术品的历史。"[1]换言之，接受群体至少由普通读者、批评家、接受经典影响的艺术家三者构成。接受主体的多元性使接受史成为一部多元对话史：以普通读者的阅读欣赏和美感反映为特点的审美效果史；以批评家的审美阐释和诗学思考为特点的意义阐释史；以艺术家接受影响和创造性翻用为特点的经典影响史。

最后，接受史不同于学术史，它不是"辨章学术，考镜源流"的学术论题梳理史，而是沟通古今审美经验的审美对话史。接受史区别于学术史之处至少体现在两个方面：一是对象范围和核心问题不同。传统的经典学术史主要以创作活动为中心，除了考察历代学者的价值评价，还广泛涉及作品的本事考证、成书过程、版本源流，以及作家的童年经验、文化学养、人生境遇等问题。接受史则以接受活动为中心，以多元对话中的审美经验为中心，集中考察历代读者的审美反映史、批评家的审美

[1] 韦勒克，沃伦. 文学理论[M]. 刘象愚，邢培明，陈圣生，等译. 北京：生活·读书·新知三联书店，1984：163.

阐释史和艺术家的创作影响史，进而探寻审美观念和价值趋向的深层文化根源。二是功能任务和学术态度不同。学术史面向后辈学人，旨在总结学术成果，反思学术方法，显示学术规范，为后学之士提供学术指南，启示学术路径。与此同时，学术史要求学者排除成见，面对事实本身，做客观的中立性研究。接受史则面向经典的接受者，它试图通过多元审美对话史的展示，让前人的审美经验丰富今人的审美阅读，充分发挥经典的人文教化功能和心灵塑造功能。相应地，接受史不是中立性研究，而是参与性研究，必须在古今视野之间进行调节和充当中介，有效地实现对话和交流，并贡献自己的审美发现，推动经典的艺术生命之流不断向前。

二、诗文评即接受文本

"接受文本"这一概念是德国学者戈·冯贝格在《批评本文的接受分析模式》一文中提出来的。根据他的看法，接受文本就是接受者所撰写的、反映了他对虚构作品的独特审美理解的、揭示了艺术经典的独特审美意蕴的评价性文本，包括文艺批评、书评、剧评和新闻报道等。[1]冯贝格对接受文本性质的界定具有普遍理论意义，但其对接受文本形态的概括主要是根据西方近现代的文学接受状况而言的。

诗文创作和诗文评写作的双线并行，是中国文学传统的重要特点。授受相随的审美传统，形成了与三千年诗文创作史相伴随的诗文接受史。从《论语》说诗到《人间词话》说词，从钟嵘的《诗品》到欧阳修的《六一诗话》，从王铚的《四六话》到陈骙的《文则》，三千多年文学接受史上，出现了大量形态多样、方法多样、价值多样的接受文本，这就是传统学术体系中的诗文评。换言之，从接受史角度看，古代的诗文评就是诗文经典的接受文本。《四库全书总目》"诗文评类"叙曰：

文章莫盛于两汉，浑浑灏灏，文成法立，无格律之可拘。建安黄初，体裁渐备，故论文之说出焉。《典论》其首也。其勒为一书，传于今者，则断自刘勰、钟嵘。勰究文体之源流而评其工拙；嵘第作者之甲乙而溯

---

［1］刘小枫.接受美学译文集［M］.北京：生活·读书·新知三联书店，1989：285.

厥师承，为例各殊。至皎然《诗式》，备陈法律；孟棨《本事诗》，旁采故实；刘攽《中山诗话》、欧阳修《六一诗话》，又体兼说部。后所论著，不出此五例中矣。宋明两代，均好为议论，所撰尤繁。虽宋人务求深解，多穿凿之词，明人喜作高谈，多虚憍之论。然汰除糟粕，采撷菁英，每足以考证旧闻，触发新意。

这篇叙文，对古代诗文评的源流、形态和价值，做了简明扼要的阐述。所谓"论文之说"，就是评论诗文的学问和文本；所谓"后所论著，不出此五例"，就"勒成一书"的论著而言大体如此，若就古代诗文的接受文本而言则远不仅限于此。然而，全面了解接受文本的多样形态和学术特点，获得最充分的接受史料，是接受史细读的基础。

从文本形态看，古典诗文的接受史料不仅保留在历代诗话、历代词话和历代文话中，还大量存在于四部之学的各个门类之中。中国人既有悠久的作诗传统，又有浓厚的说诗兴趣。对世人说，对朋友说，在交往中用诗，在著述中引诗。于是不只在历代诗话词话之中，上至经史诸子、下至笔记野史，以及诗文序跋、刀笔书札，无不包含丰富而精彩的接受史料。经典的意蕴则在不同场合、不同语境、不同时代和不同的接受关系中得到了充分阐释。

不过，诗话词话文话是古典诗文主要的接受文本。广义的诗话包含了诗品、诗格、诗话、诗法、诗解、诗序、诗词评点和诗词纪事等。其中，诗品、诗格和诗话不同程度地直接表达了前人的阅读经验和审美发现，是经典阐释史最重要的文本资源。

钟嵘《诗品》是我国古代第一部诗评专著，它以"三品论诗法"品评了汉魏六朝120多位诗人的风格特点、艺术成就和历史地位。《诗品》的旨趣在"品人"而非"说诗"，因此作为接受文本，其主要价值在于作家接受史而非经典阐释史。不过，钟嵘无疑是先精读诗作后品评诗人。因此在50则评论中，有半数篇章，对上至《诗经》《楚辞》《古诗十九首》，下至班姬的《团扇》、阮籍的《咏怀》、郭璞的《游仙诗》以及陶渊明、谢灵运等的名章佳句，直接或间接地做了精辟的诠释和点评。钟嵘对经典的评论，不仅因其是可靠的"第一读者"，而且由于阐释的权威性和启示性，引发了后人持续的阐释兴趣，形成了绵延不断的接受史，特别值得重视。

从钟嵘的评论追索下去，或许就能发现汉魏六朝经典诗篇的一部潜在接受史。

钟嵘《诗品》之后，兴盛于唐五代的诗评文本主要是诗格。诗格又称"诗式"或"诗法"，它以摘句示例的方式讨论作诗的格式和方法，为初学者和科举应试者提供作诗的范式，着眼于创作而非赏析。然而，诗格作为特定历史时期具有代表性的诗歌接受文本，体现了当时的接受观念和接受方式。而大量从经典名篇中精选出来的摘句示例，既反映了时人的经典观，又不乏精辟的点评和阐释。因此梳理经典的接受史不能对历代诗格、诗法弃置不顾，更不能对其阐释价值一笔抹杀。从唐代到元代的诗格和诗法，既是经典接受史中不可或缺的重要一环，也是深化经典阐释的重要资源。

宋代以来的诗话词话，是古典诗歌最重要的接受文本，也是最具民族特色的诗歌接受方式。确立和采用接受史视野中的经典细读的观念和方法，诗话词话的价值就会得到更充分的认识和更全面的利用。在此有两点需要说明。

首先，关于诗话的价值，古今有两种不同的看法。最初，元人针对宋诗劣于唐而诗话兴盛的现象，出现了"诗话兴而诗亡"的说法。此后，从元明清到民国间此类说法不绝于耳。而对诗话的否定，在章学诚《文史通义》的《诗话》篇中发展到极点。现代以来，经郭绍虞、罗根泽的开拓性发掘研究，人们对诗话价值的认识空前提高。然而，人们的兴趣更多集中于抽象的理论范畴而非具体的文本评析。因此，除了《沧浪诗话》《原诗》《人间词话》等少数理论性、体系性比较强的著述，大多数诗话和诗话中的大多数篇幅得不到重视。诗论史、批评史、美学史的纷出，更巩固了这种观念。诗话词话中占主要篇幅的具体作品分析，现在从经典接受史角度看，其独特的价值便突显出来。其实，诗话词话中对名篇佳作的评点解说，正是面对经典直书感悟的中国诗话的核心价值之所在。即使是一些"泛述闻见"的笔墨，也往往反映了经典的效果史，因此不容忽视。

其次，宋金元明清历代诗话，在经典细读史上的价值和地位又是各不相同的。一般地说，宋人的观点富于原创性而颇为精辟，清人的解说反复沉潜而更为精细。相比之下，金元的解说显得粗浅而明代的解说不免浮泛。这是与当时的审美风尚和学术风气密切相关的。因此，在古典诗歌接受史研究中，宋代诗话和清代诗话特别值得重视。对经典的理解，古人与今人必然有差异，但并非今人必然胜过古人。当然金元明诗话作为接受史的三个环节并非可有可无，而且仍不乏见解精辟的精心之作。金代如王若虚的《滹南诗话》，元代如方回的《瀛奎律髓》，明代如杨慎的《升庵诗话》、谢榛的《四溟诗话》、王世贞的《艺苑卮言》、胡应麟的《诗薮》等，虽片言只语，也不可轻忽。

此外，历代的论诗诗、诗歌选本以及大量的诗词纪事，同样具有不可或缺的接受史价值，从中可以发现经典的审美反响、传播广度和经典化进程等，是研究经典的效果史的重要资源。其中，最值得重视的是集注和汇评性的历代诗歌选本。随着诗话在宋代的兴盛发展，各类诗话中对经典名篇的精彩阐释越来越受到人们的重视。南宋时便出现了把经典诗篇和诗话品评融为一体的诗歌选本。何汶的《竹庄诗话》和蔡正孙的《诗林广记》是此中开创之作。尤其是蔡正孙的《诗林广记》，不仅广搜"前贤评话"以展示经典的阐释史，而且后附"有所援据摹拟者"以现出经典的影响史，可以说是最早具有接受史意识、重视搜集接受文本的诗歌选集。此后，以集注、集释、汇评、集说等方式编撰的诗歌选集和诗文专集，在元明清各代层出不穷。

进入21世纪以来，现代学者把接受文本和经典作品融为一体的集注、集释、汇评、集说作为重新整理经典作家诗文集和权威选本的基本方式，产生了一大批极富学术价值和阅读价值的著述。如陈伯海主编的《唐诗汇评》，囊括了一代经典的接受文本；刘学锴、余恕诚编撰的《李商隐诗歌集解》，综括一家经典的接受文本；叶嘉莹的《杜甫秋兴八首集说》，则搜集了一组经典的接受文本。

经典的接受史细读包括文献学和批评学两个环节。接受文本的系统整理提供了文献基础，在此基础上还应做深入的批评性阐释。

第三节 接受史研究的多重思路

一部众声喧哗的经典接受史就是一个思想史事件，在众声喧哗的思想史事件的背后，必然包含丰富的人生意义、审美意义和诗学意义。因此，真正的接受史研究，绝不能望文生义地把接受史仅仅视为排列材料的叙述方式，而应是在梳理这部众声喧哗的接受史基础上，深入探寻隐藏在这个思想史事件背后的人生意义、美学意义和诗学意义。换言之，必须从文献学深入批评学，从表层的文本接受史进入深层的精神文化史，从而发现新问题，提出新见解。

与此相联系地，接受史作为学术方法，具有相互关联的三层含义：一是搜集材料的接受史方法，即按历史线索对接受文本做全面系统的搜集整理；二是对待材料的接受史态度，即前人的理解不是我们理解的障碍，而是我们重新思考的财富；三是研究问题的接受史意识，即一部经典的接受史是一部动态的对话史，应当把它作为一个动态的微观思想史来研究。具体地说，与传统的静态文本细读相比，接受史视野中的经典细读，至少有以下几种新思路和新意义。

一、经典化进程的历史考察

传统的经典细读往往认为，被阅读作品的经典地位是无可争议的，其权威性也不容挑战，无须问它的来历如何，也从未想过要追问它的历史境遇。文本细读的任务无非就是品味作品的语言，揭示它的技巧，阐释它的意义，赞美它的价值。多少年来，人们对经典的这种态度一直被视为当然。其实，任何一部作品的经典地位并非与生俱来，而是在长期的接受过程中逐步确立起来的。接受史细读的首要任务，就应当考察其经典化和经典地位确立的具体过程，这是经典细读的必要前提和阐释基础。

从文学史看，经典的确立具有自身的规律。首先，文学经典的确立不仅取决于作品本身的精神深度，同时还受制于解读者的创造能力。在回答"谁使弥尔顿成为经典？"的问题时，布鲁姆写道："答案首先在于弥尔顿自己，但同时还有其他强有力的诗人，从他的朋友安德鲁·马维尔经约翰·德莱顿等一直到 18 世纪和浪漫主义时代的几乎每一位重要诗人……当然，约翰逊博士和黑兹利特等批评家也对经典化作出了贡献。"[1] 在他看来，经典的建立至少是三种条件合力的作用：一是作品自身的高度原创，二是在同时期的人和后人与之竞争中赢得的地位，三是有赖于批评家的发现。"谁使《春江花月夜》成为经典？""谁使《长恨歌》成为经典？"我们的答案同样如此。其次，就接受者而言，经典的成立并非取决于某一权威一时的取舍，而应获得大多数人在长久时间里的不断赞赏。布瓦洛说得好："一个作家的古老对他的价值不是一个准确的标准，但是人们对他的作品所给的长久不断的赞赏却是一个颠扑不破的证据，证明人们对他的赞赏是应该的。"[2] 换言之，时间是伟大的批评家，只有能让人反复重读的作品才算得上真正的经典。杜诗在中国诗歌史上的崇高地位，除艺术创作的集大成外，决不能无视 1000 多年来"千家注杜"的盛举所增添的荣誉。最后，作品的经典化进程很少是一路高歌、直线进化的，相反却无不起伏跌宕、充满曲折。19 世纪英国批评家德·昆西论华兹华斯的经典化进程有段名言："1820 年之前，华兹华斯的名字给人家踩在脚下；1820 年到 1830 年，这个名字是个战斗的名字；1830 年到 1835 年，这已是个胜利的名字了。"[3] 中国古典诗歌的经典化进程，情况更为复杂多样：有的落地开花声誉不断，有的波澜起伏时高时低，有的名噪一时热后骤冷，有的知音在后由隐而显等。

　　在人们对经典的不同选择和经典声誉的显晦升降背后，是时代的审美风气和接受者期待视野的转移和变化。全面考察作品的经典化进程，具体分析接受群体的独特构成，深入探讨声誉的显晦升降背后的原因，有助于从特定侧面揭示一个时代审美风气和接受群体的期待视野，同时也为进一步的阐释史考察和文本意蕴的历史阐释奠定了基础。

---

［1］布鲁姆. 西方正典：伟大作家和不朽作品［M］. 江宁康，译. 南京：译林出版社，2005：20.

［2］布瓦洛. 朗加纳斯《论崇高》读后感［M］// 伍蠡甫，蒋孔阳. 西方文论选：上卷. 上海：上海译文出版社，1979：304-305.

［3］华兹华斯. 华兹华斯抒情诗选［M］. 黄杲炘，译. 上海：上海译文出版社，1986：8.

二、文本意蕴的历史阐释

在经典阅读史上，几乎每一部作品的主题、意蕴和意境的解读都充满了歧见和争议，不同时代的读者从不同角度和不同层面做出了各自的解释。这种对作品的解释和争议正在并必将持续下去，且永无止境。即使是一些主题明朗、没有争议的作品，后代读者也往往不甘重复陈说而力求提出自己的新见。从《登幽州台歌》到《春江花月夜》，从《蜀道难》到《长恨歌》，从《枫桥夜泊》到《夜雨寄北》，无不如此。李商隐的《锦瑟》更是成了一道检验审美智商的"哥德巴赫猜想"，每一时代都有众多读者试图借以显示自己的审美才华。

作品的思想内涵、艺术技巧和审美风格，是经典阅读中最令人关注，也是最容易产生争议之处，接受者的理解又始终处于不断深化不断丰富的过程中。因此，文本意蕴的历史阐释也主要表现在三个方面：一是思想意义由浅而深的历史累积；二是艺术技巧由简而繁的历史探讨；三是审美风格由粗而细的历史阐释。

人类文明五千年，个体生命一百年；个体生命是重复，人类文明是重叠；五千年的人类文明，实质是百年人生经验的重叠累积。真正伟大的艺术经典，无不包容了百年人生的全部多样性和复杂性，是一个浑融完整的新鲜生命。经典的意蕴是不可穷尽的，无论思想意义、表现技巧还是审美风格，都将随着人性的丰富和审美生活的发展而得到新的解释。对经典意蕴的理解，不应为了突出己见而对前人做消极否定和一笔抹杀，而应在建设性的历史累积中加以深化。历史的比较阐释常常会投射出独特而深邃的光芒，照亮我们理解中的幽暗角落。从《关雎》到《锦瑟》、从《庄子》到《红楼梦》，对经典的精神意蕴、艺术技巧和审美风格的理解，正是在历史阐释和历史累积中不断地得到丰富和深化。

三、艺术影响的历史展示

接受主体是由多元接受者构成的接受群体。如果说作品的经典化进程的历史考察和文本意蕴的历史阐释是以普通读者和批评家的接受成果和接受文本为主要研究对象，那么艺术影响的历史展示则是以艺术家接受经典影响并加以创造性化用的系列艺术文本为主要研究对象。

在考察西方诗歌史时，布鲁姆有一个独到发现："诗的历史是无法和诗的影响截然区分的。因为，一部诗的历史就是诗人中的强者为了廓清自己的想象空间而相互'误读'对方的诗的历史。"[1]简言之，诗的历史就是强者诗人的影响史，也是经典诗歌的误读史。验之诗史，确乎如此。屈骚与历代骚体辞，陶诗与历代和陶诗，"崔颢体"与李白之流的崔颢体七律，"易安体"与历代易安体词，再如王昭君《怨诗》与历代"昭君诗"，曹植《洛神赋》与历代"神女诗"，白居易《长恨歌》与历代"马嵬诗"，等等。诗的历史确乎是强者诗人的影响史，是经典诗歌的误读史。

为什么强者诗人和经典作品会形成绵绵不断的影响史？首先，与经典作家所处的前无古人的历史境遇和创作境遇密切相关。正如卢那察尔斯基所说："任何国家的第一批天才总是占据着最大的制高地，解决遣意表情和修辞琢句上最重大的问题。"[2]其次，与艺术创作的对象特点密切相关。歌德说得好："世界总是永远一样的，一些情境经常重现，这个民族和那个民族一样过生活，讲恋爱，动情感，那末，某个诗人做诗为什么不能和另一个诗人一样呢？生活的情境可以相同，为什么诗的情境就不可以相同呢？"[3]最后，与艺术思维的特点密切相关。斯达尔夫人在探讨"希腊诗歌事实上是一切诗歌的先行者"的根源时指出：诗歌的艺术思维不同于科学的理性思维，"它可以在最初的一次诗情迸发中达到以后无法超过的某种美"，因此"第一个出现的诗歌也许是最值得称羡的诗歌，同时也许正是由于这一条件，希腊诗歌才具有它的优越性"。[4]同样，《诗经》中的经典名篇作为中华民族诗情的第一次迸发，掌握住了中华民族人性和人情的原始色彩，于是成了中华三千年诗歌史上"递相祖述"的艺术原型，并为中华三千年诗歌创作提供了一切原型母题。

经典影响史的研究具有特殊的学术意义。一是开拓视野，在比较中深化对经典的欣赏。读钱锺书的《管锥编》，常见先生拈出一个原型性的

［1］布鲁姆. 影响的焦虑[M]. 徐文博，译. 北京：生活·读书·新知三联书店，1989：3.
［2］卢那察尔斯基. 卢那察尔斯基论文学[M]. 蒋路，译. 北京：人民文学出版社，2016：116.
［3］爱克曼. 歌德谈话录[M]. 朱光潜，译. 北京：人民文学出版社，1982：55.
［4］斯达尔夫人. 论文学[M]. 徐继曾，译. 北京：人民文学出版社，1986：38-39.

"诗胎""母题",如《毛诗正义》中的"送别情境""暝色起愁""企慕情境",等等，然后四出而行，连类举例，充类至尽，钩稽出源远流长的影响史，读来常有痛快淋漓、荡气回肠之感。二是正视历史，深入研究艺术影响的内在规律。刘克庄《后村诗话》卷一曰："古人服善。太白过黄鹤楼有'眼前有景道不得，崔颢题诗在上头'之句，至金陵，遂为《凤凰台》诗以拟之。今观二诗，真敌手棋也。"此后，历代诗话对李白写《登金陵凤凰台》的心理动机，以及《登金陵凤凰台》与《黄鹤楼》二者的影响关系和艺术优劣做了深入的探讨，涉及创作心理、影响方式和创新思路等问题。每一部经典的影响史都有一组特殊的诗学问题，有待深入探讨以认识和总结创作规律的复杂性和多样性。三是建立作品群，为经典的多重宏观解读提供基础。根据研究对象的不同，现代文本解读方法可以分为两类。一类是以单个作品为对象的微观解读，如新批评、语言学批评、意象批评、心理分析批评等；一类则是以作品群为对象的宏观解读，如传统的渊源批评和比较文学、现代的结构主义批评和神话原型批评等。建立起以经典为原型母题的同题同类的作品群和作品系列，是系统考察经典影响史的直接结果。同时，这也为采用其他多种方法对经典做多重解读提供了基础。钱锺书的《管锥编》既是伟大经典的解读，又是经典的伟大解读。研究者发现，在这面学术"魔镜"中，作者对经典的阐释采用了多种多样的宏观解读方法。而在笔者看来，个中秘密，首先就在于作者善于建立以经典为中心的作品群，然后根据研究对象的特点，或追溯渊源，或比较异同，或模式概括，或原型分析，等等。

四、接受史细读与诗学探讨

面对经典的接受史做深入的诗学思考，发现和提出独特的诗学问题，这是符合中国诗学传统的研究途径，也是接受史细读中特有的理论收获。

中国古代少有体系性的诗学理论著作，只有大量感悟式的诗话词话。但古人并非没有诗学思考和诗学理论，更非没有民族的诗学体系，只是表达方式和存在形态不同而已。西方人长于抽象，精于分类，创造了概念明晰、逻辑严密的诗学理论体系。中国人不尚空谈，妙于体悟，沉浸于直面经典的诗学沉思，在诗话词话中留下了一个潜在的诗学体系。不过，潜体系毕竟不是科学体系，现代学术的发展也不能满足于潜体系。只有将真理纳入一个完整的科学体系，运用起来才方便，才有助于真理的传播。

20世纪以来，学者们尝试借用西方成熟的理论思路来阐释中国诗学，按西方的理论思路截取理论观念，把中国的理论范畴纳入西方的话语模式之中。这不失为一种尝试。但这种削足适履的做法确实存在诸多不足。例如，传统的诗学范畴难以得到清晰界定，传统的诗学观念难以得到切实考察，固有的诗学话题难以得到充分的发现，等等。

如何深化和拓展古典诗学的研究？在经典接受史的基础上做进一步的诗学反思，不失为一条有益的途径。首先，理论源于实践，诗学理论源于诗学经典。歌德曾精辟揭示了诗学理论与诗学经典之间的内在关系："真正的艺术品包含着自己的美学理论，并提出了让人们藉以判断其优劣的标准。"[1]换言之，艺术的普遍原则潜藏于艺术的经典之中，只有直面艺术经典，才能把握艺术奥秘。古代的诗话词话不免细碎琐屑，却是古人面对经典沉潜玩味的结晶，虽三言两语，往往见解精深，潜藏着丰富的诗学思想。一部经典的阐释史，也往往是围绕经典展开的某一理论问题的诗学沉思史。其次，诗话词话写作中诗学沉思的特点为经典细读的诗学价值提供了充分保证。经典的诗学沉思是主体与对象之间回旋往复的对话过程，其特点表现为沉思对象的集中性、沉思主体的体验性和沉思过程的论辩性三个方面。沉思对象的集中性有助于诗学论题的提出，沉思主体的体验性保证了理论发现的价值，而沉思过程的论辩性则不断推进诗学探索的深化。

初步研究证明，在经典阐释史基础上做进一步的诗学反思，确实会有独特的理论收获。金昌绪的《春怨》自北宋起即被推为"作诗之法"，此后历代评论家从不同层面揭示了《春怨》的诗学意义。考察《春怨》的千年阐释史，便发现前人面对《春怨》的诗学沉思，确实潜藏着一套古代抒情诗的审美法则。《孔雀东南飞》被今人誉为"中国最伟大的叙事诗"。然而中国古代没有叙事诗之说，更没有叙事诗理论。考察《孔雀东

---

[1]格罗斯.牛津格言集[M].王怡宁，译.上海：汉语大词典出版社，1991：394.

南飞》1800 多年的接受史，不仅可以看出中国古代叙事诗的经典化进程，而且还能发现一个潜在的传统叙事诗理论体系。经典阐释史基础上的诗学研究，其学术前景是广阔的，它不仅可以深化旧题，解决难题，而且可以不断发现和提出新的论题。

第四节　接受史方法与语文教学

经典的阅读史是民族精神的发育史。一个人学生时代的文学阅读是其一生经典阅读的基础。小学、中学到大学的文学教师，又是一个人文学趣味最直接的指导者。如何提高课堂文学教学的效果以及培养学生良好的阅读习惯和持续的阅读兴趣等问题，日益受到语文教育界的重视。接受史细读作为一种符合学术规律的有效方法，同样可以用于文学经典的课堂教学，尤其是大学中文系的经典教学。它既有助于激发学生阅读兴趣，也有助于提高教师教学效果。具体的做法和意义可概括为以下三方面。

一、提供双重背景，展示审美历程

所谓双重背景，一是经典创造的时代背景，二是经典在历代的接受背景。传统的经典教学依据模仿说和反映论的文艺观，认为文学艺术是社会生活的反映，是对现实生活中重大而有兴味的事件的审美再现，作家的创作源于他对时代风云的洞察和生活经验的积淀。于是，教学中无不首先介绍作品的时代背景和作家的人生经历，试图通过历史原貌的重建，达到对作品原意的把握。这是必不可少的。吟诵屈原的《离骚》，玩味阮籍的《咏怀》，披览古典名剧，阅读四大名著，对时代背景和创作意图一无所知，要想把握作品的真谛是不可思议的。诚如卢那察尔斯基所说："伟大的文学现象和重要的作家个人多半是、也许纯粹是社会大变动或社会大灾难的结果。文学杰作就标志着这些变动和灾难。"[1]赵翼所谓"国家不幸诗家幸"，是一个深刻的思想，揭示了伟大的文学杰作诞生的普遍规律。正是在这个意义上，丹纳在《艺术哲学》中提出了文学批评的"三总体"原则：每一部作品都从属于作者的全部作品；每一位艺术家则从属于他所隶属的艺术派别；艺术派别又包括在社会风俗和时代精神的更大的总体内。据此，丹纳总结道："要了解一件艺术品，一个艺

---

[1]卢那察尔斯基.卢那察尔斯基论文学[M].蒋路，译.北京：人民文学出版社，2016：317.

术家，一群艺术家，必须正确地设想他们所属的时代的精神和风俗概况。这是艺术品最后的解释，也是决定一切的基本原因。"[1]丹纳的"三总体"原则，为经典阅读中重视时代背景和历史重建提供了有力的逻辑论证。

　　然而，从阐释学和接受史的角度看，仅仅提供作品的创作背景是远远不够的，还应当提供作品诞生后的接受状况，提供其独特而完整的接受背景。这与经典作品的经典化过程和经典阅读的目的效果是密切相关的。首先，艺术杰作的创造与时代特点、作家才能密切相关，时代特点为作品的产生提供机遇，作家才能为作品的造诣奠定基础。但是，经典的确立却并不取决于作品产生的时代，更不可能是作家的自封。时间是伟大的批评家。作品成为经典，最终取决于能被"大多数读者在长久时间里的不断地赞赏"。没有一部作品落地即成巨人，问世即为经典。任何一部现在被视为经典的作品，都经历了复杂的经典化过程。既然如此，那么经典阅读的第一步，就应当提供接受背景，向读者说明它如何成为经典。《论语·为政》曰："视其所以，观其所由，察其所安。"这是讲观察人的三个角度和三种方法，它同样也可以用于指导经典的阅读理解。"观其所由"，即观察他的由来始末。来路不明，何以服人？其次，经典阅读的理想境界是从文本中最大效果地获得审美愉悦和精神启迪。一部作品被经典化的过程，也就是发现作品经典价值的过程。提供接受背景，就是回答作品如何成为经典以及何以成为经典，既展示了作品的经典化进程，又显示了作品的审美价值和精神意蕴不断被发现的过程。因此，如果说提供创作背景有助于了解作品的外在成因，那么提供接受背景就有助于读者了解作品的内在价值，同时也为进一步的经典细读奠定了基调，提供了参照。

　　萧散冲淡的陶诗，在任何时代都不可能像李白和苏轼的诗、李煜和李清照的词那样，真正得到年轻人的喜爱。但是，如果向学生提供了陶诗的接受背景，充分阐明了陶诗由"晦"而"显"的过程和原因，学生对陶诗的态度无疑会人人改变。

---

[1] 丹纳. 艺术哲学[M]. 傅雷, 译. 杭州：浙江人民美术出版社, 2017：14.

二、进行双重阅读，重视前人见解

所谓双重阅读，一是要细读经典文本，二是要阅读前人的解释。经典阅读首要是文本细读，这是经典教学的出发点，也是最终的归宿。然而，经典因选择而诞生，经典又因阐释而形成。因此为了更好地细读文本，把握经典的真义，还应在阅读经典的同时，阅读前人对经典的解释。关于双重阅读的必要性和重要性，陈少明在《〈齐物论〉及其影响》的结语中有一段很好的论述：

经典因解释而形成，意思是经专家解释才能被读者了解，其观念才有可能广泛传播深入人心，才能体现其伟大的思想力量。形式上文本与解释是两个不同的组成部分，但完全不理会前人解释的阅读，即使不是完全不可能的，也是非常不可取的。越是后来的解释者或读者越是需要阅读前人的解释，这是克服文化沉积所造成的障碍的需要。因此，有时候阅读经典与阅读解释难以区分。更多情况下，人们相信那些经典性的解释就是经典内在意义的真切传达。[1]

经典因阐释而形成，阐释引导人们深入文本。因此，在阅读经典的同时，阅读前人解释的必要性和重要性是不难理解的：一方面，有助于读者抓住作品的精神内核，深入把握经典的内在意义和伟大的思想力量；另一方面，有助于克服时间距离和文化沉积所造成的障碍，让古典走向现代，走进现代人的心灵。历代读者对经典的解释，不断发掘和丰富着经典的内涵，也实现了经典的现代转换。前人的理解绝不是我们理解的障碍，而是我们创造性理解的资源和财富。接受史意识和接受史方法启示我们必须确立一种新的观念，同时也为经典教学开辟了一条新的途径。

如何阅读前人的理解？有两点应特别重视。一是要重视经典接受史上的第一读者。所谓第一读者，是指以独到的见解和精辟的阐释开创接受史，奠定接受基调，指引接受方向的那位读者。由于其见解的精辟和独到，第一读者的理解和阐释得到一代又一代读者的重视，并在一代又一代读者的接受之链上得到充实和丰富。二是要重视接受之链上的经典

---

[1]陈少明.《齐物论》及其影响[M].北京：北京大学出版社，2004：230.

性解释。所谓经典性解释，是指对作品的内在真义和文化价值有创造性的发现，由此或彻底改变了人们对作品的审美态度，或从根本上提高了作品的文化地位和历史地位的解释。明代的胡应麟、晚清的王闿运以及现代的闻一多，是张若虚《春江花月夜》的接受史上的三位重要的阐释者。如果说胡应麟是《春江花月夜》的第一读者，奠定了作品的审美阐释基调，那么王闿运和闻一多则是两位重要的经典性解释者。可以说，《春江花月夜》的近代阐释史是王闿运观点的延续，而现代阐释史则是闻一多评价的进一步发挥。

三、倡导多元阐释，认同自得之见

所谓多元阐释，既肯定诗有定旨，又允许诗有多解，从而充分尊重和认同学生的自得之见。"诗以意为主"是古典诗学的核心命题，也是符合创作规律的深刻命题。但是传统阐释学把诗中之意归结为单一的作者原意。受此影响，传统的文学教学便把认识作者原意作为唯一任务和最终目的。现代阐释学认为，文学意义实质是由作者原意、文本意蕴和读者审美意味构成的多元动态结构，诗有定旨，文含意蕴，可以接近，却难以穷尽。"作者用一致之思，读者各以其情而自得"的阅读经验和经典作品绵延复杂的阐释史，也充分证明了这一点。经典教学必须改变"定于一尊"的传统观念，教师在展示审美历程、介绍前人解释的基础上，进一步启发学生的审美想象，倡导多元阐释，充分尊重和认同学生的自得之见。

倡导多元阐释，认同自得之见，不仅符合经典的接受规律，而且能更好地提高文学教学效果。首先，它能极大地调动学生的阅读积极性。在传统的原意说教学中，教师常是掌握原意的胜利者，而学生则常是得不到原意的失败者。于是，理应最能放飞学生审美想象的语文课堂，却长久成为无数学生充满失败感的"伤心地"。倡导多元阐释，学生就成为经典的主人；认同自得之见，学生就会由失败性阅读变为成功性阅读。掌握了审美主动性的学生，自然提升了阅读积极性，并会培养起阅读兴趣，形成良好的阅读习惯。其次，在学生获得自得之见的过程中，又能有效地发挥经典的精神启迪作用和心灵净化作用。审美阅读中的自得之见，来源于对文本的深入体验，又必然经过自圆其说的内心对话，然后在潜移默化中完成心灵的自我丰富。由此可见，自得之见是学生在经典阅读中实现自我丰富的前提，而从自得之见到自圆其说再到自我丰富，正形成了经典阅读的审美良性循环，有助于真正实现以经典升华心灵的目的。

第六章 | 古代诗文评与诗文新解读

　　以古代诗文评为资源的接受史，是语文教学中的新思路和新方法。然而，借助接受史方法，把古代诗文评即诗话、词话、文话中的审美智慧有效地运用于语文教学，并不是轻而易举、一蹴而就的。西方哲人有云："只有详尽的例子，才能提供明确的观念。"本章将对诗、词、文三种文体的三部经典作品，即张若虚《春江花月夜》、李清照《如梦令》和欧阳修《醉翁亭记》的接受史做深入的个案研究，为语文教学中接受史思路的运用提供可资借鉴的实例。

第一节 唐人青春之歌走向顶峰之路

盛唐诗人张若虚的《春江花月夜》，是一曲唐人的青春之歌，也被视为诗歌史上"以孤篇压倒全唐"的"诗中的诗，顶峰上的顶峰"。然而，《春江花月夜》1300 多年接受史，并非"滟滟随波千万里，何处春江无月明"，而是长期被忽视和遭冷遇的。在诞生近 400 年后，它借郭茂倩的《乐府诗集》方重现诗坛；又近 500 年后，在胡应麟的《诗薮》中得到第一次阐释；胡应麟之后迄今 400 多年，才真正进入接受史的黄金时代。《春江花月夜》的接受史为何如此跌宕起伏？明清诗评家是如何诠释这篇抒情经典的？到了现代，人们为什么又把它奉为"诗中的诗"？这是《春江花月夜》接受史中值得探讨的问题。

一、"春江花月"何处寻？

唐宋两代是《春江花月夜》接受史的第一阶段。张若虚在这一阶段的境遇最为寂寞。一言以蔽之，只传其名，不论其诗。唐宋两代，分而论之，略有差别：诗人身后唐五代近 250 年，只传文名，不见诗名；两宋金元 400 年，虽见诗篇，不论诗境。

张若虚在唐代的文名，不见于生前的文献，仅散见于身后笔记、史籍的记载。现存文献最早提到张若虚的是晚唐郑处诲的《明皇杂录》，其曰："天宝中，刘希夷、王昌龄、祖咏、张若虚、孟浩然、常建、李白、杜甫，虽有文章盛名，俱流落不偶，恃才浮诞而然也。"此外，附见于《旧唐书·贺知章传》和《新唐书·刘晏传》所附《包佶传》。文献虽少，但透露了多方面信息。首先，这位被闻一多视为与陈子昂同为"初唐双峰"的杰出诗人在《新唐书》和《旧唐书》中均无传记，在唐宋笔记中也无专门记载。张若虚的名字皆依附于某一文人群体和他人传记才得以留传。其次，仕途止于兖州兵曹却"恃才浮诞"而"流落不偶"的张若虚，虽正史无传，却"位卑而名著"：一是这位"文词俊秀、名扬于上京"的吴越之士，当时已被列为"吴中四士"之一，可谓既盛誉故里，又名扬上京；二是

《明皇杂录》《新唐书》《旧唐书》所列"上京"与"吴越"两个文人群体，大多是初盛唐的大家和名家，尤其是李白与杜甫，一为诗仙，一为诗圣，张若虚被并列其中，足见当时其文名之盛。

虽有文名，却不见诗名。在唐代文献中，始终未见《春江花月夜》这首杰作的篇名。《全唐诗》仅录张若虚诗二首，一首是《春江花月夜》，一首是极平常的《代答闺梦还》。那么这两首诗何幸得以流传下来？今存唐人选唐诗 10 余种，依其编选断限和取舍标准，只有成书于天宝初年芮挺章的《国秀集》有将其诗选入的可能，然而集中却不见其作品。据陈尚君考证，除现存唐人选唐诗 10 多种之外，尚有已佚的唐人选唐诗 30 余种，其中不少唐前期诗选宋时大抵还在。[1]张若虚诗当被选入其中某一诗选内，方得以由唐流传至宋。刘肃《大唐新语》卷八《文章》论刘希夷曰："少有文华，好为宫体，词旨悲苦，不为时所重……后孙翌撰《正声集》，以希夷为集中之最。由是稍为时人所称。"并特别提及以"年年岁岁花相似，岁岁年年人不同"一联名世的《代悲白头翁》。孙翌开元年间曾为监察御史，《正声集》宋以后失传，据考为唐前期诗选之知名者。《春江花月夜》与《代悲白头翁》歌调相近，常为后人并提对照，莫非它正是借《正声集》由唐传宋？

到了宋代，《春江花月夜》终于浮现诗坛。郭茂倩是《春江花月夜》传播接受史上的功臣。今见《春江花月夜》最早文本，即载于郭茂倩《乐府诗集》第 47 卷。此卷收录清商曲辞吴声歌曲《春江花月夜》，同题诗篇包括张若虚之作，共 5 家 7 篇。但这篇杰作只是静静地躺在《乐府诗集》中，无人过问。除郭茂倩《乐府诗集》外，宋金元三代的唐诗选，尚未见一书选载张若虚之作。元末杨士弘的《唐音》是最应当选取《春江花月夜》的。但遗憾的是，这篇被人视为"盛唐中之初唐"的杰作，未能成为杨士弘"唐音中之始音"。

宋代诗话大盛，前代与时人的名篇佳句无不进入诗话家的阐释视野。然而在数百种宋人诗话笔记中，包括宋编三大宋诗话总集《诗话总龟》《苕溪渔隐丛话》《诗人玉屑》，以及今人编辑收录 100 种宋人笔记评诗之语

---

[1] 陈尚君. 唐代文学丛考[M]. 北京：中国社会科学出版社，1997：181-222.

的《宋人诗话外编》，均未见只言片语论及《春江花月夜》的诗意和诗境。元代的数十种诗话、诗格著述，同样如此。面对中国诗歌史上这首"抒情诗最好的标本"，宋元诗评家的集体性盲视，令人唏嘘不已。倘若郭茂倩选诗稍严，一个伟大青春时代的文学象征就会从此沉入诗海，销声匿迹。

那么，为什么将"春、江、花、月、夜"五字炼成一片奇光的长篇杰作却长久默默无闻，几乎失传？张若虚生前未编文集，影响了作品的流传，自然是重要原因。但也不尽然，宋元接受者对它的集体盲视，似有更深的原因。其中最有可能也最为重要的，当是《春江花月夜》的宫体渊源和类似四杰歌行的轻丽风格，使它长久未能进入主流审美视野。这里可提供一个例证。《乐府诗集》卷47所收"吴声歌曲"中相传为陈后主所作的几种曲调歌词，明代之前几乎都存而不传。《旧唐书·音乐志》曰："《春江花月夜》《玉树后庭花》《堂堂》，并陈后主所作。叔宝常与宫中女学士及朝臣相和为诗，太乐令何胥又善于文咏，采其尤艳丽者以为此曲。"《乐府诗集》卷47依次收录了《春江花月夜》5家7篇，《玉树后庭花》2家2篇，《堂堂》1家1篇。泛览明代之前的诗选、诗话、笔记、杂著，这8家10篇既不见选录，更不见品题。相反，随着杜牧"商女不知亡国恨，隔江犹唱后庭花"诗句的广泛流传，陈后主的《玉树后庭花》作为亡国之征的靡靡之音，不断受到讥评和批判。显然，任何一个祈求永世长存的封建王朝对于亡国之音都不能容忍，更难得到主流意识形态的正面评价。张若虚的《春江花月夜》虽一枝秀出，但因其宫体诗的身份，似也必然受此牵连。

现象学美学认为，艺术作品不等于审美对象，前者的文本性存在只具有潜在价值，后者的心灵性存在才实现其真正价值。从盛唐至宋元，张若虚的《春江花月夜》湮埋在少数几个选本中，没有留下任何一位有名有姓的可靠接受者，因此它只是一篇具有潜在价值的艺术作品，没能成为真正的审美对象。

二、从"诗之旁流"到"竟为大家"

到明代，《春江花月夜》才真正成为审美对象而获得艺术生命，《春江花月夜》的接受史也从明代才真正开始。从明初高棅的《唐诗品汇》

（1393）到万历年间胡应麟的《诗薮》（1590），从选家到诗评家，这篇歌行终于从文本性的艺术作品成为心灵性的审美对象。同时，《春江花月夜》自明代以降的接受过程，也是其被经典化的过程。

先看明清选家对《春江花月夜》的关注。在《唐诗品汇》中，《春江花月夜》低调入选。高棅选诗自成体系，"类分七体，详列九目"，即在每一体中视其品质地位的高下又详分为正始、正宗、大家、名家、羽翼、接武、正变、余响和旁流。《唐诗品汇》"七言古诗"一体共 13 卷，《春江花月夜》被置于第 13 卷"旁流"中。而在高棅另一选择更严的选本《唐诗正声》中，此诗则被删削。可见在高棅心目中，《春江花月夜》仅为"旁流"，而不在"正声"之列。尽管如此，高棅在《春江花月夜》接受史上仍有重要意义。首先，《唐诗品汇》的精选不同于《乐府诗集》的广采。选择即评价，经过高棅的选择和品评，《春江花月夜》已由客观的文本性存在，成为审美的心灵性对象，高棅也成为《春江花月夜》接受史上第一个自觉读者。其次，《春江花月夜》在明初的首次低调露面，再次表明其在宋元两代的冷遇并非偶然，是有深层的审美文化根源的。高棅的低调态度似乎不只是其个人态度，而是明代前期主流审美群体的共同态度。证据就是其后将近 150 年间，《春江花月夜》一直未出现在明人的唐诗选本和诗话笔记之中。

《春江花月夜》接受史的真正转折点，当在明朝嘉靖时期，标志是"后七子"领袖李攀龙在《古今诗删》中再选此诗。李攀龙《古今诗删》后的百年左右，《春江花月夜》的接受史出现了第一个高潮。清初选家不减晚明热情。康熙、雍正、乾隆三个时期的重要唐诗选本，无不选录此诗。清代选家兼选评于一身，在明代选家基础上对诗境和诗意做了更深入的阐释，形成了《春江花月夜》接受史的第二个高潮。[1] 经历晚明和清初的两个接受史高潮，《春江花月夜》的经典地位已牢固确立。

在诗歌接受史上，评家大多晚于选家。但在经典地位的确立过程中，评家的作用和影响往往超过选家。《春江花月夜》在从明代至清末的经典化进程中，万历时期的胡应麟、康熙时期的贺裳和清末的王闿运是最值

---

[1] 明清选家对《春江花月夜》的热情态度，程千帆的《张若虚〈春江花月夜〉的被理解和被误解》一文有详细介绍，此处从略。

得重视的诗评家。他们从三个不同的阐释角度，由品赏风格，到定为名篇，再到推为大家，一步步地把《春江花月夜》推向"孤篇横绝，竟为大家"的经典地位，构成了经典化进程的三部曲。

如果说高棅是《春江花月夜》接受史上第一个别具慧眼的自觉读者，那么将近 200 年后的胡应麟则是第一个别具慧眼的审美阐释者。《诗薮》内编卷三论七言古体曰：

张若虚《春江花月夜》，流畅婉转，出刘希夷《白头翁》上，而世代不可考。详其体制，初唐无疑。

胡应麟这段评论成为《春江花月夜》阐释史的开篇，虽寥寥数语，却内涵丰富。首先，他从审美直觉出发揭示了这篇歌行"流畅婉转"的风格特色。这也是其做进一步判断的立论基础。其次，从这一审美判断出发，他论定《春江花月夜》与《代悲白头翁》风格相似，而艺术性则"出刘希夷《白头翁》上"。这一论断既具有翻案性质，又初步确定了《春江花月夜》的经典意义，为后来者奠定了阐释基调。再次，由于《春江花月夜》世代不可考，他便根据作品的文体风格或体制格调，进一步推断作品的创作年代为初唐。

在胡应麟的评语中，"流畅婉转"和"初唐无疑"是关键所在，它体现了阐释者对《春江花月夜》既充分肯定，又有所保留的谨慎态度。遍览《诗薮》，在胡应麟评论唐人歌行的辞典中，"流畅婉转"绝非轻许之词。在胡应麟的心目中，被许以"流畅婉转"的《春江花月夜》既像高适、岑参、王维、李颀的作品一样已达到七言歌行的成熟境界，可以作为初学的典范。但同时，胡应麟对《春江花月夜》的推许又是有所保留的，即所谓"详其体制，初唐无疑"。在唐诗阐释学中，初、盛、中、晚，既是一个时代概念，又是一个价值概念。胡应麟论唐人初盛七言古体曰："初唐七言古以才藻胜，盛唐以风神胜；李、杜以气概胜，而才藻风神称之，加以变化灵异，遂为大家。"据此，他认定《春江花月夜》的"流畅婉转"止乎"才藻"而未达"风神"，更未抵李白、杜甫歌行才藻、风神和气概的浑融化合。

艺术作品的经典化进程是复杂多样的，有的可能一步登顶，更多的则要经历漫长岁月才能达到声望的顶点。对于《春江花月夜》这篇源于宫体而又"世代不可考"的作品，胡应麟持以谨慎的态度是完全可以理解的；"流畅婉转"一语，由于充分揭示了作品的风度格调和章法节奏的审美特点，从而奠定了明清诗评家文本细读的基调。

过了将近150年，在成书于康熙、乾隆年间的《载酒园诗话》中，贺裳把《春江花月夜》的经典地位又提高了一步。《载酒园诗话又编》分初、盛、中、晚，专评唐诗。贺裳把张若虚列为盛唐第一家。论曰：

《春江花月夜》，其为名篇不待言，细观风度格调，则刘希夷《捣衣》诸篇类也。此诚盛唐中之初唐。且若虚与贺季真同时齐名，遽分初盛，编者殊草草。吾读诗至贺秘书，真若云开山出，境界一新，毋宁置张于初，列贺于盛耳。

贺裳的这番议论并非直承胡应麟而来，但二人的见解有异同相间之处。其一，起笔第一句，便由胡应麟对作品审美风格的描述变为对作品经典地位的论定。从高棅《唐诗品汇》到贺裳《载酒园诗话》的约350年间，《春江花月夜》反复入选各种唐诗选本，并频频得到评家称赏，故其虽无名篇之名，却有名篇之实。贺裳把它列为盛唐第一家，又称"其为名篇不待言"，可以说是对《春江花月夜》此前350年声誉史的总结。其二，论及作品的风度格调，贺裳的见解同胡应麟基本一致，即所谓"刘希夷《捣衣》诸篇类也"。《捣衣》诸篇，当指《捣衣篇》《公子行》《代悲白头翁》等刘希夷歌行名篇。贺裳论刘希夷诗风曰"刘庭芝藻思快笔，诚一时俊才，但多倾怀而语，不肯留余"。在贺裳看来，唐诗的至善处在乎澹远含蓄，宋人失含蓄，明人失澹远，而"藻思快笔"的刘希夷，其诗"多倾怀而语，不肯留余"，即笔快有余而含蓄不足。《春江花月夜》既然与刘希夷歌行同为一类，它同样存在"倾怀而语，不肯留余"的不足，尚未达到唐诗澹远含蓄的艺术境界。其三，正是基于上述看法，贺裳又把《春江花月夜》定为"盛唐中之初唐"。细读后文，这一断语实包含两层意思：一方面，"若虚与贺季真同时齐名，遽分初盛，编者殊草草"。这既为自己列张若虚于盛唐辩护，也对选家把二位分列初盛，乃至胡应麟的"初唐无疑"的断语提出批评。另一方面，"吾读诗至贺秘书，真若云开山出，境界一新，毋宁置张于初，列贺于盛耳"。这就是说，虽张若虚与贺知章同时齐名，但诗风与刘希夷相类似的张若虚，尚未达到贺知章的高妙境界，故毋宁置张若虚于"盛唐中之初唐"，而列贺知章于"盛唐中之盛唐"。

这里的初盛之分，更是一个价值范畴，而非单纯的时代概念。古典诗学品第诗人诗作的经典性，有大家和名家之分。胡应麟《诗数》外编卷四曰："大家名家之目，前古无之……偏精独诣，名家也；具范兼镕，大家也。"贺裳称《春江花月夜》为名篇而非杰作，正类似于名家和大家之分。

贺裳之后，又经过150年左右的审美发掘和价值累积，到清末王闿运时，《春江花月夜》终于达到声誉的顶峰。陈兆奎辑《王志》卷二，《论唐诗诸家源流（答陈完夫问）》条云：

张若虚《春江花月夜》用《西洲》格调，孤篇横绝，竟为大家。李贺、商隐挹其鲜润，宋词、元诗尽其支流，宫体之巨澜也。

王闿运因这段评语成为《春江花月夜》接受史上最杰出的知音，并在更高的美学层次上开启了接受史的新阶段。所谓"孤篇横绝，竟为大家"，意谓《春江花月夜》如孤峰突起，似横空出世，令人有空前绝后之感，诗人更是竟以一篇杰作，成为具范兼镕的大家。这八个字，与其说是评语，不如说是惊叹。为什么王闿运会发出这样的惊叹？这段评语的前后两句，以宏阔的诗史眼光，从艺术原创和历史影响两个方面，点明了其之所以"孤篇横绝，竟为大家"的原因。王闿运对唐人七言歌行的发展曾有这样的看法，即初唐歌行沿袭六朝，高适、岑参、王维诗初具规模，李白始为叙情长篇。这是唐人歌行发展的大势，也是常人的一般看法。但是始终没有人意识到，远在高适、岑参、王维和李白之前，张若虚已"始为叙情长篇"。"张若虚《春江花月夜》用《西洲》格调，孤篇横绝"，可以说王闿运是在修正自己关于唐人歌行发展的看法，同时又指出了提前成熟的《春江花月夜》在歌行发展史上的巨大贡献及成功的奥秘。"李贺、商隐挹其鲜润，宋词、元诗尽其支流，宫体之巨澜也"，则充分肯定了《春江花月夜》对中晚唐诗、宋词和元诗的巨大影响，也为《春江花月夜》的影响史勾画出了简明的发展轨迹。

如果说"孤篇横绝"主要是指《春江花月夜》在唐人歌行发展史上的原创性和独特地位，那么"竟为大家"更多依据的是《春江花月夜》作为艺术典范对中唐以后诗歌创作的广泛影响。现代文学经典理论认为，原创性和典范性是艺术经典的基本品质。因此，可以说王闿运真正确立了《春江花月夜》的经典地位。屈指数来，《春江花月夜》从诞生时的初盛唐之间算起，至此已有近 1000 年了，此篇杰作的经典化之路，真可谓"路漫漫其修远兮"。

那么，能否把经典的建立完全归功于诗评家的发现？真正的批评家都有自己的批评智慧，但同时任何一个批评主体的价值取向和审美判断又离不开特定的阐释群体和时代风会。程千帆的著名论文《张若虚〈春江花月夜〉的被理解和被误解》就从时代风尚和审美风气的角度，对《春江花月夜》的被发现、被理解和经典化的审美文化原因做了精辟阐释。在考察了《春江花月夜》的选家和诗评家后，程千帆进而指出："《春江花月夜》的由隐而之显，是可以从这一历史阶段诗歌风会的变迁找到原因的。"[1] 依据作品的风格特点和明清诗评家的一致看法，张若虚的《春江花月夜》在文体和风格上属于初唐四杰一派。正因为如此，它在中国诗史上始终"与四杰共命运，随四杰而升沉"。初唐四杰的歌行从总体看，未脱齐梁余习，所以当陈子昂的价值为人们所认识后，四杰的地位便陡然下降。从盛唐到明代，在杜甫《戏为六绝句》之后，几百年来第一次真正将王勃、杨炯、卢照邻、骆宾王提出来重新评估其历史意义和美学意义的，则是李梦阳之伙伴而兼论敌的何景明。何景明对四杰做"重新估价"的经典言论，就是其著名的《明月篇·序》。在此序中，何景明从他的"诗学性情论"或"诗歌情爱论"出发，对以往全盘否定四杰的言论做了彻底颠覆，甚至认为四杰歌行还在杜甫之上，并把爱情题材和爱情主题置于至高无上的地位。这个大胆见解显然是时代的产物，是明代中叶以后更为开放的社会风气和浪漫的审美思潮的反映。

美国学者阿拉斯戴尔·弗勒在《文学的类型》中提出一个重要观点，即经典的构成与体裁等级的变迁密切相关。这既体现在创作对文体的选择上，也体现在对经典的评价中。同样，四杰的地位提高了，其所代表的七言歌行也必然会受到重视。这就是自李攀龙《古今诗删》以后众多的选本都选取《春江花月夜》的理由所在，同样也是自胡应麟以后众多评家一步步地把《春江花月夜》视为名篇、杰作，甚至推为"孤篇横绝"的原因所在。

---

[1] 程千帆.古诗考索[M].上海：上海古籍出版社，1984：88.

代表特定审美风尚的选家和诗评家，在诗歌的经典化过程中发挥着重大作用，但一部作品之所以最终成为经典，决定性因素还在于自身具有经典品质。张若虚的《春江花月夜》能成为不朽的经典，同样在于诗人具有战胜传统的创造力和作品内蕴的经典品质。明代以后《春江花月夜》的阐释史，就是一部《春江花月夜》经典品质的发掘史，也是一部歌行美学的建构史。

三、明清评家的诗学解读

让我们回到文本。《春江花月夜》全诗从月升写到月落，实境与梦境结合，春江与明月照应，幽情与妙思相融，迷离恍恍，一片奇光，犹如一支梦幻般的月光曲。读者的心随着美丽的诗句起伏流转，往往只觉其美却把握不住诗人要写的究竟是什么，但又觉得深蕴的情思令人怦然心动忽有所悟。这是一个神秘的审美召唤结构，吸引着无数不畏艰辛的接受者探寻其美的奥秘。

明清两代的接受者以持续不断的热情对歌行做了精彩解读，形成了《春江花月夜》阐释史上的高潮。从解读方式看，主要集中在诗话和选本的评点中。明代自胡应麟以后共有10余家，清代从王夫之到王闿运共得近20家。始而是诗话作者的率性而谈，继而是明代选家的集说集评，终而为清代说诗家的串讲解说。评家、选家和说诗家互相启发，步步推进对作品的审美理解。从解读内容看，除像胡应麟等对作品的写作年代、价值和地位做出推测和总体性评价外，还广泛涉及作品的诗体、诗旨、诗境以及声韵结构、语言技巧、渊源创新等多方面问题。评语或长或短，明人尚空灵，往往只寥寥数言；清人求具体，解读益精细。从解读趋势看，由明而清，呈现出不断深化的趋向。

解读的深化，集中在两个方面，即探讨张若虚对长篇歌行诗体发展和诗境创造的贡献。诗评家通过对《春江花月夜》的诗学沉思，以诗体与诗境为中心，形成了一套独特的歌行美学。

1. 论诗体：解读"流畅婉转"的歌行之美

"流畅婉转"是胡应麟吟诵作品获得的第一印象，也是歌行给所有初读者最强烈的第一印象。胡应麟之后，明清接受者曾用相似的词语表达他们的共同感受。李攀龙《唐诗选》曰"绮回曲折，转入闺思，言愈委婉轻妙，极得趣者"，毛先舒《诗辩坻》曰"而缠绵酝藉，一意萦纡，调法出没，令人不测，殆化工之笔哉"，等等。流畅婉转的旋律和委婉轻妙的节奏，同样是 20 世纪文学史家的共同体验。胡云翼《新著中国文学史》（1935）曰："语意回环，风调清丽，读其'愿逐月华流照君'之句，令人相见其风度。"[1]刘大杰《中国文学发展史》曰："全诗以清丽的词采，和谐的旋律，善于变化的文境，写出了春江月夜的美景和感染人心的画面，由此并联系到哲学的意蕴。"[2]

当然，解读者并未停留于审美印象的笼统描述，而是从文体特点出发，对长篇歌行"流畅婉转"的内在成因做了进一步的探索。概而言之，略有三端：句法的长言咏叹、韵法的回环有序、结构的波折有致。这些是《春江花月夜》"流畅婉转"的重要成因。

一是变五言为七言，有长言咏叹之美。六朝诗体尚以五言为主，入唐七言大量涌现。如果说五言以简约典雅为美，那么七言则有长言咏叹之美。七言的涌现催生了四杰的长篇歌行。张若虚也乘此东风，把传统的五言体的《春江花月夜》改造成了长言咏叹、流畅婉转的七言长篇。林庚对此有一段精彩的论述："由于七言诗所带来的解放，于是初唐以来涌现了大量的长篇歌行，这些歌行的盛行表现了文学语言获得解放的愉快，虽然有时不免过于轻快，甚至成为感情的泛滥，却带着最年轻活泼的调子。"而张若虚的《春江花月夜》，同王勃的《采莲曲》、卢照邻的《长安古意》、骆宾王的《帝京篇》和刘希夷的《代悲白头翁》等，都因此而成为"一时长篇杰作"。

二是逐解转韵，有声韵回环之美。长篇歌行为避免节奏单调和择韵困难，大多需要转韵。不同的韵法形成不同的节奏：一韵到底，决不转韵，音节最为急促；两句一韵，音节虽急促，但略有缓和；四句一韵，全篇一致，仄声韵与平声韵互用，最具委婉回环之美。《春江花月夜》的转韵之法就属于后者。对谙熟声韵之学的明清评家对此无不一目了然，但做具体分

［1］胡云翼，刘永翔，李露蕾. 胡云翼重写文学史［M］. 上海：华东师范大学出版社，2004：84.

［2］刘大杰. 中国文学发展史：中卷［M］. 上海：上海古籍出版社，1997：477.

析的是王尧衢的《古唐诗合解》："此篇是逐解转韵法。凡九解：前二解是起，后二解是收。起则渐渐吐题，收则渐渐结束。中五解是腹。虽其词有连、有不连，而意则相生。"九解九转韵，似九首绝句连缀而成。以平声庚韵起首，中间为仄声霰韵，平声真韵，仄声纸韵，平声尤韵、灰韵、麻韵，最后以仄声遇韵结束。唐人歌行的转韵之法渊源于乐府，其自身又经历了由随意到规范的发展。四杰以后，歌行转韵渐有规律，大多四韵一转，且平仄韵递用。《春江花月夜》的逐解转韵则标志着歌行韵法的成熟，也为后人确立了典范。

三是波折有致，有绵绵不断之美。这是"流畅婉转"在结构上的体现。短章一目了然，长篇需留住读者的目光，因此七言长篇特别讲究结构的经营。冒春荣《葚原诗说》论七言长篇体有一段妙语曰："须波澜开阔，如江海之波，一波未平，一波复起，又如兵家之阵，方以为正，又复为奇，方以为奇，又复是正，出入变化，不可纪极。须开合粲然，音韵铿然，法度森然，神思悠然，学问充然，议论超然。"冒春荣的"六然"说，对长篇歌行波折有致的绵绵不断之美做了生动概括。在明清评家看来，《春江花月夜》的结构因节节相生而波折有致，句句翻新又千条一缕。钟惺、谭元春《唐诗归》曰："浅浅说去，节节相生，使人伤感，未免有情，自不能读，读不能厌。"徐增《而庵说唐诗》引而伸之，曰："此诗如连环锁子骨，节节相生，绵绵不断，使读者眼光正射不得，斜射不得，无处寻其端绪。"应当指出，《春江花月夜》波折有致的结构，同转韵与转意相结合的韵法密切相关。

2. 论诗境：探寻悬感见奇的"微情渺思"

吟诵诗篇，有流畅婉转之美；寻问诗境，则给人迷离微渺之感。陆时雍《唐诗镜》卷九叹曰："微情渺思，多以悬感见奇。"诗体的"流畅婉转"和诗境的"微情渺思"，使《春江花月夜》成为一个艺术矛盾体，也造成了审美解读的困难。

明清诗评家对《春江花月夜》"微情渺思"的探寻，大致经历了三个阶段，即由注目"题面字翻弄"，到诠释诗之正意，再到多重意蕴的解读。这是一个由表层到深层的理解过程，也是由封闭到开放的解读过程。

古典诗学论作诗，强调"诗与题称乃佳"。初读此诗，评家也都以为

《春江花月夜》同寻常古题乐府一样，诗人只是依题吟咏，以逞才情而已，诗的好处就是能将题中五字安放自然。明人王世懋说："句句以春江花月妆成一篇好文字。"钟惺、谭元春《唐诗归》曰："将'春江花月夜'五字，炼成一片奇光，分合不得，真化工手。"周珽《唐诗选脉会通评林》更直接指出："语语就题面字翻弄，接筍合缝，铢两皆称。"那么诗人究竟是如何翻弄题面字的呢？清人王尧衢和徐增循着同一思路，从文字细读和表现手法两方面做了分析。在《古唐诗合解》中，王尧衢以1500余字的篇幅围绕"春、江、花、月、夜"五字逐层展开，做了统计式总结：

> 至于题目五字，环转交错，各自生趣，"春"字四见，"江"字十二见，"花"字只二见，"月"字十五见，"夜"字亦只二见。于"江"则用海、潮、波、流、汀、沙、浦、潭、潇湘、碣石等以为陪；于"月"则用天、空、霞、霜、云、楼、妆台、帘、砧、鱼、雁、海雾等以为映。于代代无穷乘月、望月之人之内，摘出扁舟游子、楼上离人两种，以描情事。楼上宜"月"，扁舟在"江"，此两种人于"春江花月夜"最独关情。故知情文相生，各各呈艳。光怪陆离，不可端倪，真奇制也。[1]

这段话细读看似琐屑，实质上极有价值。首先，可发现诗人于"春、江、花、月、夜"五字并非平均用力，而是以"江"和"月"为中心，所谓"楼上宜'月'，扁舟在'江'，此两种人于'春江花月夜'最独关情"。同时，抒情主人公在春江花月之夜，问明月，俯江流，最能生发无穷的"微情渺思"，把意境引向深入。徐增则对全诗起结处翻弄题面字的手法做了这样的概括："'昨夜闲潭梦落花'此下八句是结，前首八句是起。起用出生法，将'春、江、花、月'逐字吐出；结用消归法，又将'春、江、花、月'逐字收拾。"所谓"起用出生法""结用消归法"，虽带评点家习气，却也有助于对章法结构的理解。

随着《春江花月夜》审美声誉的不断提升，人们对诗旨诗境的理解不再满足于只是"题面字翻弄"的解释，而力求把握诗之正意或诗境的微妙情思。明清诗评家主要有两种看法：一是"望月思家"的单一主题说，二是顾及前后篇的双重意蕴说。

---

[1] 王尧衢. 唐诗合解笺注[M]. 单小青，詹福瑞，点校. 保定：河北大学出版社，2000：83.

　　前者以明人唐汝询为代表。《唐诗解》卷11围绕"望月思家"的诗旨对全篇做了逐层解读：

　　此望月而思家也。言月明而当春水方盛之时，随波万里，靡所不照。霜流沙白，状其光也。因言月之照人，莫辨其始。人有变更，月长皎洁。我不知为谁而输光乎？所见唯江流不返耳！又睹孤云之飞，而想今夕有乘扁舟为客者，有登楼而伤别者，已与室家是也。遂叙闺中怅望之情，久客思家之意。因落月而念归路之遥，恨不能乘月而归，徒对此江树而含情也。[1]

　　清人吴乔持同一见解。《围炉诗话》卷二曰："《春江花月夜》正意只在'不知乘月几人归'。"所谓正意，当指诗境的核心意蕴，而"不知乘月几人归"，既传达了游子望月思家之情，也蕴含了思妇望月盼归之意。"望月思家"说是有文本依据的：若将"谁家今夜扁舟子，何处相思明月楼"、"昨夜闲潭梦落花，可怜春半不还家"以及"不知乘月几人归，落月摇情满江树"等句连缀起来，确是一首典型的游子思归的"望月思家"之作。然而这主要是就全诗后半部分而言，未能顾及全篇，而且"望月思家"的单一主题虽直截了当，却把"微情渺思"的诗境解说得索然无味。

　　清代诗评家以更开放的视野提出了双重意蕴说，沈德潜是双重意蕴说的代表。其《唐诗别裁集》卷五对意蕴的阐释顾及诗的前后两大部分，曰："前半见人有变易，月明常在，江月不必待人，惟江流与月同无尽也。后半写思妇怅望之情，曲折三致。"简言之，前半部分写望月时思人生、宇宙，后半部分写月下的思妇、游子，一轮明月，两种情致，虽分犹合。这虽是一个折中之见，却提出了一种新的阐释思路，《春江花月夜》虽流畅婉转，浑然一体，但在"滟滟随波千万里"的曲折长篇中，不同段落包含不同意蕴，对诗意的解说不应执着单一的作者原意，而应从节节相生的文本出发，做开放的多元阐释。

　　确实，对诗境意蕴的探寻远未就此终结。闻一多作为《春江花月夜》接受史上最伟大的现代读者，重要贡献之一就是以诗人兼哲人的特有敏悟，在这一深沉而寥廓、宁静而爽朗的境界中，发现了具有永恒价值的

---

[1]唐汝询.唐诗解[M].王振汉，点校.保定：河北大学出版社，2001：247.

哲理玄思和生命精神，提出了三重意蕴说。他在《宫体诗的自赎》中对全篇做了诗意解读后写道："这里一番神秘而又亲切的、如梦境的晤谈，有的是强烈的宇宙意识，被宇宙意识升华过的纯洁的爱情，又由爱情辐射出来的同情心，这是诗中的诗，顶峰上的顶峰。"[1]先是"强烈的宇宙意识"，升华为"纯洁的爱情"，再到"由爱情辐射出来的同情心"。从单一主题到双重主题，再到这里的三重意蕴，这是对诗境的"微情渺思"所做的最深刻的阐释，不仅包容了前人的理解，更以现代精神深化了前人的理解，赋予了这首唐人青春之歌全新的审美品格和现代人文意味，也为现代读者确立了新的接受基调。此后迄今，文学史家和美学家谈论《春江花月夜》的意蕴时，无不赞同闻一多的解读。

四、《春江花月夜》的四重结构

对一个本文或一部艺术作品的真正意义的研读是永无止境的。参酌从胡应麟到闻一多以来近400年的阅读经验，再细察文本，可以发现《春江花月夜》实质是由四个段落、四幅画面、四重意蕴、抒情主人公的四重角色所构成。同时，一轮明月由升而降，贯穿始终，构成了全诗浑然一体的多元诗境。

其一，四韵一转，段落分明。从外在文体看，《春江花月夜》四韵一转，规则有序，恰如九首绝句连缀而成的组诗。从内在诗意看，转韵与转意并不一致，全篇三十六句可分为相对独立的四个段落。首八句为第一段，次十句为第二段，再次十句为第三段，最后八句为第四段。王尧衢依头、身、尾的文章法，把全诗九解分成三部分，即"前二解是起，后二解是收，中五解是腹"。其实，"中五解"应当一分为二，前二解写"问明月"，后二解写"看人间"，画面情致截然不同。

其二，俯仰之际，画面转换。透过委婉轻妙的诗句，可以看到在这个明月之夜，随着抒情主人公视角的转移，诗中四个段落依次幻化成四幅画面。这四幅画面可以用四个字来概括：一"看"，二"问"，三"瞰"，四"叹"。首八句，看"春江明月生"。诗人用"出生法"，将"春、江、花、

---

[1]徐少舟.闻一多全集：唐诗编上[M].武汉：湖北人民出版社，1993：27.

月"逐字吐出，画出一幅前无古人的春江明月图。张九龄"海上生明月，天涯共此时"的简约之句，化为张若虚笔下的绮丽名篇。次十句，问"江畔孤月轮"。诗人写月由大到小、由远及近，凝聚于一轮孤月，引发无穷遐想，连连发问，创造出玄妙无穷的"天问篇"。此后，李白的《把酒问月》、苏轼的《水调歌头》，无不采用此种"天问模式"。又十句，瞰"明月照离人"。诗人化身为月，由仰视明月转为俯瞰人间，以最深情的笔墨描绘了一幕思妇游子相思图。"谁家今夜扁舟子，何处相思明月楼？""谁家"与"何处"，互文见义，把人世间的离愁相思之情渲染得充天塞地。结八句，叹"乘月几人归"。诗人用"消归法"，将"春、江、花、月"逐字收拾，同时由凌空俯瞰转为体贴生情。收尾两句，余韵无穷。"不知"者，似渺茫而又未全然失望；"摇情"者，将月光之情、离人之情、诗人之情融成一片，令读者与诗人为"月下未归人"同声慨叹。

其三，四重意蕴，层层深化。四幅画面，四重意蕴，由浅入深，层层递进，从而创造出"微情渺思"的复杂意境。一看"春江明月生"，用赋法描绘春江明月图，传达出一种纯粹的自然美感，也表明诗人具有自觉的自然美意识。二问"江畔孤月轮"，诗人由看春江时的感性审美转为望星空后的哲理玄思。费尔巴哈说得好："最初的哲学家，就是天文学家。天空使人想到自己的使命，即想到自己不仅生来应当行动，而且，也应当要观察。"[1] 诗人观古今于须臾，抚四海于一瞬，与永恒猝然相遇，生发"夐绝的宇宙意识"。三瞰"明月照离人"，诗人的视线由天空转向人间，主题也为之转换，从永恒的把握到人性的歌唱。诗人通过对月下离人相思意的描写，歌唱了人间最纯洁的爱情。四叹"乘月几人归"，由人间的纯洁爱情启发博大的同情心，表达了抒情主人公感叹世事古难全的悲天悯人之怀。据此，可对《春江花月夜》的四重意蕴做这样的概括：这里有着一番对春江的亲切晤谈，对明月的超然凝视，对人间的深情俯察，于是有的是纯粹的自然美感，有的是强烈的宇宙意识，继而是被宇宙意识升华过的纯粹的爱情，最后是由爱情辐射出来的广博的同情心。

其四，抒情主体，多重角色。随着画面的转化和意蕴的深化，抒情

---

[1] 费尔巴哈. 基督教的本质[M]. 荣震华，译. 北京：商务印书馆，1997：34.

主人公的角色也在不断变化。可以这样说，看"春江明月生"时，他是一位赏美的诗人；问"江畔孤月轮"时，他是一位问天的哲人；瞰"明月照离人"时，他是一位相思的情人；叹"乘月几人归"时，他又是一位悲悯的仁人。与此同时，抒情主人公的立场也在不断变换，时而在诗中，时而在诗外。如果说作为赏美的诗人和相思的情人，他深入诗中，那么作为问天的哲人和悲悯的仁人，他又超然诗外。

其五，四幅画面和四重意蕴虽相对独立，但全诗以月为主线，一轮明月在一夜之间由升而落，贯穿始终。先写"海上明月共潮生"，点明"月初生"；然后写"皎皎空中孤月轮"，点明"月中悬"；再写"可怜楼上月徘徊"，写出"月将斜"；最后"落月摇情满江树"，写出"月西落"。《春江花月夜》的高妙之处，正在于表层的咏月绝唱和深层的微情渺思的浑融一体，从而造成了情景画面句句翻新，诗体意境又流畅婉转的独特审美效果。

闻一多在《读骚杂记》中论及屈原研究时有一段妙语："一个历史人物的偶像化的程度，往往是与时间成正比的，时间愈久，偶像化的程度愈深，而去事实也愈远。"[1]如果说历史人物的偶像化，可能会因时间愈久而去事实愈远，那么真正的经典作品的接受史则恰恰相反，时间愈久，对意蕴的阐发则会愈丰富、愈深入。面对《春江花月夜》这样"以孤篇压倒全唐"的杰作，我们有充分理由相信："每一时代总能在过去的伟大作品中发现某种新东西。"[2]

---

[1]袁謇正.闻一多全集：楚辞编·乐府诗编[M].武汉：湖北人民出版社，1993：4.

[2]钱中文.巴赫金全集：第四卷　文本、对话与人文[M].白春仁，晓河，周启超，等译.石家庄：河北教育出版社，1998：367.

第二节　一曲《如梦令》　千载有知音

明人茅暎《词的》评李清照（号易安居士）《如梦令》有曰："易安，我之知己也。今世少解人，自当远与易安作朋。"茅暎引易安为知己，叹世上少解人。诚然，在易安词的阐释史上，确有"飞短流长，变白为黑"之语。然而，纵观易安词接受史，对其少有诋诃，多所击赏。对于其人，朱熹《朱子语类》有定论："本朝妇人能文，只有李易安与魏夫人。"对于其文，明人陈宏绪《寒夜录》有概评："李易安诗余，脍炙千秋，当在《金荃》《兰畹》之上……古文、诗歌、小词并擅胜场。虽秦（观）、黄（庭坚）辈犹难之，称古今才妇第一，不虚也。"于此曲《如梦令》，更是天下称赏，古今传播，知音无数。

一、"绿肥红瘦语嫣然"

《如梦令》是易安词阐释史上称赏最早，论者也最多的词作之一。[1]南宋初年的胡仔首开其端，其《苕溪渔隐丛话》曰："近时妇人，能文词如李易安，颇多佳句。小词云：'昨夜雨疏风骤……应是绿肥红瘦。''绿肥红瘦'，此语甚新。又《九日》词云：'帘卷西风，人比黄花瘦。'此语亦妇人所难到也。"胡仔此语在《如梦令》的阐释史上极为重要，约有二端：一是胡仔把《如梦令》作为易安"能文词"的佳例全篇引述，可见此曲在当时的深广影响；二是胡仔把"绿肥红瘦"同《醉花阴》中的"人比黄花瘦"相提并论，既点示了此曲的词眼之所在，又确立了此曲在易安词中的代表作地位。因此，胡仔此语后为十余种词著反复引证，后世论者也每每把它同《醉花阴》连类衡鉴。沈曾植《菌阁琐谈》论易安词之影响曰："自明以来，堕情者醉其芬馨，飞想者赏其神骏。易安有灵，后者当许为知己。"就《如梦令》而言，易安知己非自明后，宋元即始。

---

[1] 此处参阅《李清照集校注》（人民文学出版社）、《重辑李清照集》（齐鲁书社）、《李清照资料汇编》（中华书局）、《词话丛编》（中华书局）。从中共辑得宋、元、明、清对《如梦令·昨夜雨疏风骤》的评语逾70则，剔除转引、复述者，尚有40余则，仅次于《声声慢》和《醉花阴》。

可谓宋元至明清，千秋有知音。这从两首论词绝句可见一斑，也可看到胡仔评语在《如梦令》阐释史上的奠基意义。元代元淮《金囷集》之《读李易安文》一绝云：

> 绿肥红瘦有新词，画扇文窗遣兴时。
> 象管鼠须书草帖，就中几字胜羲之。

在元人心目中，"绿肥红瘦"成为易安"新词"的代名词。清代谭莹《乐志堂集》有论词绝句 176 首，《论易安词》一绝仍把"绿肥红瘦"提至首位：

> 绿肥红瘦语嫣然，人比黄花更可怜。
> 若并诗中论位置，易安居士李青莲。

谭莹此绝很难说没有受到胡仔评语的影响。丁绍仪《听秋声馆词话》认为谭莹论词绝句"抑扬间有未当"者，然而，论易安一绝却未有不当。"若并诗中论位置，易安居士李青莲"，现代学者对此评语也深以为然。郑振铎即谓："李易安固不仅为妇女中之能文杰出者，即便在各时代的诗人中，她所占的地位也不能在陶潜、李白、杜甫及欧阳修、苏轼之下。"[1]古今同调，令人刮目相看。

当然，《如梦令》的近千年阐释史并非只是"绿肥红瘦"的单一咏叹调。从宋元到明清，对其艺术魅力的认识层层深入，步步升华，形成了一个"三步曲"。宋元两代，独赏佳句。如胡仔评语即独拈佳句；稍后陈郁《藏一话腴》亦仅曰"《如梦令》'绿肥红瘦'之句，天下称之"；元代元淮除赞叹"绿肥红瘦有新词"之外也未及其余；稍后陆辅之《词旨》标"词眼"一目，于易安除"绿肥红瘦"外，还拈出同样著名的《念奴娇》中的"宠柳娇花"一语。至此，瓣香佳句因陆辅之"词眼"之说出而达到理论的自觉。

有明一代，全面评说。明代词评论及《如梦令》者逾 20 家，除去转引、复述，有独到之见者尚有 10 余家。如李攀龙《草堂诗余隽》、张綖《草堂诗余别录》、王世贞《弇州山人词评》、沈际飞《草堂诗余正集》、徐士俊《古今词统》等，对《如梦令》在情境构思、篇章布局、遣词造句、脱胎化质等方面的特点做了精辟的分析和全面的评说。然而，就个别论者而言，大都仅注目一点而不及其余，少有做整体观照的。

---

[1] 郑振铎. 郑振铎全集：第十卷[M]. 石家庄：花山文艺出版社，1998：437.

清人对此深表不满。陈廷焯在《云韶集》论及《如梦令》的艺术特征时，针对阐释史上的局限写道："只数语中，层次曲折有味。世徒称其'绿肥红瘦'一语，犹是皮相。"他强调应从艺术整体上来揭示《如梦令》的曲折意味，这是正确而深刻的。君不闻泰戈尔隽语："采着花瓣时，得不到花的美丽！"由此，清代词评进入《如梦令》阐释史的第三个阶段，即由词眼的孤立品评上升到词境的整体把握。清代《如梦令》的阐释者有创见的逾 15 家，其中最重要的是黄蓼园的评论，他在前人的基础上对《如梦令》的艺术特征做了整体概括，言简意赅，阐释全面。以黄蓼园的评论为中心，上溯宋明，旁及全清，佐以今人精解，玩味妙曲，不亦乐乎？

二、"短幅藏曲圣于词"

黄蓼园《蓼园词选》取材于《草堂诗余》而汰其近俳近俚诸作而成。编选词精当，所谓前人名句意境绝佳者，皆载录其中；评语精辟，意在引掖初学，示以门径。其《如梦令》评语，亦可借斑窥豹：

一问极有情，答以"依旧"，答得极淡，跌出"知否"二句来。而"绿肥红瘦"，无限凄婉，却又妙在含蓄。短幅中藏无数曲折，自是圣于词者。

从问答情境到个性化语言，从凄婉情语到曲折的布局，这一短评对《如梦令》多方面的艺术特点做了全面系统的概括。今人专论《如梦令》者不下 50 家，然纵笔所至，尝未出蓼园畛域。

蔡嵩云《柯亭词论》曰："有原意本浅，而视之过深者……有原意本深，而视之过浅者。"平心而论，易安此词并无深意，唯以奇俊嫣然之清词丽语，曲传无限凄婉之惜春之情而已。宋元明清至如今，五代读者同声叹，不在词意而在词法，其奥秘所在确如蓼园所拈示。

其一，暗藏冲突的戏剧情境。如此概括小令词境，并非夸张，而是词之本然。词境确如蓼园所说，是由主婢之间的一问一答构成的，然而主人问得急，婢女却答得淡，惹得情急的主人恼怒地"跌出'知否'二句来"。因此，这并非心平气和的问答情境，而是冲突形诸言表的戏剧情境。诗词以问答造境者甚多，但并非均具戏剧性，更少构成戏剧性冲突的。钱锺书《管锥编》第 2 册及第 5 册论"以问诘谋篇之诗"一则，举出陶渊明《赠羊长史》以下诗词 20 余首，但大多有问无答，有一问一答者也如平叙家常而缺乏戏剧性。唐人崔颢的著名组诗《长干曲》亦以问答谋篇，管世铭《读雪山房唐诗钞》评曰："读崔颢《长干曲》，宛如舣舟江上听儿女子问答，此之谓天籁。"故评家认为其具有"抒情诗的戏剧性"。其实，《长干曲》的问词和答词分为二诗，问答之人也正船行江上，"急口遥相望，只叙相问意"，因此，诗含柔情绮思，却无戏剧冲突。戏剧以冲突为基础，没有冲突就没有戏。由此看来，真正构成戏剧情境的不是多情男女"急口遥问"的《长干曲》，而是主婢之间词锋尖锐的《如梦令》。《如梦令》作于北宋何年不可考，但从语气看，活生生是个任性的闺阁小姐口吻，而佳人侍女的绣楼问答，可谓家常情景。青年易安顺手拈来，妙笔点化，日常瞬间便化为多趣艺境，这也可以作为其善于"以易为险，以故为新"之一例。

其二，性格鲜明的"妇人声口"。主仆问答，不仅暗藏着冲突，细心体察，又鲜明地表现了两种不同的性格。这一点最初为明代李攀龙拈出，其《草堂诗余隽》之《如梦令》评语曰："语新意隽，更有丰情。写出妇人声口，可与朱淑真并擅词华。"黄蓼园对两人的性格特点做了进一步的点示：闺中女"一问极有情"，卷帘人"答得极淡"。透过两人忽明忽隐的对话，读者确实可以想见词中两个性格和心境截然相反的人物形象：一个心细，一个气粗；一个对风雨摧春极为敏感，一个似认为四季变化与己无关。因此，一个问得情切切，一个答得意淡淡。当然，李攀龙所谓"写出妇人声口"，主要是指闺中女而言。细按全词，闺中佳人不同于卷帘侍女的性格特点，至少表现在两个方面。一是多愁善感，惜春情深。这从"试问"一语中可窥见消息。"试问卷帘人"就试问者的心态而言有两种可能：或者恰值卷帘，顺便问问，醉眼惺忪，不以为意；或者待至卷帘，试探寻问，虽信其有，宁信其无。这里的试问者显然不属前者而是后者。试问之"试"，为"事未证实而预为刺探"之试；闺中女的试问之举，也非心不在焉的随意一问，而是别具深情的明知故问。由此，词人通过"试问"一语，隐约地表现了闺中女心细灵敏、多愁善感的性格特点。"试问"一词的这层涵义，蓼园似有体会，所谓"一问极有情"。读易安词，则确能感到女词人是一位"情怀如水，多愁善感"的多情人。风雨天气，尤为难堪，如《孤雁儿》之"小风疏雨萧萧地，又催下，千行泪"，《声声慢》

之"梧桐更兼细雨,到黄昏、点点滴滴。这次第,怎一个愁字了得?",言为心声,诗可见人。二是任性使气,性子急躁。这位闺中女情深的试问,遭到卷帘人意淡的回答后,便耐不住性子,一腔恼恨泼向卷帘人,连珠也似的"跌出'知否'二句来"。"知否,知否?"这一叠句,不仅宛然浑成,而且由方才深情的试问,急转为气恼的连连责问,活脱脱地表现出了闺中女任性使气的小姐性子来。当然,闺中女的莫名之火,从根本上说是因其痛惜"落花流水春去也"的伤春之情引起的。因此,在其性格的两个要素中,以多愁善感为主,任性使气属次。或者说,这是一位心细情深、多愁善感,然而,不免小使性子的闺阁小姐。这和易安另一首《如梦令》中塑造的少女形象恰成对照:"常记溪亭日暮,沉醉不知归路。兴尽晚回舟,误入藕花深处。争渡,争渡,惊起一群鸥鹭。"这里活脱脱是一位热情开朗、倔强好胜、无忧无虑的顽皮少女形象。

其三,景中有情的含蓄结句。宋元两代人欣赏"绿肥红瘦",大多以摘句的眼光孤立地称赞其"工于造语""奇俊新颖"等。明清两代人则从整体上揭示其在全词中的审美意义。明代张綖《草堂诗余别录》曰"结句尤为委曲精工,含蓄无穷之意焉",黄蓼园也指出"而'绿肥红瘦',无限凄婉,却又妙在含蓄"。委曲精工,含蓄无穷,通过奇俊清丽的写景之语,传达无限凄婉的伤春、惜春之情,正是"绿肥红瘦"这一结句的艺术魅力之所在。"绿肥红瘦",从表现内容看,是写风吹雨打后的海棠景象;从表现手法看,则采用了以物比人的手法,词人的情感已倾注其中。因此,精工奇俊的写景之语,蕴含着凄婉无穷的惜春之情。从词中情境看,"应是绿肥红瘦"又是伤感的闺中女为纠正粗心的卷帘人的误答而脱口说出的一句气恼的话。如果把词中一幕比作暗藏冲突的戏剧情境,那么,这句气话又是一句令人回味的潜台词,全词戛然而止,余味悠然而长。落花伤春,人之常情,骚人词客,常采以入诗,但明写不如暗写。晚唐韩偓有《哭花》一绝:"曾愁香结破颜迟,今见妖红委地时。若是有情争不哭,夜来风雨葬西施。"也写风雨葬花,黄叔灿《唐诗笺注》还认为其别有寄托:"第三句'若是有情争不哭',致尧悲感身世,牢落结塞之怀,俱于此句中一恸矣。"但韩偓痛哭一绝,似不如易安以不哭为哭的"绿肥红瘦"一语更脍炙人口、凄婉感人。

其四,一波三折的审美结构。词中《如梦令》犹如诗中的五言绝,是篇幅最短小的、两宋词人常用的词体之一。词之难在令曲,如诗之难在绝句,因其语短而意易尽。欲求得语短韵长,须做到篇中藏曲。正如沈祥龙《论词随笔》所说:"小令须突然而来,悠然而去,数语曲折含蓄,有言外不尽之致,著一直语、粗语、铺排语、说尽语,便索然矣。"易安的这阕《如梦令》之所以意味不尽、脍炙人口,就在于它具有一波三折的审美结构。黄蓼园在评语的最后写道:"短幅中藏无数曲折,自是圣于词者。"稍晚的陈廷焯在《云韶集》中也认为,徒称其"绿肥红瘦"一语犹是皮相,其最根本的特征是"只数语中,层次曲折有味"。

《如梦令》暗藏的"无数曲折"似可析为三层:第一,从小令的意境构思看,从暗藏冲突的戏剧情境,到个性鲜明的问答对话,再到富于潜台词的含蓄结构有一波三折之效,提供了多种可能和广阔空间。第二,就主仆问答而言,虽只往返四语,却也有一波三折之委曲,传达出无限凄情婉意。通常情况下,以问答谋篇之作,或者有问无答,或者至多一问一答。易安小令却有问有答有反诘,而且问答反诘均不凡。闺中女的首问并无问语,而是藏问于答,与贾岛《寻隐者不遇》"松下问童子,言师采药去"同一机杼;紧接着卷帘人的回答虽答得极淡,却具有两个作用,既是以答见问,又是因答激问;最后再以闺中女的诘问结束,却又问止而意不止。如此问答回环,一波三折,可以说在问答体诗词中足以独领风骚。第三,最深层的是词中表现了闺中女从"昨夜"到"今晨"一波三折的情感发展变化过程,而女子的情感变化又是与季节景物的转换变化密切联系在一起的。"昨夜雨疏风骤,浓睡不消残酒"二句,前是因,后是果,风雨摧春,愁绪满怀,借酒浇愁,一醉方休。这是由春来而喜,到春去而愁,情感为之一折。"试问卷帘人,却道海棠依旧",今朝一醒,愁绪又来,急问雨后海棠,却道花红依旧,乍一听,虽然出乎意料,却也转悲为喜,精神为之一振,情感为之一扬。"知否,知否?应是绿肥红瘦",女主人公急趋凭窗观望,只见绿叶虽肥,残红委地,流水落花春去也,不禁出希望而至绝望,由绝望而生恼怒,情感为之再折。闺中女的气恼责问,虽然不免使读者为卷帘人感到不平,但又是完全能理解原谅的。惜春之情,谁能没有?自然的春色恰如生命的青春,春色今去,明年复来,青春消逝，一去难再。闺中女一波三折的惜春之情，正是对常人的此心此情做了高度的艺术概括。可以说，闺中女作为一种人类情感的审美象征符号，是我，是他（她），也是你！这也正是"一曲《如梦令》，千载有知音"的最深层的生命奥秘之所在。

三、"脱胎化质胜须眉"

《如梦令》的阐释史是沿着两条阐释路线演进的：一是入乎其内，揭示作品本身所固有的审美特征；二是出乎其外，把它放在词史传统上来阐释其价值地位。宋元明清的词评家在出乎其外的比较阐释中，主要从三方面论述了《如梦令》"脱胎化质胜须眉"[1]的艺术独创性，同时也显示出了由分而合、从局部到整体的阐释趋向。

其一，造语天巧，可称绝唱。最早对《如梦令》做比较研究的是南宋的陈郁，他拿易安的"绿肥红瘦"同唐代赵彦昭《奉和圣制立春日侍宴内殿出剪彩花应制》（以下简称《剪彩花》）中的"绿情红意"比较，但不是褒却是贬。其《藏一话腴》曰："李易安工造语，《如梦令》'绿肥红瘦'之句，天下称之。余爱赵彦若（作者注：应为赵彦昭）《剪彩花》诗，云：'花随红意发，叶就绿情新。''绿情''红意'，似尤胜于李云。"虽语气犹豫，还是认定"赵胜于李"。其实，陈郁仅论词句未及全篇，因而不知赵诗李词的可比性并不充分：前者写内殿人工的"剪彩花"，后者写风吹雨打后的海棠花；前者是奉和圣制的应制之作，后者写多情女子的惜春之情。若论赵彦昭此联的好处，要数赵与虤的《娱书堂诗话》更得当："唐罗隐《绣》诗云：'花随玉指添春色，鸟逐金针长羽毛。'赵彦若（作者注：应是赵彦昭）《剪彩花》诗云：'花随红意发，叶就绿情新。'铸意俱奇，皆警句也。"一为"绣"，一为"剪"，均是人工，正好作比；前者形容"绣花"，后者赞叹"剪花"，确乎"铸意俱奇"。因此，陈郁的这一看法未见后人应和。相反，称赏《如梦令》奇俊天巧、压倒须眉者，宋元明清，代有其人。王士祯《花草蒙拾》可作代表："前辈谓史梅溪之句法，

---

[1] 李调元《雨村词话》曰："易安在宋诸媛中，自卓然一家，不在秦七、黄九之下……盖不徒俯视巾帼，直欲压倒须眉。"

吴梦窗之字面，固是确论。尤须雕组而不失天然。如'绿肥红瘦''宠柳娇花'，人工天巧，可称绝唱。若'柳腴花瘦''蝶凄蜂惨'即工，亦'巧匠琢山骨'矣。"词人造语有两种：上乘者，雕组而天然，如易安，人工天巧，可称绝唱；下乘者，巧匠琢山骨，如汤恢（《八声甘州》）、杨缵（《八六子》），虽也工巧，却露痕迹。"绿肥红瘦"被称为天巧绝唱，实含多义。一是，四字组词成语，为易安首创。前人仅分用写景，如"肥"字，韩愈《山石》"芭蕉叶大栀子肥"、周邦彦《满庭芳》"风老莺雏，雨肥梅子"，云云。二是，描写雨后海棠，语语都在目前，绿叶肥茂、红花凋残，恰如其景，是为"不隔"。三是，写出人物的此境此情，是景语，亦是情语。无限凄婉，通过"绿肥""红瘦"的对比，黯然传出。因此，单道这"瘦"字用法，王世贞认为也不减须眉，"康与之'人瘦也，比梅花瘦几分'，又'天还知道，和天也瘦'，又'帘卷西风，人比黄花瘦'，又'应是绿肥红瘦'，又'人共博山烟瘦'，'瘦'字俱妙"。难怪清代那位崇拜才女的月朗道人在《古今才女子奇赏》中惊叹道："'绿肥红瘦'四字，竟出之女子。"似难以置信，然确为事实。

　　其二，叠句宛然，争胜庄宗。易安晚年的《声声慢》连下十四叠字，传诵千年词林。其实，其早年词作已显露此种手段，且自然妥帖，成熟老到，如《如梦令》之"知否"二语。从阐释史看，明代词评家即盛称其好处。沈际飞《草堂诗余正集》曰："'知否'二字，叠得可味。"潘游龙《古今诗余醉》曰："'知否'字，叠得妙。"徐士俊《古今词统》把它同曹组、秦观同调相比较："《花间集》云：此词安顿二叠语最难。'知否，知否'，口气宛然。若他'人静，人静'、'无寐，无寐'便不浑成。"清人查初白则认为易安二叠语"可与唐庄宗《如梦令》叠字争胜"。（张宗橚《词林纪事》卷十九引）曹组、秦观二词实在平平，语不浑成，不待细说。易安叠语，争胜庄宗，尚需一论。苏轼《如梦令》词序曰："此曲本唐庄宗制，名《忆仙姿》，嫌其名不雅，故改为《如梦令》。庄宗作此词，卒章云：'如梦，如梦，和泪出门相送。'因取以为名云。"可知词名《如梦令》来源于庄宗的叠语"如梦"。庄宗此词也为历代词家称好，其全篇云："曾宴桃源深洞，一曲清歌舞凤。长记欲别时，和泪出门相送。如梦，如梦，残月落花烟重。"格调不高，但情境真切，结句尤被看好。茅暎《词的》云："结句真有仙气。"俞陛云《唐五代两宋词选释》则云：结句"以闲淡之景，寓浓丽之情，逐启后代词家之秘钥"。清人查初白（《词林纪事》卷二引）则独赏其"如梦"叠语："叠二字最难，惟此恰好。"联系前引评语，在查初白看来，庄宗叠语已恰到好处，易安叠语又更胜一筹。比较玩味，确有道理。历代词家都认为"此词安顿二叠语最难"，难就难在易生突兀生硬之感，缺乏浑成自然之美。曹组之"人静，人静"、秦观之"无寐，无寐"，均为陈述语，似无重叠反复的必要，故不免生硬也不浑成；庄宗之"如梦，如梦"，是抒发不忍清晓别离的无限留恋之情，顺势而下，自然妥帖，故"惟此恰好"；易安之"知否，知否"，是以人物的对答道出，势之必然，不得不然，而且，因答激问，由诘而答，具有承上启下、上下一气、不容停顿的气势。"知否，知否？应是绿肥红瘦"，由诘而答，不容稍息；"如梦，如梦，残月落花烟重"，虽顺势而下，但结句自成一境，若即若离。因此，易安之叠句更显得口气宛然，争胜庄宗。

其三，词境婉媚，别是一家。明清词评家进而又从整体上把它同前人的诗境、词境做比较品评，并一致认为易安词脱胎化质，青胜于蓝，词境婉媚，自成一家。先说与唐人诗境的比较。张綖《草堂诗余别录》曰："韩偓诗云：'昨夜三更雨，今朝（应为"临明"）一阵寒。海棠花在否，侧卧卷帘看。'此词盖用其语点缀，结句尤为委曲精工，含蓄无穷之意焉。可谓女流之藻思者矣。"韩偓诗，题为《懒起》，共十二句，这是末四句。李清照词点化韩偓诗，为词家公认，但精工处不止结句。文评史上虽有词品卑于诗品之说，但就李清照、韩偓而言，婉约派的易安词，实胜过香奁体的韩偓诗。韩偓诗不只前八句以绮罗脂粉之语极尽铺排之能事，就以被称好的后四句而言，所表现的也只是这位昨夜"枕痕霞黯澹，泪粉玉阑珊"的失意女子，今朝"懒起"的娇慵之态和无聊之情，且只是独自侧卧卷帘，闲看海棠，诗境平淡，浑不见易安词中深挚忘我的惜春之情和奇俊婉曲的清丽之语。今人唐圭璋则认为，李易安《如梦令》与孟浩然《春晓》有异曲同工之妙："此词与诗所写，一样浓睡初醒，一样回忆夜来风雨，一样关心小园花朵，二人时代虽不同，诗与词之体格虽不同，朴素与凝练之表现手法虽不同，但二人爱花心灵之美则完全一致，宜乎并垂不朽云。"[1]所论极为精辟。然而,心同而调异之处似不能不论。孟浩然诗和李清照词写惜春之意相同,但就情调而言,确有美学意义上的诗境和词境之别:"花落知多少?"浩然一问,惜春里含几许超然悠远之意,非妙悟者不能道;"应是绿肥红瘦"易安一答,伤春中有多少哀感凄婉之情,非圣于词者不能语。再说与宋人词境的比较。杨慎批点《草堂诗余》卷一曰:"此词较周(邦彦)词更婉媚。"所谓"周词",实为秦观《如梦令》"池上春归何处"和谢逸《如梦令》"花落莺啼春暮"。一伤"春归",一叹"春暮",也写惜春之意。然而,且不说二作造语、叠句、词境构思,均属平平,惜春情怀更难以感人。秦观词似自言,因池上春归,孤馆无人,又加五更风雨,故只觉"无绪,无绪";谢逸词似代言,看花落春暮,听数声疏雨,人又孤身在洞房深处,故经日"无语,无语"。如果说,秦观的自言之词出于真情,尚有独到之处,那么谢逸的代言之作纯属虚拟,怎能与李清照相比?李清照的词最能够表现女性的优美情调。以前一切男性词人所代写的"闺情""妇人语",放在李清照面前,都要黯然无色。

一位大师的杰出之作,从其心灵中自然流出,后人学之、仿之,鲜有能与之媲美者。易安《如梦令》的模仿者,也同样如此。清代王士禛有"和漱玉词"十数首,不妨把他的《如梦令》同易安的原作做一番比较:

帘额落花风骤,春思慵如中酒。久待不归来,解识相思如旧。堪否,堪否?坐尽宝炉香瘦。

读罢此阕,你我能没有徒见声韵、不见神韵的遗憾吗?

---

[1]唐圭璋.词学论丛[M].上海:上海古籍出版社,1986:621.

第三节　《醉翁亭记》接受史的四个时代

欧阳修的《醉翁亭记》和《丰乐亭记》，均作于庆历六年滁州太守任上，故一并被后人称为"太守之文"。与《春江花月夜》长久湮没无闻不同，《醉翁亭记》可谓落地开花，为时人传诵。然而，这"时人传诵"并非如此顺利。《醉翁亭记》的千年接受史，经历了由质疑、讥病到辩护、赞颂的曲折历程。具体地说，它可以分为特点鲜明的四个时代，即宋代之讥病、元明之辩护、清代之细读、现代之追问。全面考察《醉翁亭记》跌宕起伏的接受史，有助于深入把握作品的艺术特色和作者命意，也可以由此了解文学观念的微妙变化以及文评家的见识和经历对文本解读的深刻影响。

一、宋代之讥病："以文为戏者也"

《醉翁亭记》的宋代接受史，可以分为北宋与南宋两个阶段。北宋时期，在欧阳修的同辈与后辈中，又有两种不同的评价，而后辈苏轼的一个"戏"字，则奠定了两宋此后两百年《醉翁亭记》的接受基调，同时又对元明清接受者的评价和阐释产生了直接或间接的影响。

除了作者本人，欧阳修的挚友梅尧臣，当是最早读到《醉翁亭记》的"理想读者"。梅尧臣的《寄题滁州醉翁亭》可以为证：

琅琊谷口泉，分流漾山翠。使君爱泉清，每来泉上醉。醉缨濯潺湲，醉吟异憔悴。日暮使君归，野老纷纷至，但留山鸟啼，与伴松间吹。借问结庐何，使君游息地；借问醉者何，使君闲适意；借问镌者何，使君自为记。使君能若此，吾诗不言刺。

欧阳修题名"醉翁亭"，留下了一诗一文，诗是五言古体《题滁州醉翁亭》，文即《醉翁亭记》，诗文写成，便寄给挚友梅尧臣。梅尧臣的《寄题滁州醉翁亭》，可谓一诗两和，而以《醉翁亭记》为主。梅尧臣诗开篇的"琅琊谷口泉，分流漾山翠。使君爱泉清，每来泉上醉"，以及"日暮使君归，野老纷纷至，但留山鸟啼，与伴松间吹"，便是《醉翁亭记》开篇和结尾的檃栝；而"借问醉者何？使君闲适意；借问镌者何？使君自为记"中，前者的"闲适"，当指文章命意，后者的"记"，则点明《醉翁亭记》。因此，梅尧臣诗可视为《醉翁亭记》接受史的开篇，它以平淡之笔，描述了第一读者所获得的最初的审美印象。

欧阳修同年题名并作记的还有"丰乐亭"及《丰乐亭记》。欧阳修把此文寄给了另一位挚友苏舜钦，便有《寄题丰乐亭》唱和。诗篇结曰：

名之丰乐者，此意实在农。使君何所乐，所乐惟年丰，年丰讼诉息，可使风化醲。游此乃可乐，岂徒悦宾从，野老共歌呼，山禽相迎逢。把酒谢白云，援琴对孤松，境清岂俗到，世路徒冲冲。

苏舜钦诗对"丰乐"的命意做了进一步发挥，对欧阳修的政绩做了高度评价。梅尧臣诗着眼于使君的"闲适意"，苏舜钦诗则着眼于使君的"丰年乐"，着眼点虽不同，但肯定赞赏的唱和之意则一致。

为什么欧阳修把贬谪滁州后写的两篇文章分别寄给梅尧臣和苏舜钦？在北宋的诗文革新运动中，欧阳修、苏舜钦、梅尧臣三位是彼此知心又知音的亲密文友，诗文唱和是他们日常的交流方式。宋诗中将苏舜钦、梅尧臣并称，就是欧阳修首先提出来的。庆历四年秋，欧阳修在赴河北途中，写了一首《水谷夜行寄子美圣俞》，评赞了苏、梅诗歌的特点，同时表露了对他俩的思念。诗篇结曰："苏豪以气轹，举世徒惊骇。梅穷独我知，古货今难卖。二子双凤凰，百鸟之嘉瑞，云烟一翱翔，羽翮一摧铩，安得相从游，终日鸣哕哕。问胡苦思之，对酒把新蟹。"此篇写夜行之景，抒怀旧之情，论二子诗风，既是一篇美妙的抒情诗，又是一篇精确的风格学诗体论文。"相问苦思之，对酒把新蟹。"如今，虽在贬所，却得山水之乐，故新作写成，寄给知心朋友，既可相与赏析，亦可解相思之苦。梅、苏二位，随即寄诗作答，赏佳文，慰老友，自在情理之中。不过，在相与唱和的诗篇中，难以对文章做更深入的解读。

同辈的唱和，是一种感性印象，而理性批评者，始于后辈文人苏轼。《东坡题跋》卷一《记欧阳论退之文》曰：

韩退之喜大颠，如喜澄观、文畅之意，了非信佛法也。世乃妄撰与颠书，其词凡陋，退之家奴仆亦无此语。有一士人于其末妄题云："欧阳永叔谓此文非退之莫能。"此又诬永叔也。永叔作《醉翁亭记》，其辞玩易，盖戏云耳，又不以为奇特也。而妄庸者亦作永叔语，云："平生为此最得意。"

又云："吾不能为退之《画记》。"近似甲名帐耳，了无可观。世人识真者少，可叹亦可愍也。[1]

此则跋文包含丰富内容。首先，这是一段辩诬文字，既为韩愈辩诬，更为欧阳修的论文之语辩诬。其次，在为欧阳修自评语辩诬时，间接提供了《醉翁亭记》在当时的接受反应，"平生为此最得意"，即使不是欧阳修所说，也反映了一般士人的看法。最后，苏轼感叹"世人识真者少"，提出了自己对《醉翁亭记》的看法，即"永叔作《醉翁亭记》，其辞玩易，盖戏云耳，又不以为奇特也"，"其辞玩易，盖戏云耳"即玩弄辞语的游戏之作，并不奇特，更称不上"平生为此最得意"之文。

苏轼是欧阳修的得意门生，又是欧阳修之后更为杰出的北宋文坛领袖。因此，苏轼的八字评语，奠定了此后两宋《醉翁亭记》的阐释基调，并成为《醉翁亭记》真正的第一读者。宋末黄震《黄氏日抄》评《醉翁亭记》曰："以文为戏者也。"《醉翁亭记》在苏轼之后两百年接受史，基本上围绕一个"戏"字展开。戏在何处？约而为四。

其一，戏在文体。在宋人看来，《醉翁亭记》名为记，实为赋。陈师道《后山诗话》曰："退之作记，记其事尔；今之记，乃论也。少游谓《醉翁亭记》亦用赋体。"南宋陈鹄《西塘集耆旧续闻》引用《后山诗话》中的句子后写道："余谓文忠公此记之作，语意新奇，一时脍炙人口，莫不传诵，盖用杜牧《阿房赋》体，游戏于文者也，但以记号醉翁之故耳。"虽充满回护之意，但还是认定"盖用杜牧《阿房赋》体，游戏于文者也"。

古人论文，先体制而后文之工拙，体不正则文不论矣。而《醉翁亭记》中，主观的议论多于客观的记述，以赋为记，是为变体，所以戏在文体。

其二，戏在文辞。表现在这就是通篇使用了二十一个"也"字。"文以载道"是古文运动的核心口号，欧阳修亦以"道德文章"著称于世。如今的《醉翁亭记》，用一个"也"字贯穿全篇，刻意为之，岂不"游戏于文"？《桑榆杂录》有一则逸闻："或言《醉翁亭记》用也字太多，荆公曰：'以某观之，尚欠一也字。'坐有范司户者曰：'禽鸟知山林之乐而

[1]苏轼.苏轼文集：第5册[M].孔凡礼，点校.北京：中华书局，1986：2055-2056.

不知人之乐，此处欠之。'荆公大喜。"[1] 王安石是否有此言并不重要，重要的是，它透露出时人已把《醉翁亭记》的"也"字作为笑谈之资。

其三，檃括为戏。檃括词为苏轼首创，即将前人经典性诗文剪裁改写成词的形式。两宋分别有两位词人把《醉翁亭记》檃括为词。黄庭坚的《瑞鹤仙》便是《醉翁亭记》的檃括。词曰：

环滁皆山也。望蔚然深秀，琅琊山也。山行六七里，有翼然泉上，醉翁亭也。翁之乐也。得之心，寓之酒也。更野芳佳木，风高日出，景无穷也。游也。山肴野蔌，酒洌泉香，沸筹觥也。太守醉也。喧哗众宾欢也。况宴酣之乐、非丝非竹，太守乐其乐也。问当时、太守为谁，醉翁是也。

南宋林正大的《括贺新郎》也是檃括《醉翁亭记》。这两首檃括词有两处相同点：一是用语和词境基本相同，且都以"环滁皆山也"开篇；二是都是檃括体兼独木桥体，即通篇以"也"字押韵。可见宋人对此文特点印象深刻，檃括为词，也不忘"也"字。

其四，优劣比较。即"优《竹楼记》而劣《醉翁亭记》"。黄庭坚《书王元之竹楼记后》曰："或传王荆公称《竹楼记》胜欧阳公《醉翁亭记》。或曰：'此非荆公之言也。'某以谓荆公出此言未失也。荆公评文章，常先体制而后文之工拙。盖尝观苏子瞻《醉白堂记》，戏曰：'文词虽极工，然不是《醉白堂记》，乃是韩白优劣论耳。'以此考之，优《竹楼记》而劣《醉翁亭记》，是荆公之言不疑也。"黄庭坚确认并赞同王安石的看法，认为王禹偁的《黄冈竹楼记》胜过欧阳修的《醉翁亭记》。原因何在？一言以蔽之，文章更合"记体"，且文辞更为严谨也。

《醉翁亭记》的两宋接受史，整体而言有三个特点：从接受主体看，北宋多于南宋，评论者多是欧阳修的同辈好友，或是后辈中的诗文名家，包括梅尧臣、苏舜钦、曾巩、富弼，以及苏轼、王安石、黄庭坚、秦观、陈师道等，诸家虽褒贬不一，但在作品诞生之初就形成了一个接受高潮。从阐释重心看，基本围绕苏轼"其辞玩易，盖戏云耳"八字评语展开，苏轼以其独特的地位成为《醉翁亭记》接受史上真正的"第一读者"。从

---

[1] 王若虚. 滹南遗老集校注[M]. 胡传志，李定乾，校注. 沈阳：辽海出版社，2006：408.

文本解读看，大多止于审美印象的概括而尚未深入文本内部，较少关注文章命意、艺术技巧等深度解读的问题。南宋楼昉或许是个例外，其《崇古文诀》评曰："此文所谓笔端有画，又如累叠阶级，一层高一层，逐旋上去都不觉。"楼昉从吕祖谦学，并师法吕祖谦《古文关键》编《崇古文诀》，是南宋著名文评家。此语精辟指出《醉翁亭记》在艺术描写和艺术结构上的特色，但"笔端有画""累叠阶级"，仍失之笼统，有待后人做进一步诠释。

二、元明之辩护："文章中洞天也"

《醉翁亭记》元明两代的接受史，是质疑两宋并为之辩护的历史。不过，历史是一条长河，抽刀不可能断水。对《醉翁亭记》的辩护，实际上从宋末就开始了。

宋末文人陈鹄在《西塘集耆旧续闻》中，就对《醉翁亭记》充满了回护之意和赞美之情，并进而举出富弼寄欧阳修诗为自己看法辩护。其曰："富文忠公尝寄公诗云：'滁州太守文章公，谪官来此称醉翁。醉翁醉道不醉酒，陶然岂有迁客容？公年四十号翁早，有德亦与耆年同。'又云：'意古直出茫昧始，气豪一吐阊阖风。'盖谓公寓意于此，故以为出茫昧始，前此未有此作也。不然，公岂不知记体耶？观二公之论，则优《竹楼》而劣《醉翁亭记》，必非荆公之言也。"在他看来，《醉翁亭记》是"直出茫昧，前此未有"的前无古人之作，因此，相传的"优《竹楼记》而劣《醉翁亭记》""必非荆公之言"。但遗憾的是，他对于"前此未有"的独创性，尚未做进一步的学理阐释。

真正旗帜鲜明地回击宋人、为之做学理辩护的，是金朝文评家王若虚。他在《文辨》中写道："宋人多讥病《醉翁亭记》，此盖以文滑稽。曰：'何害为佳，但不可为法耳。'"所谓"宋人讥病，何害为佳"八字评语，颇有力排歧见、重写历史之势，同时也开启了元明两代的辩护史。如何辩护？元明的辩护，与宋人针锋相对，亦可约而为四。

其一，文情之辩，即《醉翁亭记》是发自肺腑之作。这也是王若虚为之辩护的主要根源。他写道："荆公谓王元之《竹楼记》胜欧阳《醉翁亭记》，鲁直亦以为然，曰：'荆公论文，常先体制而后辞之工拙。'予谓《醉翁亭记》虽涉玩易，然条达迅快，如肺腑中流出，自是好文章。《竹楼记》虽复得体，岂足置欧文之上乎！"发自肺腑，真情流露，因此，文章"条达迅快"，兴味无穷。这也是《竹楼记》虽复得体，然不足以置《醉翁亭记》之上的原因。情者文之经，为情而造文，这是中国美学的基本原则。

其二，文体之辩，即《醉翁亭记》是欧阳修"自我为法"的真正的记体。元代学者虞集在《评选古文正宗》中评曰："此篇是记体，欧公以前无之。或曰赋体，非也。逐篇叙事，无韵不排，只是记体。第三段叙景物，忽然铺叙，记中多有。凡六段。"这是两宋以来最为细致的解读文字，要义有三：一是围绕记体，反复论证；二是作为记体，"欧公以前无之"；三是叙事叙景的特点和"凡六段"的文章结构。其中"欧公以前无之"的论断最为重要，它蕴含了"欧公为记体立法""天才为艺术立法"的深刻思想。

从此以后，《醉翁亭记》叙议结合、具有浓郁抒情意味的新记体，确实改变了传统的记体观。明代吴讷《文章辨体序说》是《文心雕龙》之后文体论的集大成之作，其论记体，即从陈师道"退之作记，记其事尔；今之记，乃论也"说起。与陈师道不同的是，他对包括《醉翁亭记》在内"以议论为记"的新记体，从历史角度做了辩护和肯定。其曰：

记之名，始于《戴记·学记》等篇。记之文，《文选》弗载。后之作者，固以韩退之《画记》、柳子厚游山诸记为体之正。然观韩之《燕喜亭记》，亦微载议论于中。至柳之记新堂、铁炉步，则议论之辞多矣。迨至欧苏而后，始专有以议论为记者，宜乎后山诸老以是为言也。大抵记者，盖所以备不忘。……至若范文正公之记严祠、欧阳文忠公之记昼锦堂、苏东坡之记山房藏书……虽专尚议论，然其言足以垂世而立教，弗害其为体之变也。

吴讷虽未直接论及《醉翁亭记》，但从陈师道语引发议论可见，其所为"专有以议论为记"，而"弗害其为体之变"，实质包含了《醉翁亭记》，并暗中把《醉翁亭记》视为"记体之变"的渊薮。

其三，义心之辩，即《醉翁亭记》绝非游戏为文，而是匠心独运之作。明代诗评家谢榛把《醉翁亭记》作为文章"剥皮法"的典范。何谓"剥皮法"？《四溟诗话》卷三曰："诗能剥皮，句法愈奇。……或有作，读之闷闷然，尚隔一间，如摘胡桃并栗，须三剥其皮，乃得佳味。凡诗文有剥皮者，不经宿点窜，未见精工。欧阳永叔作《醉翁亭记》，亦用此法。"由此可见，所谓"剥皮法"，就是去皮见肉，去表现里，或去芜存菁，化繁为简，通过反复点窜和精心锤炼，把文章的菁华直接呈现出来。《朱子语类》有一则记载："欧公文亦多是修改到妙处。顷有人见得他《醉翁亭记》稿，初说滁州四面有山，凡数十字，末后改定，只曰'环滁皆山也'五字而已。如寻常不经思虑，信意所作言语，亦有绝不成文理者。"或许，谢榛的"欧阳永叔作《醉翁亭记》亦用此法"，正是这则记载的理论升华。其实，《醉翁亭记》的匠心独运，绝非开篇五字而已。茅坤《唐宋八大家文钞》论曰："文中之画。昔人读此文，谓如游幽泉邃石，入一层才见一层，路不穷，兴亦不穷。读已，令人神骨翛然长往矣。此是文章中洞天也。"在茅坤看来，欧阳修此文叙事叙景如文中之画，谋篇布局"如游幽泉邃石，入一层才见一层，路不穷，兴亦不穷"，真是文章中别有洞天。比之楼昉、茅坤的解读更进一步。

其四，文辞之辩，即《醉翁亭记》的"也"字源远流长而用词之妙别具神韵。对"也"字的评价，从两宋到元明出现了明显变化。北宋接受者大多数视之为作者的"盖戏云耳""游戏于文"，至宋末元明则从文章史角度，竭力证明此种用法大有来头，源远流长。《醉翁亭记》"也"字，更是渊妙独特，增添无限波澜。宋末叶寘《爱日斋丛钞》论之最早，也论之最详。其曰："洪氏评欧公《醉翁亭记》、东坡《酒经》皆以'也'字为绝句，欧用二十一'也'字，坡用十六'也'字，欧记人人能读，至于《酒经》，知之者盖无几。每一'也'字，必押韵，暗寓于赋，而读之者不觉其激昂，渊妙殊非世间笔墨所能形容。"接着广泛论及从《春秋》三传、《易传》到韩愈、苏轼、王安石使用"也"字的文章。元明两代追寻"也"字渊源者更多。元代白珽《湛渊静语》追溯至《诗经》《论语》《孟子》，明代陈继儒《太平清话》追溯至《孙武子》等。除了"也"字，明代李腾芳还发现了"翼"字的妙处。其《文字法三十五则》有曰："欧公《醉翁亭记》'峰回路转，有亭翼然临于泉上者，醉翁亭也'。一'翼'字将亭之情、亭之景、亭之形象俱写出，如在目前，可谓妙绝。"从文辞之辩可见，明代后期的阐释者，已开始进行更深入的文本细读了。

　　若仔细考察，金元与明代接受者的评价态度又有微妙差别。如果说金元接受者是有所保留的肯定，那么明代的接受者则是毫无保留的赞美。王若虚所谓"何害为佳，但不可为法"，是有所保留的肯定；明代从张鼐《评选古文正宗》的"欧公此记，非独句句合体，且是和平深厚，得文章正气"，到茅坤的"读已令人神骨翛然长往，此是文章中洞天"，则几乎是一路高歌了。而从张鼐的"得文章正气"，到茅坤的"此是文章中洞天"，评价愈来愈高，经典地位由此确立。

　　因此，从北宋到明代的接受史，也可视为《醉翁亭记》经典化的历史。《醉翁亭记》六百多年经典化历程，似可细分为四个阶段：欧阳修同辈的诗意唱和、从苏轼开始的讥病非议、金元接受者有所保留的肯定、明代文评家毫无保留的赞赏。曹丕《典论·论文》论文评有一句名言，所谓"贵远贱近，向声背实"。其实，论人如此，论文亦然。距离作家创作作品时代越远，人们对他的评价会越高，时间距离往往使欣赏对象成为崇拜偶像。今人在把《醉翁亭记》作为无可置疑的文学经典赞赏的同时，是否也应参考北宋文评家的"讥病"，这是值得我们冷静思考的。

　　当然，这一时期并非没有非议之声。归有光评欧阳修《丰乐亭记》为"风流太守之文"，并认为"宋文佳者，不脱'弱'字"。顾锡畴《欧阳文忠公文选》进而认为，"醉翁为风月太守，《醉翁亭记》为风月文章"，把《醉翁亭记》视为"风流太守"的"风月文章"，这与以"道德文章"享誉文坛的欧阳修形象，实在相去甚远。

　　不过，非议之声，毕竟微弱。经过六百多年的沧桑历史，《醉翁亭记》的经典地位已不可动摇，"醉翁亭"也成为一处名胜古迹。从明代开始，人们便追寻欧阳修的脚步去看风景，读着《醉翁亭记》的文章去赏名胜，并留下了大量"游醉翁亭"的诗文，构成了《醉翁亭记》接受史的另一道风景。明末文人的《游醉翁亭》，颇得《醉翁亭记》神韵。诗云：

　　峰回路转亭翼然，作亭者谁僧智仙。后有醉翁醉流连，跻攀石磴披云烟。觥筹交错开宾筵，杂陈肴蔌酌酿泉。树木荫翳飞鸟穿，人影散乱夕阳巅。

　　古往今来知几年，醉翁耿耿名姓传。一从文字勒石坚，至今草木争光妍。我欲亭下渔且田，日卧醉翁文字边。朗然高诵心目悬，山中麋豕相周旋。吐吞云梦轻尘缘，但苦俗虑纷纭牵。寥寥千载如逝川，谁与醉翁相后先。

所谓"一从文字勒石坚，至今草木争光妍"，道出了中国文人创造中国山水名胜，创造出今天的旅游文化的真谛，而"我欲亭下渔且田，日卧醉翁文字边。朗然高诵心目悬，山中鹿豕相周旋"，正抒发了作者追寻欧阳修的脚步看风景，读着《醉翁亭记》赏名胜的陶然之情。

三、清代之细读："纯乎化境，传记中绝品"

到了清代，《醉翁亭记》的艺术地位继续提高。余诚是康乾时期的文评家，其《古文释义》有一则富于诗意的评语："风平浪静之中，自具波澜潆洄之妙。笔歌墨舞，纯乎化境，洵是传记中绝品。""纯乎化境，洵是传记中绝品"，把《醉翁亭记》推到了至高无上的位置。从明初张鼐的"得文章正气"，到明中期茅坤"文章中洞天"，再到清初余诚的"传记中绝品"，构成了《醉翁亭记》经典地位不断提升的三部曲。"平生为此最得意"，在北宋曾被苏轼斥为妄庸者假托的永叔语，至明清已被文评家视为欧阳修当然的自评语。

清初孙琮《山晓阁选宋大家欧阳庐陵全集》评《醉翁亭记》曰："此篇逐段记去，觉似一篇散漫文字。及细细读之，实是一篇纪律文字。"所谓"细细读之"的文本"细读"，由清人明确提出，亦从清初正式开始。从清初金圣叹到清末黄仁黼，有清三百多年接受史，在超过三十位文评家的文选、文话、笔记等著述中，围绕文体、章法、风格、意境、命意等问题，对文章做了深度解读和评析。

其一，是文体细读。《醉翁亭记》到底是"记"还是"赋"，成为千年接受史的争议焦点。金圣叹《天下才子必读书》"评点"，为论证其是"记"而不是"赋"，按内容顺序，一路评点，连下了13个"记"字，依次曰："记亭在此山中""记山中先有此泉""记泉上今有此亭""记作亭人""记名亭人""记亭之朝暮""记亭之四时""先记滁人游，次记太守宴""记众宾自欢，太守自醉""记太守去，宾客亦去，滁人亦去""记撰文""记名姓"。最后下一反驳式结论："一路皆是记也。有人说似赋者，误也。"不过，尽管金圣叹连用13个"记"字，但论文主"义法"、严"辨体"的桐城祖师方苞仍坚持"赋体"说。他在《海峰先生精选八家文钞》中评曰："欧公此篇赋体为文，其用'若夫''至于''已而'等字，则又兼用六朝小赋局段套头矣。然粗心人却被他当面瞒过。"话虽不多，但有理有据，故不得不令人重视。

究竟如何理解这个千年辩题？今人吴小如的"调停"，或许更为符合情理。记体与赋体之辩的背后，是界律精严的文体观。冲破传统的文体观，承认《醉翁亭记》"自我立法"，就能做出公正的评价。吴小如认为，《醉翁亭记》虽"不符合古文义法的标准"，却是"极有独创性"的抒情妙品，是"一篇典型的以诗为文的代表作"。"以诗为文"的特点表现在何处？通篇"也"字的虚词活用，《诗经》《楚辞》"兮""些"的巧妙移用，以及"寓骈于散，化骈为散"的句法技巧，等等。他进而指出："人们所竞誉的那一段写景文字（即"野芳发而幽香"四句），最能代表作者寓骈于散，化骈为散的精美技巧……甚至连'若夫''至于''已而'等用虚词领起下文的地方，也都是从骈文或六朝小赋嬗变而来。结尾用画龙点睛之笔，说明'太守'就是作者本人，这就把作品里的抒情主人公的形象与执笔为文的作家之间的主客关系融为一体，有水到渠成之妙。"[1]概而言之，《醉翁亭记》当然是"记"，"一路皆是记也"，但并非像《黄冈竹楼记》那样，恪守记体标准，符合古文义法的"记"，而是内容上充满抒情意味，表达上"似散非散，似排非排"，"以诗为文"的文家之创调。

文学创作有定法而无成法，无法之法是为至法。这是包括苏轼在内的诗文大家一致认同、反复强调的美学观。然而，一旦遇到超越成法、自我为法的独创性作品，人们往往又不知所措，或讥病非议，或削足适履。真正能以开放的心态，面对艺术作品本身，做出客观评价和美学概括，似绝非易事。这或许是《醉翁亭记》千年文体之辩给我们的审美教训。

其二，章法细读。最早揭示文章结构特点的是宋代的楼昉，所谓"如累叠阶级，一层高一层，逐旋上去都不觉"。明代茅坤在楼昉的基础上稍作演绎，所谓"昔人读此文，谓如游幽泉邃石，入一层才见一层，路不穷，兴亦不穷"。清代过珙《古文评注》再进一解，其曰："从滁出山，从山

---

[1] 吴小如.古文精读举隅[M].天津：天津古籍出版社，2002：259.

出泉，从泉出亭，从亭出人，从人出名，一层一层复一层，如累叠阶级，逐级上去，节脉相生妙矣。"三段文字，均是对"累叠阶级"的发挥，但无论宋代楼昉、明代茅坤，还是清代过珙，无不是感觉印象多于理性把握、诗意描述多于学理分析。

对《醉翁亭记》的章法结构，真正做理性细读的是清初的孙琮。其《山晓阁选宋大家欧阳庐陵全集》有一段精彩的精细分析，曰：

> 此篇逐段记去，觉似一篇散漫文字。及细细读之，实是一篇纪律文字。若作散漫文字看，不过逐层排列数十段，有何章法？若作纪律文字看，则处处自有收束，却是步伐严整。如一起记山、记泉、记亭、记人，数段极为散漫，今却于名亭之下自注自解，一反一覆，作一收束。中幅记朝暮、记四时，又为散漫，于是将四时朝暮总结一笔，又作一收束。后幅记游、记宴，记欢、记醉、记人归、记鸟乐，数段又极散漫，于是从禽鸟卷到人，从人卷到太守，又作一收束。看他一篇散漫文字，却得三处收束，便是一篇纪律文字，细读当自得之。

这段文字有三点值得重视：一是提出了"觉似散漫文字，实是纪律文字"的命题，这在满足于感性印象的传统文评中是极为可贵的；二是对"觉似散漫，实是纪律"的全文结构做了具体分析，通过"三处收束"，把全文概括为三个逻辑层次，纲举而目张，比金圣叹的 13 个"记"更具概括性；三是"觉似散漫文字，实是纪律文字"的命题，具有普遍的理论意义，揭示了大家散文的基本特点，是"形散而神不散"的另一种表述。

其三，意境细读。从楼昉的"笔端有画"，到茅坤的"文中之画"，即化用"诗中有画"之语，赞赏此文如诗如画的审美意境。过珙所谓"从滁出山，从山出泉，从泉出亭，从亭出人，从人出名"，则以简练之笔，勾画出了移步换景、相继展示的一幅幅画面。其中最为人称赏的，便是欧阳修对"山间之朝暮"和"山间之四时"的诗意描写，有景有情，情景交融，把主人公的山水之乐抒写得生动感人，如清初储欣《唐宋十大家全集录·六一居士全集录》所称，"其中有画工所不能到处"。

欧阳修同时有《题滁州醉翁亭》五言古诗一首，诗曰："四十未为老，醉翁偶题篇。醉中遗万物，岂复记吾年。但爱亭下水，来从乱峰间。声如自空落，泻向雨檐前。流入岩下溪，幽泉助涓涓。响不乱人语，其清非管弦。岂不美丝竹，丝竹不胜繁。所以屡携酒，远步就潺湲。野鸟窥我醉，溪云留我眠。山花徒能笑，不解与我言。唯有岩风来，吹我还醒然。"这首醉翁亭诗几乎是《醉翁亭记》的自我檃栝，"诗中之画"与"文中之画"交相辉映，相得益彰，且有行云流水、自得其乐之意。

　　描写"山间之四时"，仅短短四句，不仅为前人称道，也为今人激赏。自江淹《四时赋》出，唤醒了诗文家描写四时景象的自觉意识，以四时谋篇者代有其人。不过，要写出四时神韵而不落窠臼，并非易事。钱锺书论"宋代诗文以四时谋篇者"，特以欧阳修、苏轼名文作为典范："宋文名篇如欧阳修《醉翁亭记》：'野芳发而幽香，佳木秀而繁阴，风霜高洁，水落而石出者，山间之四时也'，又《丰乐亭记》：'掇幽芳而荫乔木，风霜冰雪，刻露清秀，四时之景，无不可爱'；苏轼《放鹤亭记》：'春夏之交，草木际天，秋冬雪月，千里一色'；皆力矫排比，痛削浮华……范仲淹《记》末'春和景明'一大节，艳缛损格，不足比欧苏之简淡。"[1]欧阳修写四时之景，不仅简单传神，且《醉翁亭记》《丰乐亭记》同写一地，力求同中见异。《王直方诗话》有一则记载："'手把寒梅撼雪英，婆娑暂见绿荫成。隔窗昨夜潇潇雨，已有秋风一叶声。'欧公云：'此诗备四时景。'"这说明欧阳修对前代四时谋篇的诗文是非常关注，深有体悟的。

　　其四，是命意细读。王夫之《姜斋诗话》有句名言："无论诗歌与长行文字，俱以意为主。意犹帅也，无帅之兵，谓之乌合。李、杜所以称大家者，无意之诗，十不得一二也。烟云泉石，花鸟苔林，金铺锦帐，寓意则灵。"文章命意如此重要，宋、金、元、明四朝接受者似没有一个提出命意问题的。明确提出《醉翁亭记》命意的，当数清初的储欣，其在《唐宋八大家类选》论曰："与民同乐，是其命意处。看他叙次，何等潇洒！"从此就不断有论者从不同角度诠释文章命意所在。如林云铭《古文析义》曰："通篇结穴处，在'醉翁之意不在酒'一段。末段复以'乐其乐'三字见意，则乐民之乐，至情蔼然可见。"过珙《古文评注》亦曰："尤妙在'醉翁之意不在酒'及'太守之乐其乐'两段，有无限乐民之乐意，隐见言外。"《唐宋义醇》更进一解，联系作者处境予以说明："前人

────────────

　　[1]钱锺书.管锥编：第四册[M].北京：中华书局，1979：1409.

每叹此记为欧阳绝作……盖天机畅则律吕自调，文中亦具有琴焉，故非他作之所可并也。况修之在滁，乃蒙被垢污而遭谪贬，常人之所不能堪，而君子亦不能无动心者，乃其于文萧然自远如此。是其深造自得之功发于心声而不可强者也。"唐介轩《古文翼》再进一解，联系社会状况予以说明："记体独辟，通篇写情写景，纯用衬笔，而直追出'太守之乐其乐'句为结穴。当日政清人和，与民同乐景象，流溢于笔墨之外。"

"与民同乐""乐民之乐"的真心之乐，几乎成为清代接受者的一致看法。围绕这一旨趣，联系历史、社会和作者身世做深入论述的，要数晚清黄仁黼。他在《古文笔法百篇》论曰：

自来文人学士，谪宦栖迟，未有不放怀山水，以寄其幽思。而或抑郁过甚，而辱之以愚；抑或美恶横生，而盖之于物；又或以物悲喜，而古人忧乐，绝不关心；甚或闻声感伤，而一己心思托于音曲。凡此有山水之情，无山水之乐，而皆不得为谪宦之极品也。六一公之守滁也，尝与民乐岁物之丰，而兴幸生无事之感。故其篇中写滁人之游，则以"前呼后应""伛偻提携"为言，以视忧乐之不关心者何如也？至其丝竹不入，而欢及众宾；禽鸟声闻，而神游物外；绝无沦落自伤之状，而有旷观自得之情。是以乘兴而来，尽兴而返，得山水之乐于一心，不同愚者之喜笑眷慕而不能去焉。然此记也，直谓有文正之规勉，无白傅之牢愁；有东坡之超然，无柳子之抑郁，岂不可哉？岂不可哉？

黄仁黼此论，纵观历史，古今对比，又结合文本，深入作者内心，对《唐宋文醇》所谓"况修之在滁，乃蒙被垢污而遭谪贬，常人之所不能堪，而君子亦不能无动心者，乃其于文萧然自远如此"之说做了更深入的阐释。在黄仁黼看来，欧阳修"为谪宦之极品"，《醉翁亭记》"是传记中绝品"，不只在艺术上纯乎化境，在命意上也超越前人，绝无沦落自伤之状，而有旷观自得之情，所谓"有文正之规勉，无白傅之牢愁；有东坡之超然，无柳子之抑郁"。

浦起龙以《读杜心解》著称于世。其实，他不仅善读"诗心"，也善解"文心"。其《古文眉诠》评"六一文"，对欧阳修的"滁州二记"进行对比解读，不妨视之为《醉翁亭记》清代接受史的总结之笔。浦起龙曰："一片天机，无意中得之，人言不可有二者，窠臼之见也。族理骈然，特与点出。丰乐者，同民也，故处处融合滁人；醉翁者，写心也，故处处摄归太守。一地一官，两亭两记，各呈意象，分辟畦塍。"

"醉翁者，写心也"，言简意赅，意味悠长，不仅点明了《醉翁亭记》的抒情品格，也为理解欧阳修"写心"之真意留下了无尽的阐释空间。

四、现代之追问："与民同乐"抑或"苦中强乐"

从 20 世纪开始，《醉翁亭记》接受史进入了第四个时代。这一时代区别于前三个时代的显著特点就是现代文艺学对作品阐释的深刻影响。在这一新的理论背景下，现代接受者对《醉翁亭记》的文体、风格、形象、主题做了新的探讨与阐释，其中对主题的追问分歧最大，也最值得关注，它提出了文艺学上一个有待阐明的新问题。

文体的新界定：以诗为文的散文诗。这是吴小如的看法。针对现代评论者大多把《醉翁亭记》视为"一篇山水记"，吴小如提出，"照我个人的体会，首先，此文并非单纯的山水记，正如范仲淹的《岳阳楼记》不属于记景文一样"，如果说"《丰乐亭记》是一篇正统的记叙散文"，而它的姊妹篇"《醉翁亭记》是一篇优美的抒情散文诗"，是一篇独创的"以诗为文的代表作"[1]。

传统诗学中的以诗为文，实质就是现代文艺学中的散文诗，而王羲之《兰亭集序》、吴均《与宋元思书》、李白《春夜宴诸从弟桃李园序》、刘禹锡《陋室铭》、苏轼《记承天寺夜游》等，无不是以诗为文的抒情妙品。照笔者个人体会，《醉翁亭记》列入其中，不见其弱，反增其色，而且"抒情散文诗"的文体界定，也让北宋以来的记体与赋体之争得以解决，"似散非散，似排非排"之惑，涣然冰释。借用现代理论诠释古代文学，若使用不当，常会出现以抽象概念遮蔽鲜活历史之弊；若使用得当，则会让原创作品得到理论上的照明。

风格的新评价：流丽自然之典范。论欧阳修文体风格，刘埙《隐居通议》有精当描述，曰："欧公文体，温润和平，虽无豪健劲峭之气，而十人情物理，深婉至到，其味悠然以长，则非他人所及也。"欧阳修义章

---

[1] 吴小如. 古文精读举隅[M]. 天津：天津古籍出版社，2002：255-258.

语言简洁流利，文气纡徐委婉，有一种温润自然之美。刘壎的"温润和平，深婉至到"，可谓的论。欧阳修文章以韩愈为范，风格实各不相同。如果说韩愈文如波涛汹涌的长江大河，那么欧阳修文章就像澄净潋滟的陂塘。韩愈文滔滔雄辩，欧阳修文娓娓而谈；韩愈文沉着痛快，欧阳修文委婉含蓄。

欧阳修的"有美堂""丰乐亭""岘山亭""醉翁亭"四记，被前人誉为神味之作。经过时间的审美选择，现代文学史家几乎一致把《醉翁亭记》推为欧阳修四记之首、风格典范。论《醉翁亭记》之风格，金圣叹体验独到："一路逐笔缓写，略不使气之文。"林庚以现代文学史家眼光，更进一解："这里把四时之美、朝暮之情、天地间自然的欢乐，融化在山水的陶醉中，又流露着与人同乐中的一点寂寞。通篇句句用'也'字收尾，处处由'而'字关连，读来又不觉其重复，峰回路转，流丽自然，乃是千古文章中可遇不可求的神来之笔。"[1] 感性描述与理性概括相结合，既揭示了欧阳修文章的风格特点，也把《醉翁亭记》的艺术地位推到极致。

形象的新阐释：醉翁居画面中心。前所谓"笔端有画""文中之画"，从现代文艺学角度看，即形象意识和形象分析。然而，传统的"诗中有画"，主要是指山水画，这里的"文中之画"，同样是指山水画。君不闻欧阳修明言："醉翁之意不在酒，在乎山水之间也。"在明清接受者中，较为关注"画中之人"的，要数林云铭。其《古文析义》曰："至于亭作自僧，太守、宾客、滁人游皆有分，何故独以己号'醉翁'为亭之名？盖以太守治滁，滁民咸知有生之乐，故能同作山水之游。即太守亦以民生既遂，无吏事之烦，方能常为宴酣之乐。其所号醉翁，亦从山水之间而得，原非己之旧号。是醉翁大有关于是亭，亭之作始为不虚，夫然则全滁皆莫能争是亭，而醉翁得专名焉。"故所谓"句句是记山水，却句句是记亭，句句是记太守"。不过仔细体会，林云铭虽大谈醉翁，只是在回答"独以己号'醉翁'为亭之名"的政治原因，而非把醉翁视为形象体系的中心做艺术分析。

现代文艺学中的形象论源于叙事文学中的人物形象。因此，现代接受者对《醉翁亭记》进行形象分析时，很自然地把焦点集中到醉翁身上，

---

[1] 林庚. 中国文学简史 [M]. 北京：北京大学出版社，1995：330.

把醉翁作为形象体系的中心所在。如今人赖汉屏的鉴赏即以此立论："题目虽是《醉翁亭记》，在'亭'字上反而着墨不多，用主要篇幅来写'醉翁'。林壑泉亭，无不是醉翁活动的衬景；'日出''云归'，无不荡漾着醉翁的诗情雅意"；"这种移步换形、聚焦一点的艺术手法，使全文重点突出，'醉翁'始终居于画面的中心"[1]。传统诗学强调情为主、景为次，现代文艺学认为"文学是人学""文学是心学"。因此，以醉翁为中心的形象分析，无疑是审美认识的深化。

主题的再追问，"与民同乐"抑或"苦中强乐"？"醉翁亭"以写心为主，而醉翁居画面的中心，那么，醉翁的心中，究竟是"真乐"还是"强乐"？这成为现代接受者的主题追问中最众说纷纭的问题。如前所述，清代接受者几乎一致认定，欧阳修在滁，虽蒙被垢污而遭谪贬，然绝无沦落自伤之状，而有旷观自得之情。因此，"太守之乐"是"真乐"，是真正的"与民同乐"。唯有朱心炯《古文评注便览》似有异议，曰："公以庆历五年谪滁州，年三十九，则醉翁之号为公寓言无疑，故此记亦是公寓言也。夫既曰寓言，断无逞才情，发论议，与蒙庄雷同之理。"换言之，醉翁之号为公"寓言"无疑，"太守之乐"亦是公"寓言"，而非"与蒙庄雷同"的放情山水。然朱心炯行文含蓄，前后亦无同调者。

现代接受者对主题的追问，概而言之，有三种观点：吴小如的"真乐"说，钱锺书的"强乐"说，刘衍的"忘忧之乐"说。

20世纪50年代以后，不少评论者认为，欧阳修被贬滁州，心情不畅，于是寄情山水，宣泄其个人淡淡的哀愁，因此《醉翁亭记》思想是消极的。这是当时社会学分析的必然结论。吴小如不同意"消极"说，结合写作背景和文本内容，认为并无"哀愁"而有"真乐"，欧阳修之"乐其乐"，乐在自己的治绩给滁人带来的安闲之乐。吴小如在引述体现主题的有关文句后写道："读者或许认为：欧阳修口里说'乐'，心里未必高兴，是在强颜欢笑。我说不尽然。在若干分析这篇散文的文章中大都忽略了以下这几句，或竟跳过去不加分析：'至于负者歌于途，行者休于树，前者呼，后者应，伛偻提携，往来而不绝者，滁人游也。'可见来这里耽赏山水之

---

[1] 上海辞书出版社文学鉴赏辞典编纂中心. 学生古诗文鉴赏辞典：下册[M]. 上海：上海辞书出版社，2004：1590-1591.

乐的人，不止是'太守'和他的'众宾'，还有广大的滁州人民。不过'太守'和'众宾'是闲中取乐，而'滁人'则于劳动（负者）或行旅（行者）中，由于精神上没有官府的威压，经济上不感到负担的沉重，竟也能在熙来攘往的繁忙生活之中尝到了一种乐趣。'太守'之所以自'乐其乐'，正是由于如《丰乐亭记》里所说的'地僻而事简'、'其俗之安闲'的缘故。"[1] 总之，在吴小如看来，"太守之乐"，既为自己的治绩而乐，也为自己政治观点的正确而乐。

与之相反，钱锺书从"失志违时，于是'悦山乐水'"的中国山水文学的独特传统出发，认为"太守之乐"，实为"苦中强乐"。首先，他在考察中国山水文学的源流嬗变后指出："荀（爽）以'悦山乐水'，缘'不容于时'；（仲长）统以'背山临流'，换'不受时责'。又可窥山水之好，初不尽出于逸兴野趣，远致闲情，而为不得已之慰藉。达官失意，穷士失职，乃倡幽寻胜赏，聊用乱思遗老，遂开风气耳。"[2] 进而，他以《离骚》以来山水文学的母题史为背景，对《醉翁亭记》"太守之乐"的复杂意味，做了深入剖析："盖悦山乐水，亦往往有苦中强乐，乐焉而非全心一意者。概视为逍遥闲适，得返自然，则疏卤之谈尔。欧阳修被谗，出知滁州，作《醉翁亭记》，自称'醉翁之意在乎山水之间'，人'不知太守之乐其乐'。夫'醉翁'寄'意'，洵'在乎山水之间'，至若'太守'之初衷本'意'，岂真'乐'于去国而一麾出守哉？谅不然矣。"[3] 在这里，钱锺书把"'醉翁'寄'意'"与"'太守'之初衷本'意'"做了区分，意味悠长，发人深思。

刘衍的看法，既不同于"真乐"，也不同于"强乐"，而是由"强乐"到"真乐"的"忘忧之乐"。他把作者心理和作品命意描述为一个动态的变化过程。首先，他承认"作者作此记时，年刚四十，以'醉翁'自号，心情本是十分复杂的"，并引《题滁州醉翁亭》"野鸟窥我醉，溪云留我眠。山花徒能笑，不解与我言。唯有岩风来，吹我还醒然"和《归田录序》"既不能因时奋身……又不能依阿取容……使怨嫉谤怒，丛于一身，以受侮于群小"，以认定作者当时"郁闷和压抑是显然不可言状的；其游醉翁

[1] 吴小如. 古文精读举隅[M]. 天津：天津古籍出版社，2002：257-258.
[2] 钱锺书. 管锥编：第三册[M]. 北京：中华书局，1979：1036.
[3] 钱锺书. 管锥编：第五册[M]. 北京：中华书局，1979：82.

亭，自然也是为了遣愁消恨"。其次，他又以欧阳修《答李大临学士书》"能达于进退穷通之理；能达于此而无累于心，然后山林泉石可以乐"中的自白为据，认为"故一旦放情山水，欧阳修则能忘其形骸，能'与民同乐'而自乐其乐"。在刘衍看来，欧阳修《与尹师鲁书》有"慎勿作戚戚之文"的自戒。因此，"他的《醉翁亭记》以及贬谪滁州时写的《丰乐亭记》《偃虹堤记》《菱溪石记》等，都不发怨嗟，都不是所谓'戚戚之文'。这是韩愈、柳宗元都未能做到的"。[1]

究竟如何理解作品命意，"太守之乐"到底是"真乐"还是"强乐"？三位当代接受者的观点既相异，又相同。相异者，立论依据各有侧重。如果说吴小如依据背景和文本，钱锺书立足文学传统，那么刘衍更多借助作者自己的创作自白。相同者，无论是吴小如的"真乐"，钱锺书的"强乐"，还是刘衍的"忘忧之乐"，都有一个"乐"字，都承认作品本身，既表现了醉翁的山水之乐，也表现了太守的与民同乐。但是，钱锺书与吴小如、刘衍之间，有一个深刻的同中之异，即钱锺书把"'醉翁'寄'意'"与"'太守'之初衷本'意'"做了明确区分，而吴小如与刘衍则没有这种区分，在他们看来，醉翁即太守，太守即醉翁。然而，钱锺书的这一区分，正与现代叙事学关于叙述主体的观念不谋而合，也隐藏着解决分歧的钥匙。

现代叙事学把叙述主体分为三个层次，即作者、叙述者和隐含的作者。作者，即实际生活中的作者本人，处于作品之外，与作品内容无必然联系。叙述者，即特定作品中故事情节或生活情境的叙述者。隐含的作者，即隐藏于文本中的作者的"第二自我"，也是在读者的头脑中形成的作者的精神肖像。如果说叙述者是明的，那么隐含的作者是暗的；如果说叙述者的倾向是直接表露的，那么隐含的作者的内心是隐藏在字面底下的。钱锺书"'醉翁'寄'意'"与"'太守'之初衷本'意'"的区分，所谓"夫'醉翁'寄'意'，洵'在乎山水之间'，至若'太守'之初衷本'意'，岂真'乐'于去国而一麾出守哉？谅不然矣"，其实质就是叙述者与隐含的作者的区分。换言之，从叙述者角度看，"醉翁之意不在酒，在乎山水之问

---

[1] 刘衍. 中国古代散文史[M]. 北京：高等教育出版社，2004：248.

也"，确乎是文章的命意所在，抒写了醉翁的山水之乐，表达了太守的与民同乐。然而从隐含的作者角度看，即从隐含在作品中的庐陵欧阳修看，至若"'太守'之初衷本'意'，岂真'乐'于去国而一麾出守哉？谅不然矣！"。简言之，"真乐"是文本的，"强乐"是隐含的，"真乐"是表层的，"强乐"是深层的，"真乐"是言内的，"强乐"是言外的。

唐文治《国文经纬贯通大义》有"心境两闲法"之说。释曰："普通适用，记游山水尤佳。当有凤翔千仞、翛然世外之意，惟性静心清品洁者乃能为之。"在唐文治看来，《醉翁亭记》是"心境两闲法"的典范之作："清微淡远，翛然弦外之音，'醉翁之意不在酒'。孰知其满腹经纶屈而为此乎？盖永叔在滁，乃蒙被垢污而遭谪贬。君子处此，或不能无动于心。而永叔此文，独能游乎物外。先儒谓其深造自得之功，发于心声而不可强者，岂非然欤？"其所谓"不能无动于心"而又"独能游乎物外"的"心境两闲"，与钱锺书"'醉翁'寄'意'"与"'太守'之初衷本'意'"的区分，进而与"失志违时，于是'悦山乐水'"的山水文学传统，可谓暗与契合，而又一脉相承。

《醉翁亭记》接受史的四个时代，各有鲜明特点，各有新的发现。"醉翁之意不在酒"的警策之语，将永远给接受者以无穷想象和无尽启示，而"人知从太守游而乐，而不知太守之乐其乐"的叹惜，将继续引发人们对"'太守'之初衷本'意'"的追问和诠释。

三部作品的接受史，呈现三种不同的特点：《春江花月夜》的声誉由隐而显，《如梦令》的流传知音千载，对《醉翁亭记》的评价由讥病到称赏。从接受史的不同特点出发，对它们的研究也采用不同的思路和方法：《春江花月夜》是诗学解读与文本细读相结合，《如梦令》是阐释史与影响史的结合，《醉翁亭记》则客观考察其从"以文为戏者也"到"传记中绝品"的接受过程。经典作品的接受史异彩纷呈，接受史解读的方法也多种多样。

第七章　传统蒙学的育人智慧

　　蒙学，童蒙养正的启蒙教学，这是人生教育的第一步，也是传统语文教育的第一阶段。中国三千多年的蒙学史，留下了大量的蒙学教材，积累了丰富的教学经验。这是先贤馈赠给现代语文教育的宝贵财富。本章首先对蒙学性质和蒙书发展做简要论述和回顾，然后介绍传统蒙学的教学方法与经验智慧。

第一节　"蒙以养正，圣功也"

中华民族是一个重视教育的民族。教育要从"蒙童"抓起，所谓"蒙以养正，圣功也"。"蒙卦"的经与传，蕴含着华夏先贤的教育哲学。

一、蒙学的辞源和含义

1. 蒙学的辞源

"蒙学"一词，当追溯到《易经》的"蒙卦"。从某种意义上说，《易经》可以看作一部生命哲学典籍，它一方面展示了生命的诞生、成长以及人生的吉凶祸福，同时又提供了面对和处理生命过程诸阶段生命境况和祸福机遇的人生智慧。

《易经》前四卦，乾、坤、屯、蒙，展示了生命的孕育、初生及蒙稚状态。乾卦第一：乾，健也，乾为天，为父，所谓"天行健，君子以自强不息"。坤卦第二：坤，顺也，坤为地，为母，所谓"地势坤，君子以厚德载物"。屯卦第三：屯者，盈也，屯为初生，所谓"刚柔始交而难生"。蒙卦第四：蒙者，童蒙，蒙稚，困蒙，所谓"蒙以养正，圣功也"。

《序卦传》开篇，对乾、坤、屯、蒙四卦的卦序以及前后相承的意义做了精要论述。《序卦传》曰："有天地，然后万物生焉。盈天地之间者唯万物，故受之以屯。屯者盈也。屯者，物之始生也。物生必蒙，故受之以蒙。蒙者，蒙也，物之稚也。"《序卦传》解释说，有了天地，万物才开始产生。最初充盈天地之间的只有万物初生时的氤氲气息，所以《易经》首先设定了象征天地的乾、坤两卦，接着是象征事物初生的屯卦。屯卦表示阴阳初交时的孕育之气充塞满盈，屯的意思又指事物开始萌生。事物初生必然蒙昧无知，所以接着是象征蒙稚的蒙卦。蒙表示蒙昧，就是事物幼稚的意思。

蒙学之蒙，就来源于蒙卦之蒙。而蒙卦之蒙，则含有蒙稚、蒙昧之义。此后衍生出的一系列词语，如蒙童、蒙幼、蒙馆、蒙塾、蒙师、蒙养等，都源于蒙卦之蒙。

2. 蒙学的含义

何谓蒙学？蒙学一词，当有二义。最初是指蒙童学校，也称蒙馆、蒙塾，是古人对蒙童进行启蒙教育的学校。清代吴沃尧《历史小说总序》有曰："吾曾受而读之，蒙学、中学之书，都嫌过简；至于高等大学，或且仍用旧册矣。"清代钱泳《履园丛话》则曰："江阴诸生有陈春台者，家甚贫，以蒙馆自给。"这里的蒙学、蒙馆均指学校而言。古代蒙学的教学内容主要是识字、写字和伦常，教材一般为《蒙求》《千字文》《三字经》《百家姓》《千家诗》等。1902年清政府《钦定学堂章程》规定初等教育机构分为三级：蒙学堂、寻常小学堂、高等小学堂。蒙学堂简称蒙学，入学年龄为六岁，修业四年，设修身、字课、读经、史学、舆地、算学、体操等课程。但仅有章程，实并未开办。

《易传·象传》曰："蒙以养正，圣功也。"蒙学的第二种含义，就是启蒙教学，通过识字教学和诗礼教育，开发蒙童智慧，培育君子人格。而启发蒙稚的蒙学，被古人称为圣功，是一件神圣伟大的事业，也是造就圣人的必由之路。

二、蒙卦的教育思想

蒙卦的经与传，就是一部华夏先贤的教育哲学。围绕"蒙以养正"这一中心，蒙卦蕴含了先贤关于启蒙教学的性质和使命、方法和途径的丰富思想和精辟见解。

蒙卦取名"蒙稚"，其义即在揭示"启发蒙稚"的道理。卦辞曰："匪我求童蒙，童蒙求我。初筮告，再三渎，渎则不告。"这段卦辞包含了两个重要的教学理念：所谓"匪我求童蒙，童蒙求我"，体现了尊师敬学的思想，与《礼记·曲礼上》所谓"礼闻来学，不闻往教"之义相同。所谓"初筮告，再三渎，渎则不告"，即初次祈问施以教诲，接二连三地滥问是渎乱学务，渎乱就不予施教。这体现了启发式的教学原则，与《论语·述而》所谓"举一隅不以三隅反，则不复也"之义相契合。

六爻大旨，二阳爻喻师，四阴爻喻蒙童，即程颐所谓："二阳为治蒙者，四阴皆处蒙者也。"明代蔡清《易经蒙引》曰："在蒙者便当求明者，在明者便当发蒙者，而各有其道。"以更简明的语言概括了蒙卦的要旨。爻辞《周易·初六》曰："发蒙。利用刑人，用说桎梏。以往吝。"《周易·上九》曰："上九：击蒙，不利为寇，利御寇。"这两句爻辞提出了教育的两种方式和方法：前者是说，启发蒙稚，利于树立典型育人，使人免犯罪恶，要是不专心受教，急于求进，必有遗憾惋惜；后者是说，猛击以启发蒙稚，不宜使用暴力过甚的方式，宜采用抵御强寇（即适当严厉）的方式，这样可以做到上下意志顺应和谐。《易传·象传》曰："山下出泉，蒙；君子以果行育德。"这是说，高山下流出泉水，象征渐启蒙稚，君子因此果断决定自己的行动来培育美德。从"山下出泉"引申出"果行育德"，强调启发蒙稚需要坚毅的心志和长期的过程。

"蒙以养正"则是传统儿童教育哲学的核心命题。明代哲学家王廷相在《雅述》中对"蒙以养正"的内涵做了精辟的学理诠释："童蒙无先入之杂，以正导之而无不顺受……壮大者已成驳僻之习，虽以正导，彼以先入之见为然，将固结而不可解矣，夫安能变之正？故养正当于蒙。"他从教育效果与个体心理变化的关系，揭示了"蒙以养正"这一命题在教育心理学方面的科学意义。

所谓"蒙以养正"，就是从娃娃抓起，这也是中西哲学家和教育家反复强调和阐释的观念。在柏拉图看来，"在幼小柔嫩的阶段，最容易接受陶冶，你要把它塑成什么型式，就能塑成什么型式"[1]。因此，他特别强调儿童美育："儿童阶段文艺教育最关紧要。一个儿童从小受了好的教育，节奏与和谐浸入了他的心灵深处，在那里牢牢地生了根，他就会变得温文有礼；如果受了坏的教育，结果就会相反。"[2]如果说柏拉图是从正面明理，那么陆陇其《松阳讲义》则从反面立论："大抵人之气禀虽有不同，然亦差不多。只是从小便习坏了，气禀不好的固愈习愈坏，即气禀好的，亦同归于坏。童蒙之时，根脚既不曾正得，到得长大时，便如性成一般。即能回头改悔，发愤自新，也费尽气力，况改悔发愤者甚少。此人才所以日衰，皆由蒙养之道失也……后世为父兄者，有弟子而不教，固无论矣。即有能教者，又都从利禄起见。束发受书，即便以利禄诱之，不期其为大圣大贤，而但愿其享高官厚禄。这个念头横于胸中，即使工夫一如古

---

[1]柏拉图.理想国[M].郭斌和，张竹明，译.北京：商务印书馆，1986：71.

[2]同[1]：107-108。

人，亦是为人而非为己了。况念头既差，工夫必不能精实，只求掩饰于外，所以悦人而已。教学如此，人才安得而不坏哉？为人父兄者，胡不一思而甘使子弟为俗人也？"

蒙卦"蒙以养正，圣功也"与《礼记·学记》"建国君民，教学为先"的理念，可谓交相辉映，前后衔接。然而，正如陆陇其当年所担忧的，蒙养失道，人才日衰，利禄诱之，人才日坏。

第二节　传统蒙学教材的发展

蒙学离不开蒙书。中国蒙书的发展，从《仓颉篇》到《弟子规》，可谓源远流长。形式多样的蒙书，凝结着先贤的教学智慧，在一代代蒙童心中播撒着文化的种子。

一、蒙书的滥觞：先秦至六朝

古代教育的情况，《礼记·学记》有一段为人熟知的记载。其曰：

古之教者，家有塾，党有庠，术有序，国有学。比年入学，中年考校。一年视离经辨志，三年视敬业乐群，五年视博习亲师，七年视论学取友，谓之小成。九年知类通达，强立而不反，谓之大成。夫然后足以化民易俗，近者说服而远者怀之，此大学之道也。

这段记载，对古代学校"家有塾，党有庠，术有序，国有学"的层级制度，学生从"小成"到"大成"的成长过程，以及"化民易俗，近者说服，而远者怀之"的大学之道，做了简明扼要的论述。无论古今，循序渐进的教学程序都是一样的，学童无不从"家有塾"开始，而"家有塾"就是后世的蒙塾。

教学离不开教材，蒙学离不开蒙书。古代蒙学，逐步形成了"识字教育—伦理教育—知识教育—诗文阅读—写作训练"大体一致的步骤，蒙书的发展也大致遵循这一过程。

蒙书的编撰，可以追溯到先秦时期学者对文字的最初搜集和整理。先秦至六朝，可以说是蒙书的滥觞期。这一时期的蒙学课本，多以识字为主。据《汉书·艺文志》记载，从周、秦到汉代，陆续出现了多种字书和识字课本。远在春秋战国时期，就有《史籀篇》，这是周时蒙童的识字书，现已亡佚。到秦代及西汉时，则有李斯《仓颉篇》、赵高《爰历篇》、胡毋敬《博学篇》、司马相如《凡将篇》、史游《急就篇》、李长《元尚篇》、扬雄《训纂篇》等。据《隋书·经籍志》记载，除以上八部书外，还有汉代蔡邕的《劝学》，晋代束皙的《发蒙记》、顾恺之的《启蒙记》，梁代周兴嗣的《千字文》，北齐颜之推的《训俗文字略》，等等。这一时期的识字蒙书，影响最大的是李斯的《仓颉篇》、史游的《急就篇》和周兴嗣的《千字文》。

先说李斯的《仓颉篇》。《汉书·艺文志》曰："《史籀篇》者，周时史官教学童书也。"古代字书创于《史籀篇》，而《仓颉篇》继之。秦朝为统一和简化文字，改用小篆编写了三种字书，李斯作《仓颉篇》，胡毋敬作《博学篇》，赵高作《爰历篇》，文字多取诸《史籀篇》。西汉闾里书师将《仓颉篇》《博学篇》《爰历篇》合为一本，合称《仓颉篇》，又称"三仓"。据《汉书·艺文志》记载，《仓颉篇》55章，每章60字，共收3300字。到了扬雄的《训纂篇》，连同《仓颉篇》，扩充为89章，增加至5340字。汉和帝时贾鲂又写了《滂喜篇》。后人以《仓颉篇》为上，《训纂篇》为中，《滂喜篇》为下，也称"三仓"。遗憾的是，前后两个"三仓"，只有《仓颉篇》尚存清人辑本[1]，其他都亡佚了。

王国维《史籀篇叙录》说："《仓颉》三篇，皆四字为句，二句一韵。"《仓颉篇》残本，虽"尚得十之五六"，但成句不足二十。仅存者如：

仓颉作书　游敖周章

走走病狂　疵疕灾殃

薄厚广狭　好丑长短

幼子承诏　考妣延年

汉兼天下　海内并厕

豨黥韩覆　叛讨残灭

关于《仓颉篇》的性质，王国维《重辑仓颉篇〈序〉》说："夫古字书存于今日者，在汉惟《急就》《说文解字》，在六朝惟《千字文》与《玉篇》耳。此四种中，《说文》与《玉篇》说字形者为一类；《急就》《千文》便于讽诵者又为一类。"[2]《仓颉篇》四字为句，二句一韵，便于讽诵，与《急就篇》《千字文》为类，足证其为识字的蒙书，而非学术性的字书。

---

[1] 王国维《重辑仓颉篇〈序〉》："《仓颉》三篇，虽并于汉，亡于唐，然汉初所定五十五章三千三百字，今散见于诸书所引者，尚得十之五六。"（参见[2]）
[2] 谢维扬，房鑫亮，李朝远. 王国维全集：第6卷[M]. 杭州：浙江教育出版社，2010：327.

这一时期，还有一部相传为管子所作的《弟子职》。《汉书·艺文志》将它列入六艺的孝经类。朱熹说《弟子职》"言童子入学受业事师之法"。郭沫若则认为"当是齐稷下学宫之学则"[1]。《弟子职》是整齐的四言韵语，全书从"先生施教，弟子是则"开篇，对蒙童的日常行为，从学习、言行、道德到容止、服饰、礼貌诸方面，提出了具体要求。首段讲学习，如：

> 先生施教，弟子是则；
>
> 温恭自虚，所受是极；
>
> 见善从之，闻义则服；
>
> 温柔孝悌，毋骄恃力；
>
> 志无虚邪，行必正直；
>
> 游居有常，必就有德；
>
> ……
>
> 朝益暮习，小心翼翼；
>
> 一此不解，是为学则。

如果说《仓颉篇》主要是识字教育，那么《弟子职》主要是伦理教育。从蒙书的源流看，《弟子职》又可以说是《弟子规》的前身。

西汉史游的《急就篇》，一名《急就章》，首句有"急就"二字，故以名篇。成书时间约在公元前40年，是我国完整保存至今的最古老的识字课本。今本《急就篇》，分三十四章，共2144字。据前人考证，最后的128字是后人补加的。《急就篇》有两个显著特点。在形式上，它把当时常用的单字，编集成三言、四言、七言的韵语，以便记诵，同时尽可能每句成话并表达一定的意思，使识字教育和常识学习结合起来。在内容上，它大致可分为三个部分：一是姓氏名字，400多字；二是服器百物，1100多字；三是文学法理，440多字。《急就篇》的开篇，是五句七言的劝学引言：

> 急就奇觚与众异，罗列诸物名姓字，分别部居不杂厕，用日约少诚

---

[1]黎翔凤《管子校注》中"弟子职第五十九"："……私人讲学，孔子之前已有之，以为私学始于孔子者，误也。齐稷下之学，宣王时复盛，则其盛在宣王之前，而由初立规模以至于盛，又非旦夕所能奏功，则管子时有《弟子职》，无可疑焉。"（参阅黎翔凤.管子校注：下[M].梁运华，整理.北京：中华书局，2004：1144.）

快意，勉力务之必有喜。

第一部分是三言，如：

宋延年　郑子方　卫益寿　史步昌

邓万岁　秦眇房　郝利亲　冯汉彊

第二、三两部分是七言，如：

稻黍秫稷粟麻粳　饼饵麦饭甘豆羹

治礼掌故砥砺身　智能通达多见闻

第三部分末尾有一段是四言，如：

汉地广大　无不容盛　万方来朝　臣妾使令

边境无事　中国安宁　百姓承德　阴阳和平

风雨时节　莫不滋荣　蝗虫不起　五谷孰成

《急就篇》作为识字课本，流传了很长时间。顾炎武《日知录》说："汉魏以后，童子皆读史游《急就篇》。又书家亦多写《急就篇》。自唐以下，其学渐微。"其实，唐代以后，虽有编法多样的后起识字书，但《急就篇》仍广为流传，且有名家法书，故具有识字和学书的双重功能，对后世蒙书编写也产生了很大影响。

再说周兴嗣的《千字文》。《千字文》是南朝梁武帝时期的蒙学名篇，编撰旨趣仍以识字为目的。《千字文》的编撰经过和千字的来源有多种说法。唐代李绰《尚书故实》的记载颇具传奇色彩。其曰："梁武帝教诸王书。令殷铁石于大王书中拓一千字不重者，每字片纸，杂碎无序。武帝召兴嗣谓曰：'卿有才思，为我韵之。'兴嗣一夕编缀进上，鬓发皆白，而赏赐甚厚。右军孙智永禅师，自临八百本散与人间，江南诸寺各留一本。"《千字文》的完整流传，或许正得益于智永禅师的"自临八百本散与人间"。

《千字文》虽然晚出，但就流传的长久度和影响的深广度而言，可谓蒙学识字第一书。这与其精巧的编法密切相关。首先，在内容上，《千字文》并非千字的无序堆积，而是在《仓颉篇》和《急就篇》的基础上更进一步，使之成为一篇积字成句、前后连贯、内容丰富的文章。开头部分从"天地玄黄，宇宙洪荒"说起，接着先说天的现象，如"日月盈昃，辰宿列张；寒来暑往，秋收冬藏；闰余成岁，律吕调阳。云腾致雨，露结为霜"。再说地的现象，如"果珍李奈，菜重芥姜；海咸河淡，鳞潜羽翔"。然后转人文史源流的叙述，如"始制文字，乃服衣裳；推位让国，有虞陶唐"。之后再叙述当时帝都朝廷典章人物之盛，论述当时之人修身持己、为人处世之道，一直说到务农、读书、饮食、居处、祭祀等。这部分，既有劝世的人生格言，如：

知过必改，得能莫忘；

罔谈彼短，靡恃己长；

……

容止若思，言辞安定；

笃初诚美，慎终宜令。

也有优美的景物描写，如：

渠荷的历，园莽抽条；

枇杷晚翠，梧桐蚤凋；

陈根委翳，落叶飘摇。

其次，在语言上，除了通顺可读之外，保持了整齐押韵的传统，便于儿童朗读背诵，而且押韵自然，没有勉强硬凑之处。

清人褚人获借明代王世贞的话，对《千字文》做了高度评价："王凤洲称为绝妙文章，政谓局于有限之字而能条理贯穿，毫无舛错，如舞《霓裳》于寸木，抽长绪于乱丝，固自难展技耳。"（《坚瓠集·戊集卷之四》）确实，《千字文》四字一句，押韵连贯，构思精巧，文采飞扬。因此，此书编成之后，很快流行各地，还有蒙汉对照本，并远传至日本。

二、蒙书的发展：隋唐两代

隋代是科举考试制度正式形成的时代，这是古代选士制度的一大分界线。科举制度的建立，为社会下层的读书人开辟了仕进之途，并有助于选才举能，提高官员的文化素养和行政水平。科举制度为以后历代王朝所沿用，延续1300多年之久，从而使历代政府成为"士人政府"或"读书人的政府"。18世纪以后，中国的科举制对欧洲的文官制度产生了积极影响。[1]

---

[1] 邓嗣禹. 中国科举制在西方的影响[M]∥胡晓明，傅杰. 释中国：第一卷. 上海：上海文艺出版社，1998：545-585.

　　隋唐科举制度的建立和发展，极大地激发了广大民众的读书热情。蒙学和蒙书也随之得到进一步发展，内容和形式更为丰富多样。这一时期蒙学读物的显著特点表现为，识字的功能逐渐减退，知书识礼的功能不断增强。除了传统的识字教育之外，伦理道德教育和历史知识传授成为这一时期蒙书的主要特色：前者以无名氏的《太公家教》为代表，后者以李翰的《蒙求》为代表。

　　《太公家教》是从中唐到北宋初年在我国中原地区广泛流传的一种蒙学读物。此书因语言通俗，多用白话，被认为"浅陋鄙俚"，因而公私藏书家多未注意，史、志书籍也少著录。直到清光绪二十五年（1899年），在敦煌石窟内发现了唐人写本一卷，方收入《鸣沙石室佚书》影印出版。其实，中唐古文家李翱在文章中就提到此书："义不主于礼，言不在于教劝，而词句怪丽者有之矣：《剧秦美新》、王褒《僮约》是也；其理往往有是者，而辞章不能工有之矣：刘氏《人物志》、王氏《中说》、俗传《太公家教》是也。"（《答进士王载言书》）关于此书的作者，宋人王明清有一推断："世传《太公家教》，其言极浅陋鄙俚，然见之唐李习之文集，至以《文中子》为一律。观其中犹引周汉以来事，当是有唐村落间老校书为之。"（王明清《玉照新志》卷三）此书有短序，曰："才轻德薄，不堪人师，徒消人食，浪费人衣。……为书一卷，助诱儿童。"从短序语气和全书"浅陋鄙俚"的语言看，王明清的推断是可信的。

　　今本《太公家教》可分为八章，共580句，2600多字。在语言上，以四言为主，杂以长短不一的句式，这种体式对后世的《增广贤文》《名贤集》等有一定的影响。在内容上，主要辑录前人的嘉言警句和当时的民间谚语，贯穿忠孝、仁爱、修身、勤学的伦理思想和教子之法。有些格言谚语一直流传至今，如："人无远虑，必有近忧""贪心害己，利口伤身""吞钩之鱼，恨不忍饥""凡人不可貌相，海水不可斗量"。

　　《太公家教》被称为我国最古老的治家格言，它对后世的格言类蒙书产生了广泛影响。

　　唐代传授历史知识的掌故类蒙书，当始于杜嗣先的《兔园册府》或《兔园册》。此书已佚，仅残存半篇序文，见《鸣沙石室佚书》。宋人王应麟《困学纪闻》记载，此书为唐梁王李恽僚佐杜嗣先所著。李恽有兔园，故名为

《兔园册》。《兔园册》用"偶俪之语"，记古今史事，分四十八门，可能有十卷和三十卷两种。五代时流行于村塾，作为蒙童读本。此书因行于民间村野，故"人多贱之"，后常用以指读书不多的人当作秘本的肤浅书籍。《新五代史·刘岳传》有一则记载："岳名家子，好学，敏于文辞，善谈论……宰相冯道世本田家，状貌质野，朝士多笑其陋。道旦入朝，兵部侍郎任赞与（刘）岳在其后，道行数（步）反顾，赞问岳：'道反顾何为？'岳曰：'遗下《兔园册》尔。'《兔园册》者，乡校俚儒教田夫牧子之所诵也，故岳举以诮道。道闻之大怒，徙岳秘书监。"

李翰[1]的《蒙求》是自中唐至北宋最为流行的童蒙课本。虽也曾受到"本无义例，信手肆意，杂袭成章"的批评，但在蒙学史上具有开创性的意义，可与《急就篇》《千字文》前后辉映，对后世历史掌故类"蒙求"书产生很大影响。

《蒙求》的编撰方式是取用经传故实，编为四言韵语，每四字组成一个主谓结构的短句，上下两句对偶，各讲一个故事。现存本共计621句，2484字。全书所述历史人物故事，或赞其嘉言懿行，或激励劝勉后学，或为脍炙人口的逸闻，对仗工整、韵律纯正。如：

> 桓谭非谶，王商止讹。
>
> 西门投巫，何谦焚祠。
>
> 匡衡凿壁，孙敬闭户。
>
> 孙康映雪，车允聚萤。
>
> 屈原泽畔，渔父江滨。
>
> 绿珠坠楼，文君当垆。

此外，还涉及天文、地理、神话、传说、医药、占卜、酿酒、造纸以及诗文评论等，如：

---

[1] 关于《蒙求》的作者，张志公经考证指出："《蒙求》的作者是唐代人已无问题，是与李华有关系的李翰的可能性也很大（只是各本都作"瀚"或"瀚"，没有作"翰"的，这一点尚待进一步查考。）我们根据上述情况，暂时把作者写作李翰。"（参阅张志公. 传统语文教育教材论：暨蒙学书目和书影[M]. 北京：中华书局，2013：55-56. ）

> 杜康造酒，仓颉制字。
>
> 程邈隶书，史籀大篆。
>
> 蒙恬制笔，蔡伦造纸。

《蒙求》确实是一部富于知识性的教材，其中不少内容成为《三字经》《日记故事》《幼学琼林》的取材来源。据记载，此书一直流行到清初，之后才渐趋湮没。

三、蒙书的繁荣：两宋至明清

两宋至明清，是中国教育史上民间蒙学高度发展的时期，也是蒙书编写高度繁荣的时期。南宋诗人陆游就曾在诗中描写过宋代"儿童冬学"和阅读"村书"的情形。其《秋日郊居》写道：

> 儿童冬学闹比邻，据案愚儒却自珍。
>
> 授罢村书闭门睡，终年不著面看人。

陆游自注曰："农家十月乃遣子入学，谓之冬学。所读《杂字》《百家姓》之类，谓之村书。"此类为乡村儿童、田夫牧子所诵读的"村书"，就是当时的蒙书。

宋代及之后蒙书的繁荣，至少有三大促进因素：一是科举制度的发展和文官治国的政策进一步激发了社会对教育的重视；二是雕版印刷的兴盛为书籍的大量印制和广泛传播提供了技术保证；三是书肆的繁荣激发了文人编书的热情，也扩大了蒙书的流传范围。

蒙书编写、印刷、发行的繁荣景象，在当时的诗文、小说中多有描写。晚清刘鹗《老残游记》第七回，记述了山东东昌府的一位书铺老板向老残讲述蒙学读物在当地热销的情形："所有方圆二三百里，学堂里用的'三''百''千''千'，都是小号里贩得去的，一年要销上万本呢！"清代诗人郭尧臣的一首诗生动地描写了乡村蒙童读书的情景，也写到了当时最流行的蒙学读物。诗曰：

> 一阵乌鸦噪晚风，诸徒齐逞好喉咙。
>
> 赵钱孙李周吴郑，天地元黄宇宙洪。
>
> 《千字文》完翻《鉴略》，《百家姓》毕理《神童》。

就中有个超群者，一日三行读《大》《中》。[1]

《老残游记》写到的"三""百""千""千"，即《三字经》《百家姓》《千字文》《千家诗》，是传统蒙学的基本教材。而这首诗中的"就中有个超群者，一日三行读《大》《中》"的"《大》《中》"，则是指《大学》和《中庸》。

宋代以后蒙书的繁荣发展，主要表现在两个方面。一是蒙书的品种大量增加。据粗略统计，这一时期出现的蒙学读物不下百种[2]。流传至今的蒙学经典，像《百家姓》《三字经》《千家诗》《神童诗》《龙文鞭影》《幼学琼林》《增广贤文》《弟子规》等，大多产生于这一时期。二是蒙书编写的专门化程度空前提高。有专门的韵文诗歌阅读系列，也有初步的属对写作系列，有专门的伦理教育系列，也有专门的历史知识系列；有专门针对男童的"弟子规"系列，也有专门针对女童的"女儿经"系列；等等。

---

[1] 梁绍壬《两般秋雨盦随笔》卷四"村学诗"："海昌郭尧臣好为俳体诗，所著名《捧腹集》。有村学诗云：'一阵乌鸦噪晚风，诸徒齐逞好喉咙。赵钱孙李周吴郑，天地元黄宇宙洪。《千字文》完翻《鉴略》，《百家姓》毕理《神童》。就中有个超群者，一日三行读《大》《中》。《学》《庸》也。'末句趣甚。"

[2] 张志公的《蒙学书目》对古佚蒙书和现存蒙书做了迄今最为详尽的收集整理，是一份极为珍贵的资料。（参阅张志公. 传统语文教育教材论：暨蒙学书目和书影[M]. 北京：中华书局，2013：168-193.）

第三节 识字 识事 识礼 审美

分类有助于突出事物的特征。20世纪以来，蒙书研究者从不同角度对蒙书做了分类。若着眼于蒙学教材的内容和功能特征，不妨将其分为识字、识事、识礼、审美四大类。

一、关于蒙书的分类

两千多年的蒙学史，产生了数以千计的蒙学教材，数量庞大的蒙学教材可以分为多少类型？这个问题受到现代研究者的普遍关注。文献学家、儿童文学家、教育史家、蒙学研究专家等分别从各自的专业立场出发，从编写形式、编写内容、功能目的等方面对蒙学教材进行分类。

在20世纪的学者中，最早对蒙学教材进行学术分类的，当是文献学家余嘉锡。1934年，余嘉锡在《内阁大库本〈碎金〉跋》一文中指出，"古之小学即村塾小儿所读之书，而非清人所谓音韵训诂之学"。《碎金》一书，"其意在使人即物以辨其言，审音以知其字，有益多识，取便童蒙，盖小学书也"。余嘉锡进而把滥觞于"三仓"《急就篇》的"古之小学"（亦即蒙学之书）分为三派：

析而言之，可分三派。一曰字书，起源出于周兴嗣，积字成篇，篇无复字，初学籀诵其文词，临摹其形体。其后有《百家姓》《杂字》之类，此"三仓"《急就》之嫡嗣，小学之正宗也。二曰蒙求，其源出于李翰，属对类事，编成音韵，易于讽诵，不出卷而知天下。（四语出《蒙求》李良表及李华序。）其后有《三字经》《幼学琼林》《龙文鞭影》之类，此"三仓"《急就》之别子，小学之支流余裔也。三曰格言，其源出于《太公家教》，广陈法戒，杂以俗语，使蒙童于次养正，浅识资为著蔡。其后有《神童诗》《女儿经》《增广》之类，此则因"三仓"《急就》之体而推广之，于古者幼童读《孝经》之意弥近，小学之滥觞也。盖自唐、宋以来，幼童之所讽诵，不出三者。[1]

---

[1]余嘉锡.余嘉锡论学杂著：下册[M].2版.北京：中华书局，2007：605-606.

余嘉锡以"三仓"、《急就篇》为蒙学之祖，以《千字文》《蒙求》《太公家教》为三派之源，以识字为正宗，以"属对类事""陈法养正"为别子，考镜源流，辨彰部类，显示出宏阔的历史眼光和清晰的学理思路。不过，余嘉锡所辨析的三派，若从功能目的角度加以命名，不妨概括为识字、识事、识礼三类。

1935年6月，郑振铎从儿童文学研究的角度，在《从三字经到千字文到历代蒙求》一文中，把蒙书分为五大类：

（1）伦理书：学则、学仪、家训以至《小学》《圣谕广训》一类的伦理书，并包括《小儿语》一类的格言韵语；

（2）识字书：《三字经》《百家姓》《千字文》一类的作为识字用的基本书；

（3）益智故事书：启发儿童智慧的聪明的故事，像《日记故事》一类的书；

（4）史、地常识书：浅近的历史、地理以及博物的常识书，像《高厚蒙求》《名物蒙求》《史学提要》等；

（5）怡情诗歌集：所谓陶冶性情的诗歌，像《神童诗》《千家诗》等[1]。

郑振铎对"以养成顺民或忠臣孝子为目的，而以注入式的教育方法"的"古旧的蒙童教育"，持激进的批判态度。但作为著名学者和藏书家，他对蒙书的搜集整理，在现代蒙学史上具有开创意义，他对蒙书的分类，也显示出极高的学术眼光，并对后世的蒙学研究产生了较大的影响。

今人郭齐家的《中国教育史》对蒙学教材的分类与郑振铎的颇为一致，他把宋代的蒙书分为五类：

1. 以识字教育为主的综合性识字教材。这类教材主要有《三字经》《百家姓》《千字文》等，教育目的是教儿童识字，掌握文字工具，同时也综合介绍一些基础知识。

2. 以道德教育为主的蒙学伦理教材。这类教材主要有吕本中的《童蒙训》、吕祖谦的《少仪外传》、程端蒙的《性理字训》等，教育目的是

---

［1］郑振铎.郑振铎全集：第十三卷[M].石家庄：花山文艺出版社，1998：46-63.

向儿童传授伦理道德知识及为人处事、待人接物的准则。

3. 以历史教育为主的蒙学历史教材。这类教材主要有王令的《十七史蒙求》、胡寅的《叙古千文》、黄继善的《史学提要》、陈栎的《历代蒙求》、吴化龙的《左氏蒙求》等。这类教材，有的是简述中国古代历史的发展，有的是选辑历史故事或历史人物的嘉言善行，既向儿童传授历史知识，又对儿童进行思想道德教育。编写体例"多是四言，多为对偶，联以音韵"，便于儿童记诵。

4. 以陶冶性情为主的蒙学诗歌教材。这类教材主要有朱熹的《训蒙诗》、陈淳的《小学诗礼》等。选择一些适合儿童的诗词歌赋，让其学习和吟诵，以便陶冶儿童的性情，开拓其意境并进行美感教育。

5. 以社会、自然常识教育为主的知识性教材。这类教材主要有方逢辰的《名物蒙求》、胡继宗的《书言故事》、虞韶的《日记故事》等。内容涉及天文、地理、鸟兽、草木、衣服、建筑、器具以及常用的典故成语等等。[1]

郭齐家与郑振铎几乎一样，都把蒙学教材分为五类，即识字类、伦理类、历史类、诗歌类和常识类，只是顺序稍稍不同而已。郑振铎、郭齐家的"五类"，与余嘉锡的"三派"比较，实质增加了以陶冶性情为主的诗歌类，或曰"审美类"，而识字类、伦理类、历史类和常识类，完全可以归入识字、识事、识礼之中。综合余嘉锡和郑振铎、郭齐家的分类，可以把蒙学教材分为四大类，即识字类、识事类、识礼类和审美类。

近年，蒙学教材的分类日趋细化。徐梓的《中华蒙学读物通论》，首先从内容或功能角度，把宋、元、明、清的蒙学读物划分为九大类：一是综合性的蒙学读物，如《三字经》《小学绀珠》《幼学琼林》等；二是传授伦理道德的蒙学读物，如《小学诗礼》《弟子规》《小儿语》等；三是传播性理和经学知识的蒙学读物，如《训蒙绝句》《性理字训》《毓蒙明训》等；四是介绍历史知识的蒙学读物，如《叙古千字文》《十七史蒙求》《历代蒙求》等；五是有关韵对的蒙学读物，如《声律启蒙》《笠翁对韵》等；六是有关诗歌的蒙学读物，如《神童诗》《千家诗》《唐诗三百首》等；

---

[1] 郭齐家. 中国教育史：上卷[M]. 北京：人民教育出版社，2015：323.

七是有关故事和图画的蒙学读物，如《二十四孝》《书言故事》《日记故事》等；八是有关识字的蒙学读物，如《文字蒙求》《字课图说》以及各类"杂字"书；九是有关名物知识和科技知识的蒙学读物，如《名物蒙求》《算学启蒙》等。每一类下面又根据不同表现方式划分为若干类：如传授伦理道德的蒙学读物又分为韵语体、小儿语体、格言谚语体、散文体等；介绍历史知识的蒙学读物又分为咏史诗体、千字文体、蒙求体、歌诀体等。[1]

在蒙学教材类型特征的研究中，徐梓的工作是最为系统全面的，既充分展示了传统蒙学教材的丰富多样性，也深化了对蒙学教材功能性质的认识，有助于当今语文教育对蒙学教材的有效利用。

二、蒙书的四大类型

然而，就其大端而言，笔者以为，可以综合余嘉锡和郑振铎的分类，把蒙学教材分为四大类，即识字类、识事类、识礼类和审美类。其中，识字为正宗，识事、识礼、审美为别子。为什么这样说呢？

清代思想家叶燮在《原诗》中，把宇宙人生、天地万物概括为三个词，即"曰理、曰事、曰情"：

自开辟以来，天地之大，古今之变，万汇之赜，日星河岳，赋物象形，兵刑礼乐，饮食男女，于以发为文章，形为诗赋，其道万千。余得以三语蔽之：曰理、曰事、曰情，不出乎此而已。

叶燮的理、事、情三语，是一种具有高度概括性的本体论范畴。宇宙人生，天地万物，究其根本而言，无非是"曰理、曰事、曰情，不出乎此而已"：理是本质，事是现象，情是态度。

蒙学教育的任务和目的，就是在识字的基础上，进而认识宇宙人生、天地万物的理、事、情。若以此作为分类标准，即可把蒙学教材归纳为识字、识事、识理、识情四类。识情即"所谓'陶冶性情'的诗歌"，亦即审美。因此，着眼于蒙学教材的内容和功能特征，可以将其更准确地归纳为识字、识事、识礼、审美四大类。借言之，"盈天下之蒙学教材，曰识字类、曰

---

[1] 徐梓. 中华蒙学读物通论[M]. 北京：中华书局，2014.

识事类、曰识礼类、曰审美类，不出乎此而已"。

识字类：从"三仓"、《急就篇》到《千字文》，以及各类"杂字"书，都可归入识字类，这也是蒙学教材的原型或基础。

识事类：有关名物、历史、地理、科技等内容的蒙学教材，无论它是何文体，都可以归入识事类。

识礼类：以传授伦理道德、为人处世、待人接物准则为目的的蒙学教材，不论文体，都可以归入识礼类。

审美类：以陶冶性情、开阔心胸、提升意境，以及进行美感教育为目的蒙学诗歌教材，如《神童诗》《千家诗》《唐诗三百首》等。

王阳明特别重视蒙学教育中的歌诗、习礼与读书，其《训蒙大意示教读刘伯颂等》曰："今教童子，惟当以孝、弟、忠、信、礼、义、廉、耻为专务。其栽培涵养之方，则宜诱之歌诗，以发其志意；导之习礼，以肃其威仪；讽之读书，以开其知觉。"显然，王阳明所强调的歌诗、习礼与读书同识事、识礼与审美是具有高度的内在一致性的，而且从另一个角度揭示了蒙学教材知识体系的内在结构。

歌德有句名言："人是一个整体，一个多方面的内在联系着的能力的统一体。艺术作品必须向人的这个整体说话，必须适应人的这种丰富的统一体，这种单一的杂多。"[1] 蒙学教育同样要向蒙童这个整体说话。而在识字基础上的识事、识礼、识情，或在识字基础上的求真、求善、求美，就有助于从童蒙时期开始奠定文化基础，塑造健全人格，培育完美人性。

---

[1] 歌德. 收藏家和他的伙伴们：第五封信［M］∥朱光潜. 朱光潜美学文集：第四卷. 上海：上海文艺出版社，1984：454-455.

第四节　传统蒙学的教学方法

传统蒙学有一套独特的教学方法，传统的蒙书也具有自己的内在体系。蒙学的教学方法和教学体系，对今天的小学语文教学不乏启发和借鉴之处。

一、沈鲤的《归德义学约》

那么，过去的私塾先生是怎么给蒙童上语文课呢？明代文渊阁大学士沈鲤的《文雅社约》中，有《归德义学约》一例，把当年蒙塾一天的教学内容和教学任务规划得非常具体。摘录如下，借以管中窥豹。《归德义学约》共七条，其曰：

一、授书毕，正字。正字毕，讲小学一条。讲毕，将所授书分三节，须早间读会一节，才放早饭。

二、写仿，临法帖《千字文》一幅。

三、写仿毕，调平仄，对句，或破题、破承。作文者，间一日一篇。

四、讲书，先说大旨，这一章书是为什么说，次训字，次逐句俗讲，次收缴，次分截段落。中间有关系德行伦理者，便说与学生知道：你也要这等行，才是好人。有关系修政理事、治民安邦、忠君爱国者，便说道：你他日作官，亦要如此。

五、将放晚学，须把当日所授书俱草草背过，次日早，方可熟背。

六、每日写疑难字或文藻字二个在水牌上，悬之壁间，与诸生看。仍训解大义，各令牢记。待次日背书、讲小学后一同背讲；有不能应对者，责。

七、放晚学，讲贤孝勤学故事一条，吟诗一首。诗要有关系的，如"二月卖新丝""锄禾日当午""青青园中葵""木之就规矩"等篇。短者一首，长者四句，亦豫写牌上，令各生先自抄过。临放学时，先生先高声唱云"二月卖新丝"，诸生俱齐声相和。如此三遍，方才放学。待次日，放晚学时背讲。

沈鲤的《归德义学约》可理解为"蒙学七步骤",包括识字、写字、作文、学掌故等,以识字为主。整个过程又寓伦理教化于知识教学之中。依据《归德义学约》的理想去做,过去的私塾先生承担着双重育人使命:一是对学生进行基本的语文知识训练,为其今后的科举考试做准备;二是对学生进行基本的化民易俗的教育,让学生明白,即使做不成官,也应当成为一个慎独的君子。

二、张志公的"蒙学四步骤"

两千多年的蒙书史,产生了数以千计、种类繁多的蒙书。那么,从现代语文教育的角度看,传统蒙书是否具有内在体系,是否体现出循序渐进的教学进程,是否能满足不同阶段教学的需要?张志公通过对传统语文教育和教材的深入研究做出了肯定的回答,并对传统语文教育的步骤和方法进行了系统梳理。在《传统语文教育教材论》导言的总结部分,张志公写道:

专就传统的语文教育而论,可以说早已形成了相当完整的一套步骤和方法。大体说来,从开始识字到完成基本的读写训练,这整个的语文教育过程是由三个阶段构成的。开头是启蒙阶段,以识字教育为中心;其次是进行读写的基础训练;第三是进一步的阅读训练和作文训练。

以识字教育为中心的启蒙阶段,有的又分作两个步骤。第一步是集中识字。第二步是把识字教育和初步的知识教育以及封建思想的教育结合起来,巩固已识的字,继续学习新字,开始熟习文言的语言特点,同时学到一些必要的常识,为第二阶段进行读写训练打下基础。这样,全部语文教育也可以说包含从集中识字开始的四个步骤。[1]

这一结论,是张志公数十年潜心研究传统语文教育和教材论的结晶。他透过看似杂乱无序的蒙书,发现了潜在的合乎教学规律的步骤和方法,极为珍贵,并成学界共识[2]。他的《传统语文教育教材论》一书,按照上述四个步骤框架,对现存优秀蒙书做了归类整理。这对于我们科学有效

---

[1]张志公.传统语文教育教材论:暨蒙学书目和书影[M].北京:中华书局,2013:10.
[2]如喻岳衡主编的《传统蒙学书集成》(岳麓书社1996年版)一书所写的前言,评述蒙书的思路就与张志公的四个步骤相契合。

地利用传统语文教材具有极大的参考价值。

第一阶段的教材：集中识字的教材。

集中识字的教材，隋唐之前主要是《仓颉篇》《急就篇》《千字文》，宋代以后主要是"三""百""千"，即《三字经》《百家姓》《千字文》，此外还有在民间流传的《开蒙要训》和各类"杂字"书，如《捷径杂字》《包举杂字》等。

使用整齐韵语，集中识字教学，是传统语文教育的一个特点。清代语言学家王筠在《教童子法》中，对识字教学的意义、方法和目标有精当的论述："蒙养之时，识字为先，不必遽读书。先取象形、指事之纯体教之。识'日''月'字，即以天上日、月告之；识'上''下'字，即以在上在下之物告之，乃为切实。纯体字既识，乃教以合体字。又须先易讲者，而后及难讲者……能识二千字，乃可读书。"王筠所谓"能识二千字，乃可读书"，是经过研究的。他有《文字蒙求》一书，从《说文解字》中选出常用字，共得2044字，按象形、指事、会意、形声分类。他认为掌握这些字就能认识全部汉字，因而也就可以读书了。王筠的看法，得到了现代语言学家的证实。

第二阶段的教材：识字教育与道德、知识教育相结合的教材。

这一阶段的蒙书，根据内容和功能的不同，可以分为几类：一是儿童守则，如《弟子职》《劝学》《弟子规》等；二是妇女守则，如《女诫》《女论语》《女儿经》等；三是治身格言，如《太公家教》《小儿语》《昔时贤文》等；四是历史知识，如《史学提要》《史韵》《韵史》等；五是逸闻掌故，如《蒙求》《幼学须知》《龙文鞭影》等。当然，这种分类是相对的，上述蒙书的内容大多是比较驳杂的。

童蒙养正是传统教育的核心理念。因此，传统语文从一开始就注重寓伦理教化于识字教学之中，把识字教育与道德、知识教育结合起来。这是传统语文教育的优良传统。同时，从最初的集中识字到进一步的道德、知识教育，所有的蒙书都采用整齐的韵语或对偶形式编排，便于诵读，富于美感，这对少儿的学习是非常有效的。

第三阶段的教材：初步的读写训练的教材。

传统的语文教育，在启蒙阶段的集中识字和进一步识字之后，在儿童入学的第三年,便进入以读写为主的第二阶段。这个阶段的一般做法是,开始教学生读"四书五经",此外,配合读经,教学生阅读简短的散文故事和浅易的诗歌,教学生对对子,有的还教学生一些浅近的文字、音韵知识。"四书五经"的具体内容前面已经论述,这里仅讲其余的学习内容。

首先是阅读散文故事。对于儿童来说,从识字、阅读到写作,从学三言、四言的整齐韵语到学内容复杂、词句长短不一的文章,中间需要一个过渡。传统语文教育就让散文故事来承担这个任务。这类教材有侧重名物掌故的《书言故事》《白眉故事》,有侧重人物故事的《日记故事》《童蒙观鉴》《二十四孝图说》等。

其次是诗歌诵读。谚曰:"熟读唐诗三百首,不会作诗也会吟。"其实,诗歌诵读既有习作功能,更有审美功能。王阳明《传习录》曰:"大抵童子之情,乐嬉游而惮拘检,如草木之始萌芽,舒畅之则条达,摧挠之则衰痿。今教童子必使其趋向鼓舞,中心喜悦,则其进自不能已……故凡诱之歌诗者,非但发其志意而已,亦所以泄其跳号呼啸于咏歌,宣其幽抑结滞于音节也。"这类教材始于唐代胡曾的《咏史诗》,此后则有流传至今的《千家诗》《神童诗》《唐诗三百首》等。

最后是对对子,即"属对"。这是传统语文教育中十分值得重视和继承的教学方法。教儿童属对,最初是为了学作骈文和近体诗。或许成效显著,后来属对成了启蒙之后的必修课。属对教学遵循循序渐进原则,从"一字对""二字对""三字对""四字对"到五、七、九字的"多字对"。

如《声律启蒙·一东》首段:

> 云对雨,雪对风,晚照对晴空。
>
> 来鸿对去燕,宿鸟对鸣虫。
>
> 三尺剑,六钧弓,岭北对江东。
>
> 人间清暑殿,天上广寒宫。
>
> 两岸晓烟杨柳绿,一园春雨杏花红。
>
> 两鬓风霜,途次早行之客;
>
> 一蓑烟雨,溪边晚钓之翁。

这段文辞不仅语言清新,意境优美,而且基本包含了从一字到十字的各种对子。属对的教材,较早的有宋元间的《对类》,后有流行更广的

《诗脥》《词林典脥》《笠翁对韵》《声律启蒙》等。优秀的属对蒙书,词美、韵美、境美,富于文学性和审美性。一位诗人曾说,他读《声律启蒙》,"低吟缓诵之际,但觉音韵铿锵,辞藻华丽,妙不可言"。

属对的教学意义是多方面的。元初大儒程端礼《读书分年日程》认为,属对配合"习字演文"的教学,有助于学生了解字的"虚实死活",掌握阴阳上去四声。张志公从现代语言学的角度进一步指出:"根据属对课本的内容来看,属对是一种实际的语音、语汇的训练和语法的训练,同时包含修辞训练和逻辑训练的因素。可以说,是一种综合性的语文基础训练。"[1]张志公的见解极为精辟,揭示了属对的语言学意义及其在语文教学中的价值。当年,陈寅恪曾将属对作为清华入学考试的国文题目之一,"以测验应试者之国文程度"[2]。今天,是否应当把"对对子"引入写作训练,是值得我们认真思考的。

第四阶段的教材:进一步的读写训练的教材。

传统的语文教学在完成读写基础训练之后,就进入更高阶段的阅读训练和写作训练。这应当是为科举考试做准备。科举考试的利弊在此处不论,这里只讲此阶段进行阅读训练和写作训练的具体做法。

首先是阅读训练。除了精读"四书五经",宋代以后主要精读《四书集注》,另外,阅读训练的主要教材是为揣摩文章作法的各类古文选注评点本。专为初学者选编、分量不大且有详细评注的选本直至宋代大量出现。流传迄今的著名宋代选本有真德秀的《文章正宗》、谢枋得的《文章轨范》、吕祖谦的《古文关键》和楼昉的《古文标注》等。清代中叶以来,特别流行的选本则有《古文观止》《古文释义》《古文笔法百篇》等。

传统的语文阅读训练,有两条原则依然有效:一是阅读文章时,"文""道"不可偏废;二是在阅读方法上,"熟读""精思""博览"三者不可偏废。在今天这个网络时代,熟读与精思特别重要。朱熹强调熟读的名言,犹应为今人记取。《朱子读书法》:

凡读书……须要读得字字响亮,不可误一字,不可少一字,不可多一字,不可倒一字,不可牵强暗记,只是要多诵数遍,自然上口,久远不忘。

［1］张志公.传统语文教育教材论:暨蒙学书目和书影［M］.北京:中华书局,2013:88.

［2］陈寅恪.金明馆丛稿二编［M］.北京:生活·读书·新知三联书店,2001:249.

古人云："读书千遍，其义自见。"谓读得熟，则不待解说，自晓其义也。

　　这段大白话蕴含着大智慧。"读书千遍，其义自见"，只有书声琅琅，才能深入心房。这是百世不变的教学真理。当代香港学者霍韬晦从现代学理的角度进一步阐发了朱熹的观点："中国读书人之所以称为'读书人'，首先即在'读'，透过'读'来反复体会、领悟书中之情与理，所以必藉声音来结合字形和字义。初不必求解，所谓'先读百遍，而义自见'。为什么？因为中国经典许多都不是西方语言学的'描述句'，通过经验测试来确定其真假值，而是思想提升的过程，具有凝练之处，往往意在言外，读者必须自行咀嚼、品味，方得其妙。换言之，与其说是知识的传达，不如说是性情的陶冶。"[1]

　　其次是写作训练。无须讳言，传统语文教育的写作训练的最终目的是为科举考试服务，这里只介绍几条有价值的教学经验。一是写作原则，强调词、意并重。作文须做到词与意紧密联系，不可有意无词，更不可有词无意。崔学古的要求是："造意要超卓，立格要正大，题旨要明透，笔气要清顺。"可谓道尽作文要旨。二是训练步骤，主张先放后收。首先鼓励学生大胆发挥，等到有一定基础后再严格要求。宋人谢枋得的《文章轨范》就是根据先放后收的原则编成的。此书分为两部分，前半部分叫作"放胆文"，后半部分叫作"小心文"。他在引言中写道："凡学文，初要胆大，终要心小——由粗入细，由俗入雅，由繁入简，由豪荡入纯粹。"三是训练方法，强调多作多改。多作，熟能生巧；多改细心揣摩。虽为常谈，亦为至理。

　　沈鲤的《归德义学约》与张志公的"蒙学四步骤"，一个是一天的课程，一个是系统的总结，二者互为参照，有助于我们了解和借鉴传统语文教育的教学智慧。

---

[1] 霍韬晦. 经典为什么要"读"：为推广儿童读经兼为中国"读书人"正名[J]. 鹅湖月刊，2013，39（6）：32.

第八章　蒙学经典的文本解读

　　两千多年来，数千种蒙书中，《三字经》和《弟子规》是迄今流传最广、影响最大、阅读人数最多的蒙书，也是最适合当代小学生诵读，借以了解传统文化的经典。《三字经》以国学教育为主，旨在劝学，《弟子规》以伦理教育为主，旨在教做人，二者均包含了丰富的传统文化内涵，体现出匠心独运的编写理路。在笔者看来，《三字经》是一部传统文化的微型经典，《弟子规》则是礼仪之邦为人之道的微型大全。此外，明清清言虽不属于传统蒙学范畴，但清言的诗性智慧和诗性格言具有独特的艺术魅力和教学价值。本章先对《三字经》的文本解读提供一得之愚，再对明清清言的艺术特点和《幽梦影》的教学价值做初步探讨。

第一节　《三字经》的四重意蕴

《三字经》近八百年的传播影响史，有两大谜团、一大特点，即作者不明、版本不定，却又有一段绵延相续的注释、补订、仿作史。而《三字经》的文本阐释史，大致经历了三个阶段，即最初的概括评价，稍后的文本解读，以及现代的学理分析。《三字经》实质上是一部以儒家教育理念为构架，以名物伦常、经子诸史为内容，以劝学策励为宗旨，具有"蒙求之津逮，大学之滥觞"的问学导引功能的蒙学经典，它至少可以做四重解读，包含四重意蕴。

一、《三字经》的传播影响史

《三字经》近八百年的传播影响史，有两大谜团、一大特点，即作者不明、版本不定，却又形成一段代有其人、绵延相续的注释、补订、仿作史。

首先是作者不明。《三字经》的作者，到底是南宋浙江鄞县大儒王应麟，还是南宋顺德登州儒者区适子，迄今难有定论。作为蒙书之首的《三字经》，流传近八百年，但明代以前似未见著录，明代中后期方有学者提及。但多数学者或只涉及书名而未提作者，如吕坤《社学要略》中"初入社学，八岁以下者，先读《三字经》以习见闻"；或点明作者不详，如赵南星《教家二书序》中"世所传《三字经》《女儿经》者，皆不知谁氏所作"。

到了清代，关于《三字经》的作者是谁，出现两种意见。一种认定是王应麟所作。最先提出这个说法的人是清初王相，其《三字经训诂序》曰："宋儒王伯厚先生作《三字经》以课家塾，言简义长，词明理晰，淹贯三才，出入经史，诚蒙求之津逮，大学之滥觞也。"清人夏之瀚《小学绀珠序》亦曰："迨年十七，始知其作自先生（编者注：指王应麟），因取文熟复焉，而叹其要而赅也。"一种认为是区适子所作。清初学者屈大均的《广东新语》曰："童蒙所诵《三字经》，乃宋末区适子所撰。适子，顺德登州人，字正叔，入元抗节不仕。"此后，持不同意见者代有其人，并各自为己见做了论证[1]，以致有的刊本不知所从，只好做调和处理。如民国时期金陵大学《三字经》油印本，署作者为"王应麟撰、区适子改订"。

近年来，随着国学热的升温，《三字经》的作者问题，再度引起当代学者，尤其是顺德和宁波两地学者的关注，并专门举办了《三字经》的学术研讨会。2007年，广东学者李健明在《〈三字经〉作者细考》一文中，根据《广州人物志》和《顺德县志》中的记载，为"区适子所撰说"提供了新的史料。宁波方面的学者郑传杰则对该文的可靠性和严谨性提出质疑，指出"这一说法实来源于民间传闻"，来源于"故老相传"，而民间传闻自然不可信。[2]

宁波大学历史系教授钱茂伟在分析了双方的论据和研究思路后提出了自己的看法。首先，通过文句索源，他认为《三字经》是一部原创蒙学作品，它的底色是宋代文化，它的成书不在北宋而在南宋中期。其次，通过对《三字经》署名嬗变的考察，认为"《三字经》实际作者是一位佚名蒙师，两者必居其一式的《三字经》作者讨论，可能是一个伪命题。区适子说是一个民间传说，署名王应麟则是一种公共文化冠名现象"。[3]

客观地说，钱茂伟教授的研究视野开阔，论证翔实，方法和观点确有令人耳目一新之感。但是，他的"公共文化冠名"之说毕竟是一种猜测，是学理性的分析，缺乏必要的史料证据。鉴于明末清初以来，王相"宋儒王伯厚先生作《三字经》"之说，早已深入人心，也为海内外读者普遍接受。本书从俗，依然采用王应麟著《三字经》的说法。

其次是文本不定。明代以来，《三字经》的文本一直处于变动之中。《三字经》宋元刻本，未见留存。现存最早版本，为明刻赵南星[4]的《三字经注》[5]。此本原文为1086字，但在述史部分有明显为明人续补的"辽

---

［1］张志公. 传统语文教育教材论：暨蒙学书目和书影[M]. 北京：中华书局，2013：19.

［2］郑传杰. "《三字经》作者历史公案"的一种解读[M]//鄞州区政协文史委. 蒙学之冠：《三字经》及其作者王应麟. 宁波：宁波出版社，2007：517.

［3］钱茂伟. 王应麟学术评传[M]. 北京：中华书局，2011：237-304.

［4］赵南星（1550—1627），字梦白，号侪鹤，高邑（今属河北）人。明万历二年（1574）进士，官至吏部尚书。天启年间，因反对魏忠贤，被矫旨削籍发配，死于代州。所撰《三字经注》是现存最早的《三字经》注本。

［5］陆林. 三字经辑刊[M]. 合肥：安徽教育出版社，1994：3-9.

与金"至"再开辟"等 24 字。另据清人许印芳《增订发蒙三字经》所说，古本述史仅至五代即止，而无"炎宋兴"等 12 字，则最接近《三字经》原本的仅 1050 字。到了清代，《三字经》的文本又发生了变化。张志公说："今天所见到的清初的本子是 1140 字，后来比较通行的本子（如所谓《徐氏三种》本），总共 1248 字。"[1]据此，从古本的 1050 字，到明刻的 1086 字，再到清初的 1140 字或 1248 字，《三字经》文本随年代的推移呈不断增加的趋势，到了清末许印芳的《增订发蒙三字经》，文字已数倍于古本《三字经》了。

《三字经》形成了一部代有其人、绵延相续的传播影响史。《三字经》的传播影响史可分为四个方面。

一是《三字经》的注释。今所知最早注释者是明代万历年间台州人薛国让的《启蒙三字经》，然此书不传。现存较有代表性的是明代万历年间赵南星的《三字经注》、清初王相的《三字经训诂》和清代后期贺兴思的《三字经注解备要》。此类注本，在文本上大多以王相本为准，仅在历史部分各有续写，主要致力于文字的串讲、典故的诠释和义理的阐发；在文字、典故、义理三方面，又因注者不同而各有侧重。如潘子声的《三字经针度》，只注单字，不注全句，只注字义，不注句义，近似于《三字经》小字典；贺兴思的《三字经注解备要》，是同类注本中篇幅较大的一种，包含了丰富的文化知识，并附有《历代帝王源流歌》。

二是《三字经》的补订。较有代表性的是清代前期车鼎贲补订的《三字经》、后期许印芳的《增订发蒙三字经》、民国初年章太炎的《重订三字经》等。内容的增补，主要有两种情形：侧重于增加他们认为儿童应懂的伦理规范和文化知识；随时代的变化而侧重于传播近代思想和科学知识。由章太炎重订、刘松龄订补的《增订三字经》兼具上述两方面的内容。2008 年，人民教育出版社在向社会公开征求修改意见的基础上出版了由傅璇琮任主编《三字经》修订工程编审委员会修订的《三字经·修订版》，这应是当代影响较大的一个《三字经》修订本了。

三是《三字经》的仿作。明清迄今，《三字经》的仿作层出不穷，按

---

[1] 张志公. 传统语文教育教材论：暨蒙学书目和书影 [M]. 北京：中华书局，2013：20.

受众分，有专供女子阅读的《女三字经》，有专供教育小儿的《三字幼仪》；按内容分，有专述历史的《历史三字经》，有专讲地理的《舆地三字经》，有专门介绍中医、中药的《医学三字经》和《药性三字经》，有专门介绍新学的《西学三字经》和《时务三字经》，等等。种类繁多的《三字经》注释本、补订本和仿作本，构成了一个庞大的《三字经》系列。

四是《三字经》的传播。《三字经》的传播范围由国内传播扩大至亚欧地区。据考，明清之际《三字经》已经传至韩国和日本，或加以修订，或直接翻印，被广泛用于两国蒙童的学习。其间又随着下南洋的华人，被带到缅甸、泰国、越南和马来西亚诸国。清代雍正六年（1728年）订立《恰克图条约》之后，沙皇政府派到北京的学艺人员，即以《三字经》为识字课本，后又被译成俄文。道光九年（1829年）又在彼得堡出版了《汉俄对照三字经》，被人称为中国"十二世纪的百科全书"，在俄国知识界和俄国公众之中广泛流传。到道光十五年（1835年），又由美国传教士出版了英译本。1990年，新加坡教育出版社出版了新译的英文本《三字经》，同年参加法兰克福书展，后即被联合国教科文组织选入"儿童道德丛书"中予以推广。[1]

《三字经》近千年传播影响史上的两大谜团和一大特点，说明《三字经》具有巨大价值，影响深广，历代读者都对它怀着持续兴趣。

二、《三字经》的文本阐释史

在传统语文教学中，"三""百""千"属于识字类蒙书。那么，作为"蒙书之首"的《三字经》是识字类蒙书，还是劝学性蒙书？除了字句的声韵和谐之外，《三字经》是否蕴含了内在的学理体系？围绕这些问题，《三字经》的文本阐释史，大致经历了三个阶段：最初的概括评价，稍后的文本解读，以及现代的学理分析。

从明代开始，《三字经》丰富的内容和严谨的结构便已受到人们的关注。不过，最初大多只是概括性的评价或赞叹。如赵南星认为，《三字经》

---

[1] 主要参阅陆林. 三字经辑刊[M]. 合肥：安徽教育出版社，1994. 钱茂伟. 王应麟学术评传[M]. 北京：中华书局，2011. 喻岳衡. 传统蒙学书集成[M]. 长沙：岳麓书社，1996.

"可以当十三经"，清人夏之瀚亦只"叹其要而赅也"六字。为贺兴思《三字经注解备要》作序的朗轩氏称赞《三字经》是"一部袖里《通鉴纲目》"。王相《三字经训诂序》的赞语稍长，也是概括性评价中最值得重视的，其曰："言简义长，词明理晰，淹贯三才，出入经史，诚蒙求之津逮，大学之滥觞也。"对《三字经》的风格、内容、地位和价值做了全面评价，不啻为《三字经》解读提供了一个论纲。

　　清代对《三字经》的文本解读，有两个人的两种角度的解读值得重视。

　　一是清代前期的车鼎贲。他在《三字经》"订补本序"中，对《三字经》的内在理路做了清晰的梳理。其曰："今观其书，首之以性善之说，继之以孝弟之行，继之以方名象数之学，又继之以读经史之次第，而后错举古之善学者以为之劝，而末乃期其有成，此其规模大体可谓得之矣！"这段文字将《三字经》由首至末分为六个层次，梳理出了清晰的思路。为贺兴思《三字经注解备要》作序的朗轩氏，对《三字经》的内容也做了具体描述："世之欲观古今者，玩其词，习其义，天人性命之微，地理山水之奇，历代帝王之统绪，诸子百家著作之原由，以及古圣昔贤由困而亨、自贱而贵，缕晰详明，了如指掌。是散见于诸子百家之中者，而以一帙聚之。"虽文字更多，但显然不及车鼎贲的清晰具体。

　　二是清代后期的许印芳。他在《增订发蒙三字经叙》中，对《三字经》的核心旨趣做了明确的阐释："窃谓伯厚原书，意主劝学，详于策励，自仲尼师项橐以下，引证十余事，较量古人，责望今人，八面受敌，无隙闪避。儆惕之深，至于人'不如物'。后生读之，足以激发志气，是诚有功士林，故历久不废。惜其意主劝学而不亟讲学，详于策励而略于启发。"许印芳肯定了《三字经》"意主劝学，详于策励"的特点，又指出其"不亟讲学，略于启发"的缺点，从而为其增订提出思路。许印芳的增订，增加讲学的内容，注重启发引导，扩充见闻的篇幅，调整杂乱的叙次，订正不妥的字词。态度之严谨，内容之丰富，在《三字经》的续补之作中都是罕见的。最重要的是，"意主劝学，详于策励"八字颇为准确地揭示了《三字经》的核心主题。

　　从文本内容的梳理，到核心旨趣的揭示，这是解读的深化。同时，结构分析和主题诠释，也成为今人对《三字经》文本做学理分析的基本思路。

张志公对《三字经》的文本解读就属于内容的串讲。他依据 1248 字的《徐氏三种》本，依次把内容分为五个部分：首先说教和学的重要性，84 字；其次是讲封建伦常的话，114 字；再次介绍数目和基本名物，96 字；然后介绍小学和经子诸史，714 字；最后讲勤学人物故事，勉励儿童学习，做有用的人，共 240 字[1]。钱茂伟的文本解读分得更细，他依据韩国忠南大学校图书馆所藏《新刊三字经》，即"最接近宋版《三字经》的明朝古本"，依次把内容分为八个部分：教育的重要性，28 句；礼仪，12 句；名物，66 句；四书五经，60 句；诸子，8 句；诸史，92 句；案例，72 句；勉励，16 句。共 354 句，1062 字。两个文本的差别在于诸史的多少：明朝古本诸史叙述结束于"十七史，全在兹"，《徐氏三种》本则一直写到清代。两个文本内容详略的共同之处在于，诸史最多，其次是名物与礼仪，其三是案例，其四是四书五经与诸子，最后是教育的重要性与勉励。"中国历史谱系的排比，生活常识，四书五经内容的介绍，案例的使用，建构起一个人文知识框架，简明扼要。"[2]

今人对《三字经》核心主题的阐释，基本上是对许印芳"意主劝学，详于策励"的"劝学说"的发挥。徐梓认为，《三字经》就是一篇劝学文献[3]。李鹏辉的《〈三字经〉的劝学主题与宋代劝学文化生态》[4]一文，视野开阔且论述透彻，更值得重视。首先，文章以丰富的资料为佐证，论述了宋代劝学文化兴起的背景，展现了宋代自上而下的劝学盛况。如南宋后期编撰刊刻的《古文真宝》，卷首收录了宋真宗、宋仁宗、司马光、王安石、柳永、白居易、朱熹、韩愈诸人的劝学文，可见当时劝学风气。宋真宗的《劝学诗》曰："富家不用买良田，书中自有千钟粟。安居不用架高堂，书中自有黄金屋。出门莫恨无人随，书中车马多如簇。娶妻莫

[1] 张志公. 传统语文教育教材论：暨蒙学书目和书影[M]. 北京：中华书局，2013：20.

[2] 钱茂伟. 王应麟学术评传[M]. 北京：中华书局，2011：263.

[3] 徐梓.《三字经》：一篇劝学文献[C]//傅璇琮，施孝峰. 王应麟学术讨论集. 北京：清华大学出版社，2012.

[4] 李鹏辉.《三字经》的劝学主题与宋代劝学文化生态[J]. 教育评论，2008（5）：140-142.

恨无良谋，书中自有颜如玉。男儿欲遂平生志，六经勤向窗前读！"帝王以功名利禄为诱，百姓以读书做官为荣，上下呼应，自成风气。其次，文章围绕劝学，从学习的重要性、学习的内容、学习的典范、学习的目的这四个方面，逐层分析了《三字经》的内在理路。李鹏辉的论析，确乎达到了青出于蓝而胜于蓝的境界。

三、《三字经》的四重解读

参酌前人精解，细读文本内容，可以发现，言简义长、词明理晰的《三字经》，实是一部以儒家教育理念为构架，以名物伦常、经子诸史为内容，以劝学策励为宗旨，具有"蒙求之津逮，大学之滥觞"的问学导引功能的蒙学经典。细而析之，《三字经》至少可以从四个角度做四重解读：从整体构架看，它由四个逻辑层次构成，体现了较为完整的儒家教育理念；从思想内容看，它包含了以宗族文化为基础的、较为系统的伦理道德观念；从学术内容看，一部《三字经》，不妨说是一部微型的国学概论；从目的宗旨看，它又是一部以典范人物为榜样的、劝学策励的励志大全。

第一，从整体构架看，《三字经》体现了较为完整的儒家教育理念。这一逻辑构架，由四个相互联系的部分构成，即"子须学""学什么""怎么学""学何为"。据此，《三字经》全文[1]可以依次分为四大段落。

一是"子须学"的必要论。从"人之初，性本善"到"人不学，不知义"，共 28 句，84 字。这一段可分为两个层次。首先是以儒家人性论为基础，强调"子须学"的必要性。最紧要的是六个字，即"性相近，习相远"。语出《论语·阳货》"性相近也，习相远也"，表达了孔子的人性观。程树德《论语集释》引《论语义疏》曰："性者，人所禀以生也。习者，谓生后有百仪常所行习之事也。人俱禀天地之气以生，虽复厚薄有殊，而同是禀气，故曰相近也。及至识，若值善友则相效为善，若逢恶友则相效为恶，恶善既殊，故云相远也。"关于人性，有性善、性恶、有善有恶、不善不恶等种种说法。孔子不言善恶，但言远近，即不从人性的本身说，

---

[1]本书依据的《三字经》文本，主要是清代王相的《三字经训诂》本，参阅陆林.三字经辑刊[M].合肥：安徽教育出版社，1994.喻岳衡.传统蒙学书集成[M].长沙：岳麓书社，1996.这两个文本有极细微的差别。

而是从人性的作用说，由此导出教与习的重要性和必要性，即"苟不教，性乃迁"。从这个意义上说，《三字经》是建立在孔子的人性观和教育观基础之上的。随后阐述了"教之道"和"学之道"。"教之道"可以用两个字来概括，专，严。即所谓"教之道，贵以专""养不教，父之过；教不严，师之惰"。师严道尊观念见于《礼记·学记》，曰"凡学之道，严师为难。师严，然后道尊，道尊，然后民知敬学"。这也成为劝学之风大盛的南宋流行的观念，如谢枋得《示儿二首》"养儿不教父之过，莫视诗书如寇仇"，《古文真宝》"养子不教父之过，训导不严师之惰"，等等。"学之道"可以用两个词概括，有为，知义。即所谓"幼不学，老何为""人不学，不知义"。前者令我们想起乐府古诗《长歌行》："百川东到海，何时复西归？少壮不努力，老大徒伤悲。"后者源于《礼记·学记》："玉不琢，不成器；人不学，不知道。"《三字经》将"不知道"改为"不知义"，一则考虑声韵，二则也体现了宋代社会重视仁义的风气。《三字经》的开篇，宗旨鲜明，定下了劝学策励的思想基调。

二是"学什么"的内容论。从"为人子，方少时"，一直到"朝于斯，夕于斯"，共256句，768字。这一部分至少有三大特点。从内容看，包括名物伦常、四书五经、历史谱系，多为人文之学，而非自然科学，此点下文详说。从顺序看，所谓"知某数，识某文"，数为五数，一、十、百、千、万，由小而大；文则由三才、三光、三纲、四时、四方、五行、五常、六谷、六畜、七情、八音、九族、十义构成，次序井然，便于记忆。从规律看，从名物、伦常，到经子、诸史，遵循由实而虚、由近及远、由易而难、循序渐进的学习规律。"学什么"的内容，极为丰富，构成《三字经》的主体。前人所谓"天人性命之微，地理山水之奇，历代帝王之统绪，诸子百家著作之原由"，无所不包，难怪《三字经》被推崇为"袖里《通鉴纲目》"，成为一部学习中国传统文化的微型入门书。

三是"怎么学"的态度论。从"昔仲尼，师项橐"，到"有为者，亦若是"，共66句，198字。这一部分的特点，不是抽象说理，而是提供典范，具体生动、事迹感人、十分励志。同时，大量的人物典故也说明，我们这个民族是一个好学的民族。编者之用心，下文细说。

四是"学何为"的目的论。从"犬守夜，鸡司晨"，到最后的"戒之哉，宜勉力"，共 24 句，72 字。学何为？一方面是"幼而学，壮而行，上致君，下泽民"，另一方面是"扬名声，显父母，光于前，裕于后"。换言之，"致君泽民""光宗耀祖"，为国为家，家国兼顾，体现了儒家积极的济世观和家族荣誉观。而"学而优则仕""仕者，上致君，下泽民"，也是宋代以来的社会共识。宋人胡瑗有"君子已仕，进用朝廷，上以致君，下以泽民"之说，朱熹也有"尝谓儒者事业，以致君泽民为先务"之论。

中国古代的乡土社会和农耕文明，形成了源远流长的"双劝"文化，即劝农和劝学。劝农始于《诗经》时代，而劝学始于孔子，所谓"不学诗，无以言"。从荀子的《劝学》之后，历代都有劝学之文。作为蒙书的《三字经》就是对这一劝学传统的继承和发扬。一部《三字经》，从整体构架看，是由"子须学""学什么""怎么学""学何为"四部分构成，包含了基本的名物伦常知识、系统的经子诸史内容，体现了孔子的人性教育观的劝学蒙书经典。

第二，从思想内容看，《三字经》包含了较为系统的伦理道德观念。这是以家庭为核心、以宗法政治为特点的儒家伦理道德体系。

首先，《三字经》系统阐述了以家庭为核心、以宗法政治为特点的儒家伦理道德观念，包括三纲、五常、九族、十义。一是三纲："三纲者，君臣义，父子亲，夫妇顺"；二是五常："曰仁义，礼智信，此五常，不容紊"，即仁、义、礼、智、信；三是九族："高曾祖，父而身，身而子，子而孙，自子孙，至玄曾，乃九族，人之伦"，依次是高祖、曾祖、祖父、父亲、自身、儿子、孙子、玄孙、曾孙；四是十义："父子恩，夫妇从，兄则友，弟则恭，长幼序，友与朋，君则敬，臣则忠，此十义，人所同"，它强调的是，父慈、子孝、夫和、妻顺、兄友、弟恭、朋信、友义、君敬、臣忠。

其次，如何看待传统的伦理观念和伦理原则？陈寅恪指出，"吾中国文化之定义，具于白虎通三纲六纪之说，其意义为抽象理想最高之境，犹希腊柏拉图所谓 idea 者"[1]，对"三纲六纪之说"在中国文化中的地位给予极高的评价。在著名的《五伦观念的新检讨》一文中，贺麟对以三纲为核心的五伦观念做了披沙拣金的分析，进一步揭示了它的四大内涵：

---

[1] 陈美延，陈流求.陈寅恪诗集[M].北京：清华大学出版社，1993：10.

一是注重人与人的关系；二是维系人与人之间的正常永久关系；三是以等差之爱为本而善推之；四是以常德为准而皆尽单方面之爱或单方面的义务。[1]

如何正确理解传统伦理的内在本质和现代意义？梁启超提出了一条科学原则，那就是"学那思想的根本精神"："须知凡一种思想，总是拿他的时代来做背景。我们要学的，是学那思想的根本精神，不是学他派生的条件，因为一落到条件，就没有不受时代支配的。譬如孔子，说了许多贵族性的伦理，在今日诚然不适用，却不能因此菲薄孔子。柏拉图说奴隶制度要保存，难道因此就把柏拉图抹杀吗？明白这一点，那么研究中国旧学，就可以得公平的判断，去取不至谬误了。"[2]不应拘泥表面的历史内容，而应抓住内在的根本精神，进而实现传统的现代转化。贺麟关于五伦观念的新检讨，就是"学那思想的根本精神"的具体表现。

那么，传统伦理观念的根本精神或超越时间、地域的理念是什么？王元化指出，那就是蕴含其中的和谐意识："在传统道德继承问题上，无论是梁启超说的'思想的根本精神'，或是陈嘉异说的'民族精神之潜力'，或是陈寅恪说的'超越时间地域之理性'即'理念'，都是指排除时代所赋予的特定条件之后的精神实质或思想实质。根据这一观点，等级制度、君臣关系等等，只是一定时代一定社会所派生的条件，而不是理念。理念乃是在这些派生的条件中所蕴含的作为民族精神实质的那种'和谐意识'。"[3]这对我们正确认识传统伦理的精神本质，是富有启示意义的。

第三，从学术内容看，《三字经》是一部微型的国学概论。这部"国学概论"，表现出明显的重经史、轻子集的儒家学术观念。

《三字经》这部国学概论，也是一部人文学。细而论之，它论及了国学的五大方面：一是"小学"，"详训诂，明句读，为学者，必有初"，所谓"读书先识字"；二是"四书"，依次扼要介绍了《论语》《孟子》《中庸》《大学》的要义与结构；三是"六经"，"诗书易，礼春秋，号六经，当讲求"，分别介绍了"三易""三礼""三传"、《尚书》《诗经》《春秋》；四是"诸

[1]贺麟.文化与人生[M].北京：商务印书馆，2005：62.
[2]夏晓虹.梁启超文选：上集[M].北京：中国广播电视出版社，1992：428.
[3]王元化.九十年代反思录[M].上海：上海古籍出版社，2000：70.

子"，"五子者，有荀扬，文中子，及老庄"，似蜻蜓点水，一笔带过；五是"诸史"，"自羲农，至黄帝，号三皇"，一直到"迨崇祯，煤山逝，廿二史，全在兹"。

上述五方面，就国学而言，远没有做到应有尽有，但《三字经》作为一部蒙书，已是做到当有则有了。前人所谓"袖里《通鉴纲目》，千古一部奇书"，所谓"三字编成便学童，天人包括在其中。若能句句知诠解，子史经书一贯通"，所谓"蒙求之津逮，大学之滥觞"，无不是称赞《三字经》概述国学要义的全面和精当。正因为如此，章太炎在《重订三字经题辞》中说，要想把学校诸生引入国学大门，"今之教科书，固弗如《三字经》远甚也！"。[1]换言之，要想进入国学大门，读《三字经》远比读"今之教科书"更有效。

不过，细读《三字经》可以发现，编者具有明显的重经史、轻子集的倾向。重经史方面，一部"十三经"，除了《尔雅》，《周易》，《尚书》、《诗经》、《仪礼》、《周礼》、《礼记》、"三传"、《论语》、《孟子》、《孝经》，都逐一论到了；一部"二十四史"，三皇五帝到如今，也一朝不漏地细细道来。然而，论到诸子，只轻轻一点。至于集部，则一字未提。这种重经史、轻子集的倾向，明显受到宋儒理学的影响，从而使《三字经》失去了国学体系的完整性。许印芳"惜其意主劝学而不亟讲学，详于策励而略于启发"的批评，或许就是针对这种偏向而言的。为此，他的《增订发蒙三字经》所增订的，主要是诸子和集部，即增加了一部诸子学和一部文学史。

第四，从目的宗旨看，《三字经》是一部劝学策励的励志大全。它是一部以典范人物为榜样，符合蒙童的认知特点的励志故事大全。

《三字经》介绍了勤学的六类榜样。一是"古圣贤，尚勤学"，即"昔仲尼，师项橐"；二是"彼既仕，学且勤"，即"赵中令，读鲁论"，以"半部《论语》治天下"的赵普；三是"家虽贫，学不辍"，叙述了苏秦、路温舒、公孙弘、孙敬、车胤、孙康、朱买臣、李密的苦学事迹；四是"彼既老，犹悔迟"，即"二十七，始发愤"的苏洵、"八十二，对大廷"的梁灏；五是"彼女子，且聪敏"，即蔡文姬和谢道韫；六是"彼虽幼，身已仕"，即被称为"神童"的祖莹、张泌和刘晏。一言以蔽之，"勤有功，戏无益，戒之哉，宜勉力"。

此外，《三字经》也介绍了善教的两类榜样，即开篇的"孟母三迁"和"窦氏五子"，以强调"教之道，贵以专"的道理。先论教，后论学，蒙童的勤学，则是重心所在。

采用适合蒙童接受的方式和内容，是《三字经》编写方法的一大特点，它表现在几个方面：文本叙述语言，三字韵语，句法灵活，词法多样[1]；介绍名物伦常，以数字为线索；叙述历史谱系，以时间为线索；进行劝学教育时，则提供勤学典范，而不是抽象说教，所提供的勤学典范涉及不同年龄、不同阶层，故可视为传统励志故事大全。许印芳所谓"自仲尼师项橐以下，引证十余事，较量古人，责望今人，八面受敌，无隙闪避。儆惕之深，至于人'不如物'。后生读之，足以激发志气，是诚有功士林，故历久不废"，诚可谓得编者之苦心；而"较量古人，责望今人，八面受敌，无隙闪避"，更揭示了励志故事编排的内在思路。

现存最早的《三字经》补订本，是明末清初黄周星的《黄九烟先生三字经》。从此以后，《三字经》的补订、增订、演绎、新订，代有其人，层出不穷。每一个补订者，无不竭尽心力，欲求其善。然而，所有的新本，均不及最接近古本的王相本更为人重视。翻开经典文本的续作史，哪一部续书能胜过原书？此间奥秘，耐人寻味。

---

[1] 张志公. 传统语文教育教材论：暨蒙学书目和书影[M]. 北京：中华书局，2013：21.

第二节　《幽梦影》的教学价值

明清清言的历史，源远流长，可以追溯至先秦诸子中的格言警句。晚明屠隆的《娑罗馆清言》和《续娑罗馆清言》，标志着清言的正式确立。严格地说，清言不属于传统蒙学范畴。但是，清言作为富于审美情趣的诗性格言，可以怡情悦性，也可以教化人心，对语文教学具有重要的借鉴意义。《幽梦影》的诗性智慧，更是格言教学的宝贵资源。

一、清言的艺术特点

清言是一种精致幽美、清新隽永的诗性格言或诗性语录体小品，是晚明清初兴起的一种新兴的小品文。清言作为明清文人诗性智慧的结晶，其中有许多名言警句，理趣盎然且脍炙人口。例如：

楼前桐叶，散为一院清阴；枕上鸟声，唤起半窗红日。

——屠隆《娑罗馆清言》

名华芳草，春园风日洵饶；红树青霜，秋林景色逾胜。

——屠隆《续娑罗馆清言》

事事有实际，言言有妙境，物物有至理，人人有处法，所贵乎学者，学此而已。无地而不学，无时而不学，无念而不学，不会其全，不诣其极不止，此之谓学者。

——吕坤《呻吟语·问学》

要体认，不须读尽古今书，只一部《千字文》，终身受用不尽。要不体认，即《三坟》以来卷卷精熟，也只是个博学之士，资谈口，侈文笔，长盛气，助骄心耳。故君子贵体认。

——吕坤《呻吟语·问学》

欲做精金美玉的人品，定从烈火中锻来；思立掀天揭地的事功，须向薄冰上履过。

——洪应明《菜根谭》

昨日之非不可留，留之则根烬复萌，而尘情终累乎理趣；今日之是不可执，执之则渣滓未化，而理趣反转为欲根。

——洪应明《菜根谭》

瓶花置案头，亦各有相宜者：梅芬傲雪，偏绕吟魂；杏蕊娇春，最怜妆镜；梨花带雨，青闺断肠；荷气临风，红颜露齿；海棠桃李，争艳绮席；牡丹芍药，乍迎歌扇；芳桂一枝，足开笑语；幽兰盈把，堪赠仳离。以此引类连情，境趣多合。

——陈继儒《岩栖幽事》

绘雪者不能绘其清，绘月者不能绘其明，绘花者不能绘其香，绘风者不能绘其声，绘人者不能绘其情。

——陈继儒《小窗幽记·景》

雨窗作画，笔端便染烟云；雪夜哦诗，纸上如洒冰霰。是谓善得天趣。

——朱锡绶《幽梦续影》

笔苍者学为古，笔隽者学为词，笔丽者学为赋，笔肆者学为文。

——朱锡绶《幽梦续影》

清言文字明丽，风格清新，意境美妙，思想深邃，或赏自然景色，或论做人道理，或说生活情趣，或谈诗画文章，无不给人以美的享受和心灵的启迪。

清言的体制可溯源至先秦典籍。诸子中的一些格言警句颇具清言的意味和情调，如"知者乐水，仁者乐山。知者动，仁者静。知者乐，仁者寿"（《论语·雍也》）；"天地不仁，以万物为刍狗；圣人不仁，以百姓为刍狗"（《老子·五章》）；"赠人以言，重于金石珠玉；观人以言，美于黼黻文章；听人以言，乐于钟鼓琴瑟"（《荀子·非相》）。但直接影响明清清言的是《世说新语》。《世说新语》可谓"清言之渊薮"。明代李鼎在《偶谭》中即称"刘义庆，清言之圣也"。《世说新语》的"言语篇"，尤堪称晋人的"清言集"。明代屠隆最早以"清言"命名其小品，名曰《娑罗馆清言》《续娑罗馆清言》。这两部小品标志着清言文体的正式确立，开创了清言的写作风气。晚明清初产生了大量清言作品，其中名气较大、流传较广的，除屠隆的《娑罗馆清言》，尚有吕坤的《呻吟语》，洪应明的《菜根谭》，陈继儒的《岩栖幽事》和《小窗幽记》，张潮的《幽梦影》，朱锡绶的《幽梦续影》，王永彬的《围炉夜话》，等等。[1]

清言作为一种诗性格言和诗性语录，介乎诗歌与散文之间，是诗性智慧和诗化形式的有机融合。从以上例子可见，清言在艺术内容和艺术形式上，具有如下鲜明特点。

在体制上，短小简约，意味隽永，作者把深思熟虑的人生经验和哲理思考凝缩在只言片语之中，给人以咫尺万里之感。清言的名言警句不同于文章中的警策之句。陆机《文赋》曰："立片言而居要，乃一篇之警策。虽众辞之有条，必待兹而效绩。"清言的佳言隽语乃片玉碎金，可脱离篇章而独立存在，文章中的"一篇之警策"，则需要"文辞富丽"之"众辞"衬映辅助，方能产生效果。简言之，"警句得以有句无章，而《文赋》之'警策'，则章句相得始彰之'片言'耳"。[2]

在题材上，丰富多样，无所不谈，除立身处世、修身养性外，山水园林、花鸟虫鱼、茶酒蔬果、琴棋书画、诗文戏曲等，无所不及，把生活中的每个细节都艺术化，着意发现和寻找日常生活中的诗意和韵味。

在语言上，融合骈文之韵和散文之气，典雅整饬又灵动畅达，虽多用偶句，但少用典故，自然流畅，清新活泼，读起来如行云流水，自如无碍。

在表现手法上，清言多用比喻和对比。比喻常以自然喻社会、以物喻人，如以花喻美人，以鸟喻友人，以松声、溪声喻音乐，借以形象地表情达意。清言中的对比，总体上是以山林田园与市朝官场对比，其他诸如浊与清、浓与淡、忙与闲、苦与乐、俗与雅、贫与富、祸与福等，通过鲜明的对比，给读者留下深刻的印象。

在思想情调上，清言可用一个"清"字概括。清言之"清"，有清妙、清雅、清奇、清静、清虚、清远等含义。清言作者以清士自居，《史记·伯夷列传》所谓"举世混浊，清士乃见"。清士就是头脑清醒、追求清雅之趣的士人。清言作品的题名中多包含"清"字，如屠隆的《娑罗馆清言》、吴从先的《小窗清纪》等。至于作品中包含"清"字的词更是俯拾即是，

---

[1] 今人选编的明清清言集有多种，如程不识编《明清清言小品》（湖北辞书出版社1993年版），诸伟奇、敖堃编《清言小品菁华》（海天出版社2013年版），日本学者合山究选编《明清文人清言集》（中国广播电视出版社1991年版）。其中诸伟奇、敖堃编的《清言小品菁华》篇幅最大，共收录明清清言作者20家、作品22部。

[2] 钱锺书. 管锥编: 第3册[M]. 北京：中华书局，1979：1198.

如清真、清华、清赏、清玩、清供、清享、清苦、清骨等。

清言是明清文人诗性智慧的艺术结晶，谈生活艺术，论处世之道，赏山水风光、评诗文书画，无不给人以心灵的启迪和艺术的享受。清言独特的审美价值至少表现在两大方面，不妨借用清言作者的话来表达。

第一，吴从先在《小窗自纪》中说："名世之语，政不在多；惊人之句，流声甚远。"又说："冷语、隽语、韵语，即片语亦重九鼎。"这就是说，作为诗性格言的清言，在艺术形式上具有以少总多、小中见大的独特魅力。

第二，屠隆《娑罗馆清言》序云："余之为清言，能使愁人立喜，热夫就凉，若披惠风，若饮甘露。"杨梦衮《草玄亭漫语》序云："热闹场中，急与一帖清凉散。"这就是说，作为诗性智慧的清言，在艺术内容上能像清凉散那样使人清新爽快。

那么，如何认识清言的教学价值？一般来说，清言不属于传统蒙学范畴，它是明清知识分子人生体验和哲理沉思的产物。但是，优秀的清言作品文辞优美，富于哲思，兼具思想性和艺术性对今天的语文教学具有重要的借鉴意义，尤其对格言教学是一个极好的补充，是格言教学有待开发的宝库。

现在的中小学语文教材中都有一定数量的格言。这些格言大多是名人名言，在表达上属于直接说理的判断格言或思辨格言。西方的格言大多属于思辨格言，这与西方的逻各斯传统密切相关。西方思辨格言的产生，可以追溯到古希腊的雄辩术和修辞学。古希腊雄辩术认为，好的格言能表现演说者好的性格。郎加纳斯《论崇高》有一句妙语："一个崇高的思想，如果在恰到好处的场合提出，就会以闪电般的光采照彻整个问题，而在刹那之间显出雄辩家的全部威力。"[1]

亚里士多德是西方最早研究格言的学者之一。他的《修辞学》和《亚历山大修辞学》都有论述格言的专章。他认为格言是"对行动的陈述……格言就是修辞式推论的去掉三段论形式以后剩下的结论或前提"。[2]同

---

[1] 郎加纳斯. 论崇高[M]//伍蠡甫. 西方文论选：上卷. 上海：上海译文出版社，1979：122.

[2] 亚理斯多德. 修辞学[M]. 罗念生，译. 北京：生活·读书·新知三联书店，1991：111.

时，由于格言是"去掉三段论形式"后的结论，是穿越思辨丛林后获得的人生智慧，所以"格言一经说出意思就很明白，也不必要解释语"。[1]换言之，思辨格言是隐含着一个三段论形式的思辨结构的格言，思辨性和明确性是它的两个基本特点。例如，"凡人应作凡人的想法，不应作神的想法""不永远爱人的不算爱人""最难对付的莫过于邻居"，等等。这些格言意思明白，无需做任何解释。西方思想家有许多就是格言家，他们的格言集大多是这种思辨格言。著名的如帕斯卡尔的《思想录》、拉布吕耶尔的《品格论》、利希滕贝格的《格言集》以及歌德的《歌德的格言和感想集》等。

思辨格言的长处在于意思明白、容易理解、富于逻辑说服力。如果在此基础上，语文教师和语文教材的编写者可以从明清清言中选择一些精致优美、清雅隽永的诗性格言进行教学，那么，西式的思辨格言与东方的诗性格言就可以相互补充，相得益彰。前者以逻辑的说服见长，后者以诗性的陶冶取胜，这样既可以丰富教材的教学内容，也可以陶冶学生的心灵情操。同时，清言篇幅简短、语言优美、风格明快、有句无章，具有诗的意境和散文的自由。若在阅读欣赏的基础上，引导学生把自己的生活观察和生活体验写成清言式的诗性格言，也不失为一种值得探索的习作方式。

二、《幽梦影》的诗性智慧

明清清言中值得语文教师重视和向学生推荐的作品中，清初张潮的《幽梦影》当居榜首。自它问世三百多年来，《幽梦影》被公认为清言中的杰作和东方诗性智慧的典范，堪称文学史上的精品。20 世纪 30 年代，林语堂曾说："这书是一种文人的格言，中国古代类似的著作很多，但都不如这书而已。"[2]近年来《幽梦影》更加受到语文学界的重视，更加受到海内外读者的青睐。在海外中文教学中，《幽梦影》成为继《三字经》《弟

[1] 亚理斯多德. 修辞学[M]. 罗念生，译. 北京：生活·读书·新知三联书店，1991：112.
[2] 林语堂. 生活的艺术[M]. 越裔汉，译. 西安：陕西师范大学出版社，2006：309.

子规》之后又一部被广泛采用的优秀中华典籍。[1]

《幽梦影》的作者张潮，字山来，号心斋，歙县（今属安徽）人。生于清顺治七年（1650年），卒于康熙四十六年（1707年）后。[2]

张潮出生在一个书香门第，其父张习孔官至刑部郎中，山东督学金事，著有《贻清堂集》《云谷卧余》等。张潮生性聪慧，刻苦习文，博通经史。康熙年间，曾以岁贡担任翰林院孔目。他一生著述颇丰，有《心斋诗抄》《心斋杂俎》《花影词》《幽梦影》等二十多种著作存世。张潮还以刊刻丛书知名于世。他主持编纂刻印的《昭代丛书》和《檀几丛书》，至今嘉惠学林。

《幽梦影》是张潮熔诗心、词心、学问、人生体验于一炉的杰作。张潮以《幽梦影》为题，取其如幽人梦境，似虚幻影像之意，并寓有破人梦境，发人警醒的用心。全书收录作者的格言、箴言、语录共219则。一部《幽梦影》，论雨、论花、论美人，论山、论水、论风月，论茶、论酒、论交友，论文、论诗、论读书。诚可谓虽片金碎玉，"一脔片羽，然三才之理，万物之情，古今人事之变，皆在是矣"。

此书一经刊行，便受到学人的高度评价，产生了极大的反响，先后有140多位文人写了550余则评语，其后又出现了续、仿之作，如朱锡绶的《幽梦续影》等，衍生出一部内容丰富的《幽梦影》接受史。其中，著名学者余怀所写的序和张惣所作的跋，最有助于我们理解《幽梦影》的价值和寓意。

余怀序曰："其《幽梦影》一书，尤多格言妙论。言人之所不能言，道人之所未经道。展味低徊，似餐帝浆沆瀣，听钧天广乐，不知此身之在下方尘世矣。"《幽梦影》精妙格言的独创性和超越性，能使读者顿生"不知此身之在下方尘世"的超然之感。

张惣跋曰："凡一切文字语言，总是才人影子，人妙则影自妙。此册一行一句，非名言即韵语，皆从胸次体验而出，故能发人警省。片玉碎金，

---

[1] 关于近年《幽梦影》的传播研究情况，可参阅刘和文. 张潮研究[M]. 合肥：安徽大学出版社，2011. 梁雪，胡元翎. 清言小品研究综述[J]. 牡丹江大学学报，2017，26（3）：56-58.

[2] 刘和文. 张潮研究[M]. 合肥：安徽大学出版社，2011：11.

俱可宝贵，幽人梦境，读者勿作影响观可矣。"《幽梦影》名言韵语的深邃性和哲理性寄寓着作者破人梦境，启迪心智，发人警醒的深意。

但必须指出，《幽梦影》不是一部有整体构思的系统著作。在体例上，它同明清清言一样，是一部感想集、随感录。作者兴之所至，随感而发，各种内容的格言、警句、语录随意排列在一起。因此，要在教学中有效利用这部书，就需要对全书的内容做必要的分类。

最先对《幽梦影》做分类研究的是林语堂。1937 年，林语堂在《生活的艺术》中专辟"张潮的警句"一节，摘录《幽梦影》警句 91 则，分为十类，依次是论何者为宜、论花与美人、论山水、论春秋、论声、论雨、论风月、论闲与友、论书与读书、论一般生活。这一分类显得过于琐碎，如论山水、论春秋、论声、论雨、论风月，可以归入论自然风物一类。后来，林语堂在英译《幽梦影》中将全书内容分为六大类，依次是人生、品格、妇女与朋友、宇宙万物、房屋与家庭、读书与文学。[1] 另一位对《幽梦影》进行分类的是吕自扬，他在《眉批新编幽梦影》中将《幽梦影》的内容分为九类，依次是论才子佳人、论人与人生、论朋友知己、论书与读书、论闲情逸趣、论立身处事、论文兼论艺、论四时佳景、论花鸟虫鱼万物。[2] 这两种分类，大同小异，对我们理解《幽梦影》的内容和结构均具有参考价值。

那么，能否透过表面的随意无序，进入文本深处，把握其内在的秩序，从而对《幽梦影》的丰富内容进行提纲挈领的概括呢？这是值得尝试的事情。

细品《幽梦影》，可以发现一个"闲"字是张潮创作这部清幽之作的灵魂。自然、人生、读书，则是张潮观照和沉思的三大重心。因此，抓住一个"闲"字，从自然、人生、读书三大方面归类，可以对《幽梦影》的核心内容做整体把握。

悠闲出智慧。张潮的《幽梦影》，正是他以悠闲的心境观察自然、思考人生的智慧结晶。《幽梦影》有两则论闲，表达了张潮对闲的独到认识。

能闲世人之所忙者，方能忙世人之所闲。　　　　　　　　（第 209 则）

［1］张潮.幽梦影（英文版）［M］.林语堂，译.台北：正中书局，1999.
［2］吕自扬.眉批新编幽梦影［M］.高雄：河畔出版社，2007.

人莫乐于闲，非无所事事之谓也。闲则能读书，闲则能游名胜，闲则能交益友，闲则能饮酒，闲则能著书。天下之乐，孰大于是？（第96则）

世人忙的是什么？无非名利二字；其所谓"万事可忘，难忘者名心一段"。而"能忙世人之所闲"，就是从直接的实用功利活动中暂时摆脱出来，从而能以审美的眼光观照自然、反思人生。因此，张潮认为"闲"不是消极的（"非无所事事之谓也"），"闲"对于人生有积极的意义。这是有道理的。一个人有了悠闲的心境，有了审美的眼光，才能观察生活，才能思考生活，才能发现生活中的美。

稍早于张潮，著名学者金圣叹在《西厢记》的评点中，也有一段论及悠闲之心与审美发现的关系。他说，天地之间到处都有美，关键在于欣赏者必须要有闲心，要有一种审美的心胸，一种审美的眼光。有了闲心，有了审美的心胸和审美的眼光，就能在很平常、很普通的生活中发现美，身边的一切就会变得有情味、有灵性，与你息息相通。所以金圣叹说：

人诚推此心也以往，则操笔而书乡党馈壶浆之一辞，必有文也。书人妇姑勃谿之一声，必有文也。书途之人一揖遂别，必有文也。

张潮就是以一颗悠闲之心、一种审美心境和审美眼光，观照生活，沉思人生，所以他能"言人之所不能言，道人之所未经道"，令读者产生"似餐帝浆沆瀣，听钧天广乐，不知此身之在下方尘世"的超然之感。

《幽梦影》，幽人梦境，一个幽思的哲人梦寐以求的理想境界。自然、人生、读书，是这个理想境界的三大重心。下面对这三方面的佳言隽语，择其要者，稍做评说。

1. 以审美的眼光看自然

以审美的眼光看自然，展现出一个有情味、有灵性、有诗意的自然世界，这是《幽梦影》给读者的强烈的第一印象。

春风如酒，夏风如茗，秋风如烟，如姜芥。　　　　　　　　（第142则）

春听鸟声，夏听蝉声，秋听虫声，冬听雪声，白昼听棋声，月下听箫声，山中听松风声，水际听欸乃声，方不虚生此耳。　　　　（第7则）

雨之为物，能令昼短，能令夜长。　　　　　　　　　　　　（第43则）

水之为声有四：有瀑布声，有流泉声，有滩声，有沟浍声。风之为声有三：有松涛声，有秋叶声，有波浪声。雨之为声有二：有梧叶、荷

叶上声，有承檐溜竹筒中声。 （第 207 则）

有了审美眼光，审美的耳朵，即便是春风、秋风、蝉声、鸟声、雨声、水声等很平常的事物，都会给你一种乐趣，一种慰藉，一种别样的发现。

有了审美眼光，你就会感受到各种自然景物的独有气质和情调，从而获得丰富的美感。例如：

梅令人高，兰令人幽，菊令人野，莲令人淡，春海棠令人艳，牡丹令人豪，蕉与竹令人韵，秋海棠令人媚，松令人逸，桐令人清，柳令人感。

（第 131 则）

梅、兰、菊、莲等自然花木和人的这种特定的情感关系，是在社会历史发展中逐渐形成的。没有审美眼光，就体会不到这种为文化传统和文化环境所蕴含的独有的情味。又如：

梅边之石宜古，松下之石宜拙，竹傍之石宜瘦，盆内之石宜巧。

（第 79 则）

这也体现了一种审美眼光，也就是根据自然物的不同的气质和情调，把它们恰当地搭配起来。文中所写的四种配搭相宜的景致，似四幅山水画，又似四个精致的盆景。

有了审美的眼光，我们不仅可以感受到生活中孤立的事物的情趣，还可以感受到美的氛围、美的情境。例如：

松下听琴，月下听箫，涧边听瀑布，山中听梵呗，觉耳中别有不同。

（第 82 则）

春雨宜读书，夏雨宜弈棋，秋雨宜检藏，冬雨宜饮酒。 （第 86 则）

艺花可以邀蝶，累石可以邀云，栽松可以邀风，贮水可以邀萍，筑台可以邀月，种蕉可以邀雨，植柳可以邀蝉。 （第 22 则）

箫声本身就是一种美，而月下听箫则构成了一种美的氛围，一种美的情境。芭蕉本身也是一种美，而雨打芭蕉则构成了一种美的氛围，一种美的情境。

"文章是案头之山水，山水是地上之文章。"（第 97 则）以读文章的眼光读山水，正是张潮对待自然的独特方式，也是他以审美的眼光看自然的方式。因此，他能在寻常的山水花木和四季风雨中读出情趣，读出韵味，读出历史，读出文化，读出物品与人品的内在联系。且看：

有地上之山水，有画上之山水，有梦中之山水，有胸中之山水。地上者妙在丘壑深邃，画上者妙在笔墨淋漓，梦中者妙在景象变幻，胸中者妙在位置自如。 （第84则）

镜中之影，着色人物也；月下之影，写意人物也。镜中之影，钩边画也；月下之影，没骨画也。月中山河之影，天文中地理也；水中星月之象，地理中天文也。 （第186则）

天下有一人知己，可以不恨。不独人也，物亦有之。如菊以渊明为知己，梅以和靖为知己，竹以子猷为知己，莲以濂溪为知己，桃以避秦人为知己，杏以董奉为知己，石以米颠为知己，荔枝以太真为知己，茶以卢仝、陆羽为知己，香草以灵均为知己，莼鲈以季鹰为知己，蕉以怀素为知己，瓜以邵平为知己，鸡以处宗为知己，鹅以右军为知己，鼓以祢衡为知己，琵琶以明妃为知己。一与之订，千秋不移。 （第4则）

万物一体，心物相通，山水通于情趣，物品通于人品，是中国传统的山水审美观。张潮的自然山水清言，正是这一传统的创造性体现。林语堂向西方读者介绍《幽梦影》时，特别强调这一传统，并给予很高的评价。他写道："我们已经知道大自然的享受不仅限于艺术和绘画。大自然整个渗入我们的生命里。大自然有的是声音、颜色、形状、情趣和氛围；人类以感觉的艺术家的资格，开始选择大自然的适当情趣，使它们和他自己协调起来。这是中国一切诗或散文的作家的态度，可是我觉得这方面的最佳表现乃是张潮（十七世纪中叶）在《幽梦影》一书里的警句。"[1]

"以感觉的艺术家的资格"，"选择大自然的适当情趣"，使它们和自己协调起来，这是《幽梦影》的整体特点。用中国古典美学的语言来说，就是"春日迟迟，秋风飒飒。情往似赠，兴来如答"。《幽梦影》论人生、谈读书的警句格言，同样体现这一鲜明特色。

2. 以完美的理想论人生

张潮有一颗爱美之心，有一腔惜美之情，所谓"种花须见其开，待月须见其满，著书须见其成，美人须见其畅适，方有实际"。（第113则）他心目中的世界是一个完美的理想世界，是一个由才、情、真、趣创造

---

[1] 于涛.林语堂作品精选[M].长春：时代文艺出版社，2000：156.

的世界，一个如诗如画的世界：

情之一字，所以维持世界；才之一字，所以粉饰乾坤。（第 160 则）

情必近于痴而始真，才必兼乎趣而始化。（第 67 则）

"人须求可入诗，物须求可入画"（第 14 则），可以说是这个完美世界的入场券。那么，"可入诗"之人与"可入画"之物，是怎样的人和物呢？且看：

立品须法乎宋人之道学，涉世宜参以晋代之风流。（第 155 则）

律己宜带秋气，处世宜带春气。（第 80 则）

傲骨不可无，傲心不可有。无傲骨则近于鄙夫，有傲心不得为君子。

（第 181 则）

少年人须有老成之识见，老成人须有少年之襟怀。（第 15 则）

所谓美人者，以花为貌，以鸟为声，以月为神，以柳为态，以玉为骨，以冰雪为肤，以秋水为姿，以诗词为心，吾无间然矣。（第 135 则）

花不可以无蝶，山不可以无泉，石不可以无苔，水不可以无藻，乔木不可以无藤萝，人不可以无癖。（第 6 则）

山之光，水之声，月之色，花之香，文人之韵致，美人之姿态，皆无可名状，无可执着，真足以摄召魂梦，颠倒情思。（第 29 则）

这是一群风流高雅之人，晶莹剔透之人，灵光四射之人。"有朋自远方来，不亦乐乎！"友朋相聚是人生的快事。这个世界中的人，既充满亲情，又重视友道。

云映日而成霞，泉挂岩而成瀑。所托者异，而名亦因之。此友道之所以可贵也。（第 72 则）

上元须酌豪友，端午须酌丽友，七夕须酌韵友，中秋须酌淡友，重九须酌逸友。（第 8 则）

对渊博友，如读异书；对风雅友，如读名人诗文；对谨饬友，如读圣贤经传；对滑稽友，如阅传奇小说。（第 12 则）

乡居须得良朋始佳……而友之中，又当以能诗为第一，能谈次之，能画次之，能歌又次之，解觞政者又次之。（第 212 则）

友道是那样的可贵，挚友又应多多益善，人生才会多姿多彩。不过，朋友是必须经过选择的，酒肉之友，次之又次之。

完美的人生存在于理想中，现实的人生往往庸碌而平凡。真正的大丈夫，应当以积极的心态超越平庸，超越片面。

阅《水浒传》，至鲁达打镇关西、武松打虎。因思，人生必有一桩极快意事，方不枉在生一场。即不能有其事，亦须著得一种得意之书，庶几无憾耳。

（第 141 则）

人非圣贤，安能无所不知？只知其一，惟恐不止其一，复求知其二者，上也；止知其一，因人言始知有其二者，次也；止知其一，人言有其二而莫之信者，又其次也；止知其一，恶人言有其二者，斯下之下矣。

（第 89 则）

人生在世，应力求成就一件快意之事，以增加生命的光辉和华彩。生也有涯，知则无涯，但应追求全面而摈弃片面。

英国诗人柯珀有一句名言："上帝创造乡村，人创造城市。"乡村似乎是完美的，城市似乎是有缺陷的，张潮与柯珀的看法几近一致。但张潮的态度似乎更为积极，为蜗居城市的现代人提供了一种亲近自然的智慧。且看：

胸藏丘壑，城市不异山林；兴寄烟霞，阆浮有如蓬岛。（第 151 则）

居城市中，当以画幅当山水，以盆景当苑囿，以书籍当朋友。

（第 211 则）

3. 借诗性的语言论读书

张潮一生以书为友，读书、著书、刻书，对书充满了感情，对读书、作文更有深刻的理解。《幽梦影》即以论读书开篇：

读经宜冬，其神专也；读史宜夏，其时久也；读诸子宜秋，其致别也；读诸集宜春，其机畅也。

（第 1 则）

这是张潮的"四季读书歌"。《幽梦影》中无处没有书的影子，一字一句亦无不是作者含英咀华的结晶。若把《幽梦影》中论读书的格言警句荟萃一编，可构成一种别具韵味的诗性读书法。且看：

少年读书如隙中窥月，中年读书如庭中望月，老年读书如台上玩月，皆以阅历之浅深为所得之浅深耳。

（第 35 则）

先读经后读史，则论事不谬于圣贤；既读史复读经，则观书不徒为章句。

（第 210 则）

《水浒传》是一部怒书，《西游记》是一部悟书，《金瓶梅》是一部哀书。 （第 99 则）

藏书不难，能看为难；看书不难，能读为难；读书不难，能用为难；能用不难，能记为难。 （第 92 则）

凡事不宜刻，若读书则不可不刻；凡事不宜贪，若买书则不可不贪；凡事不宜痴，若行善则不可不痴。 （第 118 则）

多情者不以生死易心，好饮者不以寒暑改量，喜读书者不以忙闲作辍。 （第 153 则）

文章是有字句之锦绣，锦绣是无字句之文章，两者同出于一原。 （第 110 则）

能读无字之书，方可得惊人妙句；能会难通之解，方可参最上禅机。 （第 187 则）

善读书者，无之而非书。山水亦书也，棋酒亦书也，花月亦书也。善游山水者，无之而非山水。书史亦山水也，诗酒亦山水也，花月亦山水也。 （第 147 则）

貌有丑而可观者，有虽不丑而不足观者；文有不通而可爱者，有虽通而极可厌者。此未易与浅人道也。 （第 176 则）

从读有字之书到读无字之书，从人生经历与读书到读经与读史的关系，再从读书的时间到读书的奥妙，张潮无不借诗性的语言做了精妙的诠释。

"古今至文，皆血泪所成。"（第 159 则）《红楼梦》亦曰："字字看来皆是血，十年辛苦不寻常。"张潮著书满家，皆含咀经史，自出机杼，卓然可传。因此，他对作文著书之道也有独到的见解。且看：

大家之文，吾爱之慕之，吾愿学之；名家之文，吾爱之慕之，吾不敢学之。学大家而不得，所谓刻鹄不成尚类鹜也；学名家而不得，则是画虎不成反类狗矣。 （第 73 则）

秋虫春鸟，尚能调声弄舌，时吐好音；我辈搦管拈毫，岂可甘作鸦鸣牛喘？ （第 167 则）

作文之法，意之曲折者，宜写之以显浅之词。理之显浅者，宜运之以曲折之笔。题之熟者，参之以新奇之想；题之庸者，深之以关系之论。

至于窘者舒之使长，缛者删之使简，俚者文之使雅，闹者摄之使静，皆所谓裁制也。　　　　　　　　　　　　　　　　　　　　　（第 171 则）

诗文之体得秋气为佳，词曲之体得春气为佳。　　　　　　　（第 87 则）

著得一部新书，便是千秋大业；注得一部古书，允为万世宏功。

（第 69 则）

从学文到作文，从作文之法到著书之道，片花寸草，均有会心，句句耐人玩味又启迪心智。

人可以借助警句进行思考。哲人的思想，智者的洞见，往往表现为一些关键词和隽永的短语。一句精辟的格言警句，用在适当的地方，会像一道闪电，划过心灵的夜空，留下深深的记忆，让人回味无穷。张潮上述格言语录，"以风流为道学，寓教化于诙谐"[1]，是其一生心得体会的结晶，精致优美、清新隽永，对今人观赏自然、洞察世事、读书为文，无不具有启迪、借鉴的意义。

当然，《幽梦影》同其他清言一样，毕竟是文人士大夫的作品，有些内容并不适合今天的青年学生，教师在采用此书之时，须做一番去粗取精的抉择，这自不待言。

[1] 张潮.幽梦影[M].许福明，校注.合肥：黄山书社，1991：100.

结　语

语文教师：孔子事业的现代传人

北宋唐庚《唐子西文录》有一则记载："蜀道馆舍壁间题一联云：'天不生仲尼，万古如长夜。'不知何人诗也。"[1]这两句诗表达了前人对孔子的无比崇敬之情，充分肯定了孔子在中华民族思想史上的巨大贡献。确实，建设这个社会，离不开劳动者的双手；治理这个社会，离不开政治家的智慧；点亮这个社会，离不开哲人的思想！

孔子是中国古代的思想家，同时也是伟大的语文教师。孔子以六经教人，以培养君子人格为目标，奠定了中华民族精神品格的根基。今天的语文教师，薪火相传，弦歌不辍，以优秀的传统文化教书育人，为培养德才兼备、品格高尚的现代中国人而辛勤耕耘。以古方今，古今相通，今天的语文教师，可以说是孔子事业的现代传人。

孔子的语文教学，不只是诗教，也是六经之教。关于孔子作为语文教师的特点和成就，《史记·孔子世家》有一段为人熟知的记载："孔子以《诗》《书》《礼》《乐》教，弟子盖三千焉，身通六艺者七十有二人。"这就是说，在教学内容或教材上，孔子以包括《诗经》《尚书》《礼经》《乐经》《易经》《春秋》在内的六经教书育人。从学科分类看，六经涵盖了现代人文学科的主要分支：《诗经》是文学，《尚书》是政治学，《礼经》是伦理学，《乐经》是音乐学，《易经》是哲学，《春秋》是历史学。这表明，六经不只是六部书，还是中国独特的人文

---

[1] 何文焕.历代诗话：上[M].北京：中华书局，1981：446.

学体系。换言之，六经是"大语文"，而不是"小语文"。尽管"身通六艺者七十有二人"，按照孔子"有教无类"的原则，亦即"把一切知识教给一切人"的原则，六经之教必然是面向所有弟子的，只是出类拔萃而"身通六艺者七十有二人"而已。如此说来，孔子的语文教学不只是局限于"诗教"的"小语文"教学，而是全面进行六经教育的"大语文"教学。孔子是一位以六经这部"大语文"教材进行"大语文"教学的伟大语文教师。

孔子作为一位伟大的语文教师，首先是一位伟大的文化典籍整理者，一位伟大的语文教材编撰者。六经这部"大语文"教材，就是由孔子整理编订而成的。关于孔子与六经的关系，特别是孔子是否整理编订过六经的问题，历来众说纷纭。经学史家周予同对各种观点进行仔细辨析后指出："孔子是我国历史上第一个创办私立学校的教育家……孔子既然设教讲学，学生又那么多，很难想像他没有教本。毫无疑问，对于第一所私立学校来说，现成的教本是没有的。《论语》记载孔子十分留心三代典章，指导学生学习《诗》《书》及礼乐制度。因而，我以为，孔子为了讲授的需要，搜集鲁、周、宋、杞等故国文献，重加整理编次，形成《易》《书》《诗》《礼》《乐》《春秋》六种教本，这种说法是可信的。"[1]周予同的看法得到学界的普遍认同。

孔子确立的以六经为内容的"大语文"教育，对中国传统语文教学产生了深远的影响，从春秋一直延续到清末。南宋以后，朱熹的《四书集注》日益得到重视，成为科举考试的依据。但是，六经作为"恒久之至道，不刊之鸿教"，始终被视为中华文化的根源性经典，成为历代士子的必读之书。从孔子之后到五四运动之前近 2500 年的中国传统教育史，可以说就是以六经为核心的"大语文"教育史。

那么，孔子为什么要以六经为教材？为什么要对弟子进行"大语文"教育？后世谈论孔子的教育思想时，为什么又特别强调其诗教观念？探讨这些问题，不仅有助于深入认识孔子的语文教育观，而且对今天的语文教学，对今天在语文教学中弘扬优秀传统文化，同样具有极大的启示意义。

---

［1］周予同，邓秉元.中国经学史论著选编［M］.上海：复旦大学出版社，2015：499-500.

第一个问题：孔子为什么要整理六经并以之为教材？孔子处于社会动荡的春秋末期，"周室微而礼乐废，《诗》《书》缺"，文化传统遭到严重破坏，典籍文献大多残缺不全。孔子为了抢救传统文化，晚年专心致志，集中心力，"追迹三代之礼，序《书传》，上纪唐虞之际，下至秦缪，编次其事"（《史记·孔子世家》），对六经进行整理编订。范文澜认为："孔子整理六经有三个准绳：一个是'述而不作'，保持原来的文辞；一个是'不语怪、力、乱、神'（《论语·述而》），删去芜杂妄诞的篇章；一个是'攻（治）乎异端（杂学），斯害也已'（《为政》），排斥一切反中庸之道的议论。"[1]此外，匡亚明认为，孔子还"以'仁'的思想为文献整理的总原则"[2]。经过孔子的抢救性整理，传统文化得以保存，古老典籍获得新生，六经作为教材也粲然可读。

西塞罗曾说："如果一个人不知道他出生之前发生过什么事情，在生活中就会像一个无知的孩童。"因此，我们认为所谓的有教养，就是懂得文化的源头和发展，理解知识的体系，就是熟悉最优秀的思想和言论，熟悉优秀文化赖以产生的思想机制和创造机制。历史是教育的核心部分之一。"六经皆史"，六经作为上古夏、商、周三代的文化结晶，是孔子时代的优秀文化。整理六经并以之为教材，就是继承优秀传统，汲取先哲智慧，获得走向未来的精神动力。这也就是《论语·学而》中所说的"告诸往而知来者"。

第二个问题：孔子为什么要以六经对弟子进行"大语文"教育？这与六经作为一个人文学整体的文化品格和文化功能密切相关。关于六经的文化品格和文化功能，《论语》中有大量论述，其中对《诗经》《尚书》《礼经》《乐经》的论述最为丰富、深入。《论语·述而》曰："子所雅言，《诗》、《书》、执礼，皆雅言也。"《论语·泰伯》曰："兴于诗，立于礼，成于乐。"《论语·季氏》曰："不学《诗》，无以言；不学礼，无以立。"关于《易》的意义，《论语·述而》中有"子曰：'加我数年，五十以学《易》，可以无大过矣。'"的论述。《易》道广大，无所不包，学《易》可以明人生、世道、命运和哲理，故"可以无大过"。关于《春秋》的意义，

---

［1］范文澜，蔡美彪，等.中国通史：第一册［M］.北京：人民出版社，2004：170.

［2］匡亚明.孔子评传［M］.南京：南京大学出版社，1990：341.

孟子所谓"孔子作《春秋》而乱臣贼子惧",可谓一语中的。

然而，对六经作为人文学整体的文化品格和文化功能的发掘和阐释，要以《礼记·经解》最为精辟而系统。《礼记·经解》写道："孔子曰：'入其国，其教可知也。其为人也，温柔敦厚，《诗》教也；疏通知远，《书》教也；广博易良，《乐》教也；洁静精微，《易》教也；恭俭庄敬，《礼》教也；属辞比事，《春秋》教也。故《诗》之失，愚；《书》之失，诬；《乐》之失，奢；《易》之失，贼；《礼》之失，烦；《春秋》之失，乱。其为人也，温柔敦厚而不愚，则深于《诗》者也；疏通知远而不诬，则深于《书》者也；广博易良而不奢，则深于《乐》者也；絜静精微而不贼，则深于《易》者也；恭俭庄敬而不烦，则深于《礼》者也；属辞比事而不乱，则深于《春秋》者也。'"这段话不仅从正反两方面阐述了六经的教化功能，更重要的是，阐述了孔子的成人之道，以及君子人格的完整结构。

歌德作为教育思想家，同样强调人格教育的整体性。他认为："人是一个整体，一个多方面的内在联系着的能力的统一体。艺术作品必须向人的这个整体说话，必须适应人的这种丰富的统一体，这种单一的杂多。"[1]六经就是面向单一而杂多的人的整体，旨在塑造仁、智、勇兼备的君子人格。"君子之学也，以美其身。"（《荀子·劝学》）如此说来，着眼于人的全面素质的培养，让每一个弟子成为性格健全、德才兼备的君子，就是孔子以六经为教材对弟子进行"大语文"教育的根本目的。

第三个问题：后世谈论孔子的教育思想时，为什么特别强调其诗教观念？简言之，这与《诗经》在六经中的独特地位以及孔子对《诗经》教化功能的深刻认识密切相关。六经的排序，经学史上有严格区分。西汉今文学家主张"六经《诗》为首"，如董仲舒《春秋繁露·玉杯》曰："《诗》《书》序其志，《礼》《乐》纯其养，《易》《春秋》明其志。"东汉古文学家则主张"六经《易》为首"，如《汉书·艺文志》中"六艺略"序六经次第，首《易经》，次《尚书》，次《诗经》，次《礼经》，次《乐经》，次《春秋》。不过，历史上"六经《诗》为首"的观念更为深入人心。白居易在《与元九书》中就说："人之文，六经首之；就六经言，《诗》又首之。"《诗经》

---

[1] 朱光潜.西方美学史[M].北京：人民文学出版社，1979：421-422.

在六经中以及世人心中的首要地位，基于孔子所揭示的《诗经》的广泛教育功能。

首先，"不学《诗》，无以言"。这绝非套话，而是人类文化学的深刻命题。人类社会离不开自身的语言符号系统，有节奏、有韵律、易流传的诗是人类最早的语言，我们的祖先就是通过学诗来学语言的。在孔子的教学体系中，这句话至少包含三层意思。一是学《诗经》就是学语言，学雅言，学交际的本领。这是学《诗经》的最基本的作用，使每个人具备应有的文化修养，这也就是今天所说的语文的工具性。二是学《诗经》是为了在社交场合赋诗言志。《汉书·艺文志》所谓："古者诸侯卿大夫交接邻国，以微言相感，当揖让之时，必称诗以谕其志，盖以别贤不肖而观盛衰焉。"于是，学《诗经》成为公卿大夫必备的功课。三是学《诗经》是为了在日常交际和史书著述中引诗证事。劳孝舆《春秋诗话》论引诗曰："引诗者，引诗之说以证其事也。事，主也；诗，宾也。然如断狱焉，诗则爰书也，引之断之，而后事之是非曲直，锱铢不爽其衡，则又事为宾而诗为主。"《诗经》中的名言隽语，浓缩了先民五百年的人生智慧。从《尚书》《春秋》三传到《国语》《战国策》，引诗证事、引诗明理，成为最重要的表现手段之一。作为写作技巧，引诗证事一直延续至今。

其次，《诗经》可以"兴、观、群、怨"。《论语·阳货》中"子曰：'小子何莫学夫《诗》？《诗》可以兴，可以观，可以群，可以怨。迩之事父，远之事君，多识于鸟兽草木之名'"。孔子的这段话完整表达了他的"诗—文学"的功能观，也是中国诗学史和文论史上论述文学功能较为全面的一段话。作为一个整体，它也可以细析为三个层次：一是《诗经》可以"兴、观、群、怨"，即诗与文学具有审美教化功能和社会批判功能，包括兴发感动的"感发志意"，观风俗之盛衰以"考见得失"，群居相切磋的"和而不流"，社会批判的"怨刺上政"；二是《诗经》可以培养人"迩之事父，远之事君"的伦理观念和道德情怀；三是学《诗经》可以"多识于鸟兽草木之名"，增加自然科学知识。从审美、社会、道德到科学，诗与文学的功能无外乎此矣。

最后，"兴于诗，立于礼，成于乐"。这是一个内涵丰富的科学命题，深刻揭示了人性培育的心理过程，总结了孔子"大语文"教育的独特经验。我们不妨把它称为孔子人性教育的"三部曲"：一是"兴于诗"，诗启迪性情，启发心智，使人走上人性之道；二是"立于礼"，礼培育人性，树立人格，使人获得行为规范，取得成为文明群体成员的资格；三是"成于乐"，乐使外在的行为规范转化为内在的人性自觉，使人性得到完善。在孔子看来，"为己之学""成人之道"，远非知性理解的过程，而是情意培养即情感性、意向性的塑造成长过程，必须直接诉诸体会、体认、体验，融理于情，情中有理，才能达到"成于乐"的人生境界。

伟大诗人白居易强调"六经《诗》为首"，其道理也在于此，即审美与教育必须首先以诗来启迪性情，启发心智。白居易在《与元九书》中写道："感人心者，莫先乎情，莫始乎言，莫切乎声，莫深乎义。诗者，根情，苗言，华声，实义。上自贤圣，下至愚骏，微及豚鱼，幽及鬼神，群分而气同，形异而情一，未有声入而不应，情交而不感者。"这段话是古代诗学对诗的本质特征的经典表述，也是对孔子"兴于诗，立于礼，成于乐"这一命题的创造性阐释。一千多年后，现代美学家王国维更进一步，认为孔子的人性教育"三部曲"实质上体现了"孔子之美育主义"，而孔子"美育主义"的特点在于："其教人也，则始于美育，终于美育。"[1]孔子的思想在王国维这里得到了现代转化，获得了新的理论生命。

歌德有一句名言："时代是在前进，但人人却都是在重新开始。"[2]每个人都重新开始，亦即每一个生命都从无知开始。因此，教育是一场永无终点的文化接力赛，教师是一个永不止步的文化接棒者。那么，今天应由谁来接下孔子的文化之棒？由谁来继承孔子的文化事业？教师无疑是孔子事业最直接的当代传人，而语文教师则是孔子"大语文"教育最直接的接棒者。当今中国，语文教师理当通过人文教育，承担培育和塑造民族精神的职责和使命。

1939年，罗庸在《国文教学与人格陶冶》中，对语文教师负有的神圣使命提出了殷切的期望：

学生的思想与感情总需要有所依止，在这方面比较关系最切的要算

[1]刘刚强.王国维美论文选[M].长沙：湖南人民出版社，1987：6.
[2]歌德.歌德的格言和感想集[M].程代熙，张惠民，译.北京：中国社会科学出版社，1982：112.

国文教师了。大半的中学毕业生，对于训育主任和公民教师，不见得有深厚的感情，而对国文教师，往往无形中受很大的影响。那就因为国文课本的内容，比较可以滋润青年们枯渴的心灵。所以在现制度下的学校，对于学生心理的陶熔，国文教师实负有很大的责任。……要求青年得到一点真实的内心陶冶，就非从国文教学根本下手不可！[1]

罗庸八十多年前的这段话，依然令人心有戚戚焉。当今，语文教师承担着培育和塑造民族精神的职责和使命。具体说来，渊源和基础有二：一是孔子以来，"大语文"教育的独特传统；二是现代语文课程的独特优势。孔子"大语文"教育的思想和做法值得我们认真体会和学习，而现代语文课程的独特优势不妨初步概括如下。

第一，语文之"文"包含三层意思：文字、文章和文化。文字背后是文章，文章背后是文化。因此，学语言就是学文化，学语言就是学传统，学民族语言就是学民族精神。正如洪堡特所说："民族的语言即民族的精神，民族的精神即民族的语言。"[2]从《论语》《孟子》来看，我们今天使用的大部分成语、熟语，包括日常准则和人生哲理，都来源于儒家经典。这些成语、熟语，实质上已成为深入我们骨髓的文化基因。一个民族的语言文字是本民族文化的精神血脉，也是民族认同的内因。一个中国人，只要学会了中国的语言文字，能够听说读写，能够使用一二百个成语，中国文化的基本元素往往就融化在他的血液中了，他就学会了做人、做事的基本道理。当走遍世界的时候，就知道那些成语、熟语中包含的基本信念是多么珍贵。语文教育就是通过文字和文化教育，把中国优秀传统文化的价值激发出来，从而使我们的社会变得更加和谐温馨，使中国人变得更具向心力和凝聚力。

第二，语文教材由民族的文化经典和文学经典构成，最具有文化品格和文化意蕴，也最能陶冶人的心灵。《毛诗序》论诗的功能："故正得失，动天地，感鬼神，莫近于诗。先王以是经夫妇，成孝敬，厚人伦，美教化，移风俗。"《乐记》论乐的功能："乐也者，圣人之所乐也，而可以善民心，其感人深，其移风易俗。故先王著其教焉。"孔子论心灵的教化过程："兴

[1] 罗庸.中国文学史导论[M].杜志勇，辑校.北京：北京出版社，2016：166.
[2] 洪堡特.论人类语言结构的差异及其对人类精神发展的影响[M].姚小平，译.北京：商务印书馆，1999：58.

于诗，立于礼，成于乐。"始于诗而终于乐，始于美育而终于美育，是有其深刻的审美心理根源的。在心灵教化过程中，通过诗与乐的兴发感动，外在的礼转化为内在的情，外在的社会规范转化为内在的自觉、自由，这就是所谓"以美启真""以美储善"。

第三，在当今所有的课程中，很少有课程像语文课程一样，长久陪伴学生从小学到中学，从中学到大学，课程不断，学而时习。听说读写，诗词文章，一路陪伴着学生心智的成长。从小学语文到中学语文，从中学语文到大学语文，语文课程既是学生的情感寄托，又是学生的"心灵保姆"；既承担着语言教学和文化传承的职责，又承担着塑造道德人格和民族精神的使命。学生在语文教师和语文课程的一路陪伴下，走向成熟，走向自信，走向自强，成为既有科学知识，又有人文情怀的现代人。

第四，文学经典最富于艺术性、审美性和感染力。优秀作品把崇高的文化精神融化在优美的艺术形式之中，通过悦目悦耳、悦心悦意、悦志悦神的审美升华，潜移默化，润物无声，产生"没有道德的目的，而有道德的效果"的独特的审美效应。正如朱光潜所说："凡是第一流艺术作品大半都没有道德的目的而有道德影响，《荷马史诗》、希腊悲剧以及中国第一流的抒情诗都可以为证。它们或是安慰情感，或是启发性灵，或是洗涤胸襟，或是表现对于人生的深广的观照。"[1]一个人在真正欣赏过它们之后，与未读它们之前相比，精神气质肯定会是不一样的。所谓"腹有诗书气自华"，阅读经典能改变人的气质。

"人民有信仰，国家有力量，民族有希望。"[2]从孔子开创的"大语文"教育传统来看，从语文教师肩负的文化使命来看，现代语文教育应当具有三重属性：工具性、人文性和超越性。

工具性，即语文培养一种知识能力；

人文性，即语文提供一种人文关怀；

超越性，即语文确立一种信仰情怀！

语文教师——孔子事业的当代传人，任重而道远！

[1] 朱光潜.朱光潜美学文集：第一卷[M].上海：上海文艺出版社，1982：124.

[2] 习近平.习近平谈治国理政：第三卷[M].北京：外文出版社，2020：33.

参考文献

［1］阿斯曼．文化记忆：早期高级文化中的文字、回忆和政治身份［M］．金寿福，黄晓晨，译．北京：北京大学出版社，2015.

［2］爱克曼．歌德谈话录1823—1832［M］．朱光潜，译．北京：人民文学出版社，1982.

［3］爱默生．爱默生演讲录［M］．孙宜学，译．北京：中国人民大学出版社，2004.

［4］鲍列夫．美学［M］．乔修业，常谢枫，译．北京：中国文联出版公司，1986.

［5］本田成之．中国经学史［M］．孙俍工，译．桂林：漓江出版社，2013.

［6］柏拉图．理想国［M］．郭斌和，张竹明，译．北京：商务印书馆，1986.

［7］布鲁姆．西方正典：伟大作家和不朽作品［M］．江宁康，译．南京：译林出版社，2005.

［8］布鲁姆．影响的焦虑［M］．徐文博，译．北京：生活·读书·新知三联书店，1989.

［9］陈来．中华文明的核心价值：国学流变与传统价值观［M］．北京：生活·读书·新知三联书店，2015.

［10］陈尚君．唐代文学丛考［M］．北京：中国社会科学出版社．1997.

［11］陈少明．《齐物论》及其影响［M］．北京：北京大学出版社，2004.

［12］陈文忠．走向学者之路［M］．芜湖：安徽师范大学出版社，2016.

［13］陈以爱．中国现代学术研究机构的兴起：以北大研究所国学门为中心的探讨［M］．南昌：江西教育出版社，2002.

［14］陈寅恪．金明馆丛稿初编［M］．北京：生活·读书·新知三联书

店，2015.

［15］陈寅恪.金明馆丛稿二编［M］.北京:生活·读书·新知三联书店，2001.

［16］程千帆.古诗考索［M］.上海:上海古籍出版社，1984.

［17］丹纳.艺术哲学［M］.傅雷，译.杭州:浙江人民美术出版社，2017.

［18］丁文江，赵丰田.梁启超年谱长编［M］.上海:上海人民出版社，1983.

［19］方苞.方苞集［M］.刘季高，校点.上海:上海古籍出版社，2008.

［20］费尔巴哈.基督教的本质［M］.荣震华，译.北京:商务印书馆，1997.

［21］费孝通.乡土中国［M］.上海:上海人民出版社，2007.

［22］费孝通.美国人的性格［M］.上海:华东师范大学出版社，2013.

［23］冯友兰.中国哲学简史［M］.涂又光，译.北京:北京大学出版社，1996.

［24］傅杰.章太炎学术史论集［M］.北京:中国社会科学出版社，1997.

［25］弗莱.批评的剖析［M］.陈慧，袁宪军，吴伟仁，译.天津:百花文艺出版社，1998.

［26］歌德.歌德的格言和感想集［M］.程代熙，张惠民，译.北京:中国社会科学出版社，1982.

［27］格罗斯.牛津格言集［M］.王怡宁，译.北京:汉语大词典出版社，1991.

［28］龚鹏程.读经有什么用:现代七十二位名家论学生读经之是与非［M］.上海:上海人民出版社，2008.

［29］龚鹏程.文学批评的视野［M］.武汉:华中师范大学出版社，2011.

［30］郭齐家.中国教育史:全2册［M］.北京:人民教育出版社，2015.

［31］郭绍虞．中国文学批评史［M］．天津：百花文艺出版社，1999.

［32］郭绍虞．中国历代文论选［M］．上海：上海古籍出版社，1982.

［33］郭预衡．中国散文史［M］．上海：上海古籍出版社，2011.

［34］贺拉斯．诗艺［M］．杨周翰，译．北京：人民文学出版社，1962.

［35］贺麟．文化与人生［M］．北京：商务印书馆，2005.

［36］何兆武．历史理性批判论集［M］．北京：清华大学出版社，2001.

［37］黑格尔．历史哲学［M］．王造时，译．上海：上海书店出版社，1999.

［38］黑格尔．美学［M］．朱光潜，译．北京：商务印书馆，1979.

［39］黑格尔．哲学史讲演录［M］．贺麟，王太庆，译．北京：商务印书馆，1959.

［40］洪堡特．论人类语言结构的差异及其对人类精神发展的影响［M］．姚小平，译．北京：商务印书馆，1999.

［41］胡晓明．读经：启蒙还是蒙昧？［M］．上海：华东师范大学出版社，2006.

［42］怀特海．过程与实在［M］．周邦宪，译．北京：北京联合出版公司，2014.

［43］黄维樑．中国古典文论新探［M］．北京：北京大学出版社，1996.

［44］霍兰德．文学反应动力学［M］．潘国庆，译．上海：上海人民出版社，1991.

［45］加达默尔．真理与方法：哲学诠释学的基本特征［M］．洪汉鼎，译．上海：上海译文出版社，1999.

［46］蒋伯潜．十三经概论［M］．上海：上海古籍出版社，2010.

［47］姜义华．中国近代思想家文库：章太炎卷［M］．北京：中国人民大学出版社，2015.

［48］康德．历史理性批判文集［M］．何兆武，译．北京：商务印书

馆，1990.

［49］康德.判断力批判［M］.邓晓芒，译.北京：人民出版社，2002.

［50］柯林武德.历史的观念［M］.何兆武，张文杰，译.北京：商务印书馆，2017.

［51］库恩.必要的张力：科学的传统和变革论文选［M］.范岱年，纪树立，等译.北京：北京大学出版社，2004.

［52］库恩.科学革命的结构［M］.金吾伦，胡新和，译.北京：北京大学出版社，2003.

［53］昆德拉.不能承受的生命之轻［M］.许钧，译.上海：上海译文出版社，2003.

［54］朗格.情感与形式［M］.刘大基，傅志强，周发祥，译，北京：中国社会科学出版社，1986.

［55］李维武.人文科学概论［M］.北京：人民出版社，2007.

［56］黎翔凤.管子校注［M］.梁运华，整理.北京：中华书局，2004.

［57］李杏保，顾黄初.中国现代语文教育史［M］.成都：四川教育出版社，1997.

［58］李学勤.十三经注疏［M］.北京：北京大学出版社，1999.

［59］李泽厚.华夏美学［M］.天津：天津社会科学院出版社，2002.

［60］李泽厚.李泽厚十年集：第一卷［M］.合肥：安徽文艺出版社，1994.

［61］李泽厚.论语今读［M］.天津：天津社会科学院出版社，2008.

［62］夏晓虹.梁启超文选：上集［M］.北京：中国广播电视出版社，1992.

［63］梁启超.中国历史研究法［M］.北京：东方出版社，1996.

［64］梁绍壬.两般秋雨盦随笔［M］.上海：上海古籍出版社，1982.

［65］梁漱溟.中国文化要义［M］.上海：上海人民出版社，2003.

［66］林庚．中国文学简史［M］．北京：北京大学出版社，1995.

［67］林文光．钱玄同文选［M］．成都：四川文艺出版社，2010.

［68］林毓生．中国传统的创造性转化［M］．北京：生活·读书·新知三联书店，2011.

［69］林语堂．中国人：全译本［M］．郝志东，沈益洪，译．上海：学林出版社，1994.

［70］刘宝楠．论语正义［M］．高流水，点校．北京：中华书局，1990.

［71］刘大杰．中国文学发展史［M］．上海：上海古籍出版社，1997.

［72］刘大櫆．刘大櫆集［M］．吴孟复，标点．上海：上海古籍出版社，1990.

［73］刘刚强．王国维美论文选［M］．长沙：湖南人民出版社，1987.

［74］刘和文．张潮研究［M］．合肥：安徽大学出版社，2011.

［75］刘洪涛．沈从文批评文集［M］．珠海：珠海出版社，1998.

［76］刘梦溪．论国学［M］．上海：上海人民出版社，2008.

［77］刘梦溪．中国现代学术要略［M］．北京：生活·读书·新知三联书店，2008.

［78］刘熙载．刘熙载论艺六种［M］．徐中玉，萧华荣，校点．成都：巴蜀书社，1990.

［79］刘小枫．接受美学译文集［M］．北京：生活·读书·新知三联书店，1989.

［80］刘小枫．中国文化的特质［M］．北京：生活·读书·新知三联书店，1990.

［81］刘衍．中国古代散文史［M］．北京：高等教育出版社，2004.

［82］胡云翼，刘永翔，李露蕾．胡云翼重写文学史［M］．上海：华东师范大学出版社，2004.

［83］楼宇烈．中国的品格［M］．成都：四川人民出版社，2015.

［84］楼宇烈．中国文化的根本精神［M］．北京：中华书局，2016.

［85］陆林．三字经辑刊［M］．合肥：安徽教育出版社，1994.

［86］卢那察尔斯基．卢那察尔斯基论文学［M］．蒋路，译．北京：人民文学出版社，2016.

［87］鲁迅．鲁迅全集［M］．北京：人民文学出版社，2005.

［88］罗常培．中国人与中国文：语言与文化［M］．北京：新星出版社，2015.

［89］罗根泽．中国文学批评史［M］．上海：上海古籍出版社，1984.

［90］罗庸．中国文学史导论［M］．杜志勇，辑校．北京：北京出版社，2016.

［91］罗庸．习坎庸言 鸭池十讲［M］．北京：新星出版社，2015.

［92］吕思勉．先秦学术概论［M］．上海：东方出版中心，1985.

［93］苗力田．亚里士多德全集：第九卷［M］．北京：中国人民大学出版社，1994.

［94］欧阳修．欧阳修全集［M］．李逸安，点校．北京：中华书局，2001.

［95］欧阳哲生．中国近代思想家文库：傅斯年卷［M］．北京：中国人民大学出版社，2015.

［96］钱茂伟．王应麟学术评传［M］．北京：中华书局，2011.

［97］钱穆．中国文学讲演集［M］．成都：巴蜀书社，1987.

［98］钱穆．中国文化史导论［M］．修订本．北京：商务印书馆，1994.

［99］钱穆．论语新解［M］．北京：生活·读书·新知三联书店，2002.

［100］钱宁．新论语［M］．北京：生活·读书·新知三联书店，2012.

［101］钱锺书．七缀集［M］．上海：上海古籍出版社，1985.

［102］钱锺书．管锥编［M］．北京：中华书局，1986.

［103］钱锺书．谈艺录［M］．北京：生活·读书·新知三联书店，2007.

［104］钱锺书．钱锺书集：写在人生边上的边上［M］．北京：生活·读书·新知三联书店，2001.

［105］钱中文．巴赫金全集：第四卷 文本、对话与人文［M］．白春仁，晓河，周启超，等译．石家庄：河北教育出版社，1998．

［106］任翔．传统文化与语文教育［M］．北京：北京出版社，2017．

［107］萨丕尔．语言论［M］．陆卓元，译．北京：商务印书馆，1985．

［108］桑兵．晚清民国的国学研究［M］．北京：北京师范大学出版社，2014．

［109］桑兵，张凯，於梅舫，等．国学的历史［M］．北京：国家图书馆出版社，2010．

［110］沈善洪．蔡元培选集［M］．杭州：浙江教育出版社，1993．

［111］施蛰存．唐诗百话［M］．上海：上海古籍出版社，1987．

［112］斯达尔夫人．论文学［M］．徐继曾，译．北京：人民文学出版社，1986．

［113］苏轼．苏轼文集［M］．孔凡礼，点校．北京：中华书局，1986．

［114］孙尚扬，郭兰芳．国故新知论：学衡派文化论著辑要［M］．北京：中国广播电视出版社，1995．

［115］泰勒．原始文化［M］．连树声，译．上海：上海文艺出版社，1992．

［116］泰勒．理解文学要素［M］．黎风，李杰，杜险峰，等译．成都：四川大学出版社，1987．

［117］唐君毅．人生之体验［M］．桂林：广西师范大学出版社，2005．

［118］唐汝询．唐诗解［M］．王振汉,点校．保定：河北大学出版社，2001．

［119］汤因比．历史研究［M］．郭小凌，王皖强，杜庭广，等译，上海人民出版社，2010．

［120］汤志钧．章太炎年谱长编［M］．增订本．北京：中华书局，2013．

［121］汤志钧．章太炎政论选集［M］．北京：中华书局，1977．

［122］天水，杨健．林语堂作品精选［M］．武汉：长江文艺出版社，

2008.

［123］王财贵．读经二十年［M］．北京：中华书局，2014.

［124］王恩衷．艾略特诗学文集［M］．北京：国际文化出版公司，1989.

［125］王汎森．近代中国的史家与史学［M］．上海：复旦大学出版社，2010.

［126］王俊闳．弟子规密码［M］．北京：中国文联出版社，2010.

［127］王若虚．滹南遗老集校注［M］胡传志，李定乾，校注．沈阳：辽海出版社，2006.

［128］王先谦．荀子集解［M］．沈啸寰，王星贤，整理．北京：中华书局，2012.

［129］王阳明．传习录注疏［M］．邓艾民，注．上海：上海古籍出版社，2015.

［130］王尧衢．唐诗合解笺注［M］．单小青，詹福瑞，点校．保定：河北大学出版社，2000.

［131］王元化．九十年代反思录［M］．上海：上海古籍出版社，2000.

［132］王忠琪，等．法国作家论文学［M］．北京：生活·读书·新知三联书店，1984.

［133］韦勒克，沃伦．文学理论［M］．刘象愚，邢培明，陈圣生，等，译．北京：生活·读书·新知三联书店，1984.

［134］维莱．世界名人思想词典［M］．施康强，韩沪麟，戴正越，译．重庆：重庆出版社，1992.

［135］《文史知识》编辑部．诗文鉴赏方法二十讲［M］．北京：中华书局，1986.

［136］文振庭．文艺大众化问题讨论资料［M］．上海：上海文艺出版社，1987.

［137］邬国平，王镇远．清代文学批评史［M］．上海：上海古籍出版社，1995.

［138］吴承学．中国古代文体形态研究［M］．增订本．广州：中山大学出版社，2002.

［139］吴承学．晚明小品研究［M］．北京：北京大学出版社，2017.

［140］吴光．中国近代思想家文库：马一浮卷［M］．北京：中国人民大学出版社，2015.

［141］吴孟复．桐城文派述论［M］．合肥：安徽教育出版社，2001.

［142］乌纳穆诺．生命的悲剧意识［M］．段继承，译．广州：花城出版社，2007.

［143］吴小如．古文精读举隅［M］．天津：天津古籍出版社，2002.

［144］希尔斯．论传统［M］．傅铿，吕乐，译．上海：上海人民出版社，2009.

［145］习近平．习近平谈治国理政［M］．北京：外文出版社，2014.

［146］习近平．习近平谈治国理政：第二卷［M］．北京：外文出版社，2017.

［147］夏曾佑．中国古代史［M］．北京：中华书局，2015.

［148］夏鼐．中国文明的起源［M］．北京：文物出版社，1985.

［149］徐复观．徐复观论经学史二种［M］．上海：上海书店出版社，2005.

［150］徐复观．中国人性论史［M］．上海：华东师范大学出版社，2005.

［151］徐复观．中国思想史论集［M］．上海：上海书店出版社，2004.

［152］徐复观．徐复观全集：儒家思想与现代社会［M］．北京：九州出版社，2014.

［153］许结．中国文化史论纲［M］．桂林：广西师范大学出版社，2003.

［154］许结，许永璋．老子诗学宇宙［M］．合肥：黄山书社，1992.

［155］许慎．说文解字注［M］．段玉裁，注．上海：上海古籍出版社，1981.

［156］徐梓．中华蒙学读物通论［M］．北京：中华书局，2014.

［157］亚理斯多德．修辞学［M］．罗念生，译．北京：生活·读书·新知三联书店，1991.

［158］雅斯贝斯．历史的起源与目标［M］．魏楚雄，俞新天，译．北

京：华夏出版社，1989.

［159］杨绛．杨绛作品集［M］．北京：中国社会科学出版社，1993.

［160］姚鼐．惜抱轩诗文集［M］．刘季高，标校．上海：上海古籍出版社，1992.

［161］叶嘉莹．中国古典诗歌评论集［M］．广州：广东人民出版社，1982.

［162］叶朗．燕南园海棠依旧［M］．北京：华文出版社，2015.

［163］叶圣陶．叶圣陶语文教育论集［M］．北京：教育科学出版社，2015.

［164］叶维廉．中国诗学［M］．北京：生活·读书·新知三联书店，1992.

［165］永瑢，等．四库全书总目［M］．北京：中华书局，1965.

［166］余嘉锡．余嘉锡论学杂著［M］．2版．北京：中华书局，2007.

［167］俞平伯．读词偶得［M］．上海：上海书店出版社，1984.

［168］俞平伯．俞平伯论红楼梦［M］．上海：上海古籍出版社，1988.

［169］喻岳衡．传统蒙学书集成［M］．长沙：岳麓书社，1996.

［170］袁謇正．闻一多全集：文学史编·周易编·管子编·璞堂杂业编·语言文字编［M］．武汉：湖北人民出版社，1993.

［171］曾国藩．曾国藩家书［M］．钟叔河，整理校注．长沙：湖南大学出版社，1989.

［172］曾枣庄．苏文汇评［M］．成都：四川文艺出版社，2000.

［173］张潮．幽梦影［M］．许福明，校注．合肥：黄山书社，1991.

［174］张潮．幽梦影［M］．王峰，评注．北京：中华书局，2008.

［175］张隆华，曾仲珊．中国古代语文教育史［M］．成都：四川教育出版社，2000.

［176］张岂之．中华优秀传统文化核心理念读本［M］．北京：学习出版社，2012.

［177］张荣华．中国近代思想家文库：钱玄同卷［M］．北京：中国人民大学出版社，2015.

［178］章学诚．文史通义校注［M］．叶瑛，校注．北京：中华书局，1994．

［179］张志公．传统语文教育教材论：暨蒙学书目和书影［M］．北京：中华书局，2013．

［180］郑国民．从文言文教学到白话文教学：我国近现代语文教育的变革历程［M］．北京：北京师范大学出版社，2000．

［181］郑临川．闻一多论古典文学［M］．重庆：重庆出版社，1984．

［182］郑师渠．晚清国粹派：文化思想研究［M］．北京：北京师范大学出版社，1993．

［183］郑振铎．郑振铎全集：第十三卷［M］．石家庄：花山文艺出版社，1998．

［184］周岚，常弘．饮冰室书话［M］．长春：时代文艺出版社，1998．

［185］朱光潜．西方美学史［M］．北京：人民文学出版社，1979．

［186］朱光潜．朱光潜全集［M］．合肥：安徽教育出版社，1993．

［187］朱乔森．朱自清全集：第6卷［M］．南京：江苏教育出版社，1996．

［188］朱熹．四书章句集注［M］．济南：齐鲁书社，1988．

［189］朱自清．朱自清古典文学论文集［M］．上海：上海古籍出版社，2009．

［190］诸伟奇，敖堃．清言小品菁华［M］．深圳：海天出版社，2013．

［191］宗白华．艺境［M］．北京：北京大学出版社，1986．

［192］宗白华．宗白华全集［M］．合肥：安徽教育出版社，1994．

图书在版编目（CIP）数据

中华传统文化与语文教学 / 陈文忠著. -- 南宁 ：
广西教育出版社，2021.10（2023.1 重印）
（中国语文教育研究丛书 / 顾之川主编）
ISBN 978-7-5435-8954-4

Ⅰ．①中… Ⅱ．①陈… Ⅲ．①中华文化-关系-语文
教学-教学研究 Ⅳ．①K203 ②H19

中国版本图书馆 CIP 数据核字(2021)第 125511 号

策　　划：黄力平　　　　　装帧设计：刘相文

组稿编辑：黄力平　　　　　责任校对：陆媱澄　谢桂清

责任编辑：农　郁　　　　　责任技编：蒋　媛

　　　　　　　　　　　　　封面题字：李　雁

出 版 人：石立民
出版发行：广西教育出版社
地　　址：广西南宁市鲤湾路 8 号　　邮政编码：530022
电　　话：0771-5865797
本社网址：http://www.gxeph.com
电子信箱：gxeph@vip.163.com
印　　刷：广西壮族自治区地质印刷厂
开　　本：787mm×1092mm　1/16
印　　张：18.5
字　　数：294 千字
版　　次：2021 年 10 月第 1 版
印　　次：2023 年 1 月第 2 次印刷
书　　号：ISBN 978-7-5435-8954-4
定　　价：45.00 元

如发现印装质量问题，影响阅读，请与出版社联系调换。